*Joseph Wechsberg*

# FREUDE AM WEIN

*Schuler Verlagsgesellschaft*
*Herrsching am Ammersee*

Gesamtherstellung: Kösel, Kempten
Gestaltung: Prof. Fritz Lüdtke, München,
Ass. Annegret Kohagen
Produktion: Herstellungsbüro Gorbach, Gauting
Printed in Germany

ISBN 3-7796-5172-6

# Inhalt

# Vorwort

Dieses Buch will Freude am Wein vermitteln – dem Weinliebhaber, der diese Freude bereits kennt, und dem Anfänger, der sie nur ahnt. Um sich am Wein zu freuen, muß man versuchen, das Geheimnis des Weines zu ergründen, denn Verstehen schafft Freude. Ganz verstehen wird man den Wein niemals. Er lebt im Faß, in der Flasche, im Glas, sogar nach dem Kosten noch im Nachgeschmack, der viel über den Wein sagt. Da der Wein lebt, ist er unberechenbar wie jedes Lebewesen.

Dieses Buch ist keine Enzyklopädie des Weines, kein Lexikon, kein Preisverzeichnis und – mit gewissen Ausnahmen – auch keine Aufzählung großer Jahrgänge. Diese Behelfe kann man sich leicht verschaffen, jeder gute Weinhändler hat Listen und Literatur über den Wein oder weiß, wo man sie findet. Mein Buch soll den Leser zum Genießen anregen, ihm Grundsätzliches über den Wein sagen, ihn vor kostspieligen Fehlern bewahren. Aber letzten Endes muß der Leser selbst die Weine kosten und sich sein eigenes

Urteil bilden. Er muß herausfinden, welche Weine er gern hat.

Die Antwort auf viele Fragen gibt nur der Wein im Glas. Im idealen Fall müßte man an vielen Stellen dieses Buches aufhören zu lesen, die erwähnte Flasche öffnen und den Wein kosten. Am Ende des Buches wüßte man dann viel über die Weine von Europa, vor allem über die großen Weine unserer Welt, die alle in relativ kleinen Gegenden von Europa wachsen und gemacht werden. Die Weine aus Nord- und Südamerika, Südafrika und Australien – sie sind oft gut – habe ich nicht erwähnt. Alles muß einmal ein Ende haben, auch ein Buch, das Freude am Wein geben will.

*Vignette, Virgil Solis (?), 16. Jahrhundert*

# Vom Geheimnis des Weines

Freude am Wein hat man nur, wenn man versucht, den Wein zu verstehen. Dennoch bleibt der Wein ein Geheimnis. Um es zu ergründen, muß man den Wein kosten. Ein Schluck sagt mehr als tausend Worte. Es ist natürlich nicht möglich, auch nur einen Teil der Weine zu kosten, die auf Erden gemacht werden. Da kann das Weinbuch helfen; es ruft Erinnerungen wach, erklärt die Weine, beschreibt ihre Eigenschaften. So gewinnt das Weinbuch dem Wein neue Freunde, die bereit sind, etwas zu wagen: Denn der Wein ist und bleibt auch ein Abenteuer.

Es ist ein weitverbreiteter Irrglaube, Wein sei ein Luxus, den sich nur reiche Leute leisten können. In Italien, dem größten Weinland der Welt, trinken auch die Armen, von denen es viele gibt, die Karaffe Wein zu ihrem Teller Spaghetti und freuen sich. Der Wein gehört zum Leben. Die Italiener sagen, eine Mahlzeit ohne Wein sei so traurig wie ein Tag ohne Sonne. Die Franzosen, die gern über die Frauen reden, vergleichen ein Essen ohne Wein mit einer Frau ohne

Zärtlichkeit. Die Dichter sagen es besser: es sei eine Blume ohne Duft. Die Dichter haben wahrscheinlich recht.

Die armen Italiener haben mehr Lebensart als die hochbezahlten Manager in New York und anderen großen Städten, die atemlos zum Lunch kommen und vor allem zwei trockene Martinis hinunterschütten, um sich vom Streß zu erholen. Wein trinken sie mittags nicht zum Essen. »Wein macht müde«, sagen sie. Auch ein Irrglaube. Wein trinken sie nur am Abend, übers Wochenende, zu besonderen Anlässen. Ein guter Wein ist Pflichtübung. Gute Weine sind teuer, es gibt niemals genug davon, die Nachfrage übersteigt immer das Angebot. Oft werden solche Weine achtlos getrunken, ohne besondere Freude, ganz ohne Liebe. Schließlich hat man den Wein doch bezahlt, nicht wahr? Wer denkt schon daran, daß der Wein ein Geschenk der Natur ist und ein Beweis menschlicher Kunst? Selbst in einer Flasche einfachen Weines stecken Mühe und Plage, Erfahrung und Wissen.

Menschen, die Weine machen, sprechen von ihnen wie von Kindern; sie behüten den Wein und ziehen ihn liebevoll auf wie ein Kind. Die meisten Weine (und viele Kinder) danken es ihnen nicht. Eine gute Flasche Wein achtlos zu trinken oder sie zur Hälfte in den Gläsern stehenzulassen, ist fast ein Verbrechen, obwohl es in keinem Land der Welt bestraft wird.

Man kann den Wein auch *zu* ernst nehmen, zu viel darüber reden, wie es jetzt in gewissen Kreisen

Sitte ist. Solange es Liebhaber und sogar Kenner sind, die den Wein analysieren, ist die Unterhaltung immer interessant. Ärger ist es, wenn man einem Zeitgenossen in die Hände fällt, der eine feine Flasche öffnet, weil Wein jetzt »in« ist; der aber keine Ahnung vom Wein hat. Vielleicht verwendet er sogar einige Worte der Weinsprache, wahrscheinlich die falschen. Die Weinsprache will gelernt sein wie jede andere Sprache.

Am besten macht man, was man am liebsten macht. Der Schriftsteller sollte nur über Dinge schreiben, die er gern hat. Ich spiele seit sechzig Jahren Geige und habe viele Geigen gehabt, meist billige, bevor ich es zu meiner Stradivari brachte. Vor einigen Jahren begann ich, über die Geige zu schreiben, sehr zögernd, wobei ich eingangs erklärte, kein »Fachmann« zu sein. Es gibt wenige wirkliche Fachleute, die eine alte Geige in die Hand nehmen, einen Blick darauf werfen und wissen, woher sie kommt, wer sie gemacht hat. Wenn sie ein Instrument länger ansehen müssen und nicht ganz sicher sind, ist meist etwas nicht in Ordnung damit. Solche Fachleute haben seit ihrer Kindheit mit Geigen zu tun gehabt, kennen fast alle großen Geigen der Welt – es gibt nicht sehr viele – und ihr Urteil ist fast endgültig. Meist sind es Händler, nicht ausübende Geiger.

Mit dem Wein erging es mir ähnlich. Wein kenne ich erst richtig seit dreißig Jahren, als ich schon manches vom Essen verstand. In meiner Heimat, in Mähren, trank man Wasser oder Bier zum Essen, aber kaum Wein. Es war kein Weinland. In Prag, wo ich studierte, lernte ich die feinen Unterschiede zwischen dem Bier aus Pilsen, Smichov und Budweis kennen, und ich liebe noch immer die leicht bitteren böhmischen Biere, vor allem das echte Pilsener vom Faß.

Die erste Bekanntschaft mit dem Wein machte ich 1928, als ich Musiker auf den Schiffen der Compagnie Générale Transatlantique wurde. Auf unserem Tisch standen immer drei offene Flaschen Wein: ein roter Bordeaux, ein roter Burgunder, ein weißer Burgunder. Es waren gewöhnliche Tischweine, auch die Passagiere zahlten nichts dafür. Die Etiketts sagten einfach »Bordeaux Rouge« oder »Bourgogne Blanc«. Von einer *Appellation d'Origine Contrôlée* wußte ich damals noch nichts; ich wußte überhaupt nichts vom Wein.

Immerhin lernte ich, daß die Bordeauxweine anders schmeckten als die aus Burgund, ich konnte sogar die Flaschen unterscheiden. Die hohen Flaschen mit dem oben angesetzten schmalen Hals waren Bordeaux, die etwas breiteren, die sich allmählich nach oben verengten, Burgund. Eine Wasserflasche stand auch auf dem Tisch, aber meine französischen Kollegen erklärten mir allen Ernstes, es sei »gefährlich«, Wasser zu trinken. Zu Haus hatte die Großmutter ihnen erzählt, Wasser mache Frösche im Bauch – und wer will schon mit Fröschen herumlaufen? Also tranken wir Wein, und wenn es sehr heiß war, tranken wir Wein mit Wasser gemischt, der Frösche wegen, die angeblich vor Weinwasser oder Wasserwein Angst hatten. An den Geschmack der Weine kann ich mich nicht erinnern.

Interessant wurde der Wein erst im Hafen von New York, als sich die Amerikaner darum rissen. Es war die schöne Zeit der Prohibition. Während der Überfahrt sammelten wir Schiffsmusiker die halbleeren Flaschen von den Tischen der Passagiere, versteckten sie unter unseren Betten in den Kabinen und verkauften sie für damals noch gute Dollars an amerikanische Besucher, die in New York auf das Schiff kamen. Die Weine waren wohl schon leicht säuerlich, aber wir verkauften sie alle. Wir verkauften auch Cognac, Whisky, Gin, alles, was Alkohol enthielt. Am Verkauf verdienten wir mehr als mit unserer Musik. Es war vielleicht nicht ganz legal, aber wir verkauften den Alkohol ja auf dem Schiff, gewissermaßen auf französischem Boden. In New York trank man noch ganz andere Sachen, wie den »bathtub gin«, Badewannen-Gin, einen üblen Fusel, von dem manche Leute blind und gelähmt wurden. Wir waren überzeugt, etwas Gutes zu tun, wenn wir unsere Kunden vor Blindheit und Lähmung retteten. Vielleicht war unsere Logik damals etwas verbogen, aber wir glaubten daran.

Später war ich wieder in Amerika, als Emigrant. Kein Geld für einfachen Tischwein oder Bier. Alle Leute tranken Leitungswasser mit Eiswürfeln oder umgekehrt. Sogar in der amerikanischen Armee hatten wir Eiswürfel. In den Pubs in England dagegen war das Bier warm und schal. Die Engländer hatten eine ausgesprochene Abneigung gegen Eis. Damals begriff ich die Wahrheit des Spruches *chacun à son goût,* den ich bereits aus zahlreichen Aufführungen

*Allegorie auf den Abend*

*unbekannter Augsburger Stecher, späteres 18. Jahrhundert*

der *Fledermaus* kannte. In Prag und in New York hätte kein Mensch warmes Bier getrunken.

Erst nach dem Ende des letzten Krieges, als ich vorübergehend in Frankreich lebte, wurde aus der flüchtigen Bekanntschaft mit dem Wein eine zarte Liebesaffäre. Wie immer bei solchen Dingen, war eine Dame im Spiel, eine Engländerin, die viel vom Wein verstand. In England weiß man viel vom Wein, vielleicht weil die Engländer kaum eigene Weine haben und jede Flasche etwas Besonderes ist. Die Engländerin bevorzugte allerdings Burgunder, und ich kam bald darauf, daß mir vor allem die Weine aus Bordeaux schmeckten. So etwas geht nie gut aus. Von der englischen Dame weiß ich nichts mehr, aber bei den roten Bordeauxweinen bin ich geblieben. Männer verlieben sich immer wieder in Weine und Frauen, aber sie halten mehr den Weinen die Treue. Die Liebe zum Wein ist meist eine Liebe fürs Leben. Damit trösten wir uns, obwohl wir wissen, daß man die Geheimnisse des Weines und der Frauen niemals ganz ergründen kann.

Mit dem Essen kommt der Appetit und mit dem Weintrinken der Weinverstand. Je mehr Weine man kostet, um so mehr lernt man über den Wein. Aber man lernt nie aus. Heute weiß ich, daß zwei Weine in zwei Flaschen mit dem gleichen Etikett ganz verschieden sein können. Dieselbe Gegend, dasselbe Jahr, und doch sind die Weine anders, so wie Zwillinge anders sind. Beim Wein erlebt man immer wieder Überraschungen. Jede Flasche, die man öffnet, ist eine Reise ins Unbekannte. Je feiner der Wein, um so subtiler die

Unterschiede. Selbst Weine, die man oft getrunken hat und zu kennen glaubt, sind oft kapriziös und spielen die tollsten Streiche.

Kein Wunder, denn der Wein ist ja nicht tote Materie, wie der Gin oder der Whisky. Der Wein lebt. Zuerst im Faß und dann in der Flasche. Jede Flasche führt ihr inneres Eigenleben. Der Wein lebt sogar im Glas. Unter dem Einfluß der Luft wird er weicher und schmeckt dann ganz anders. Die Regel, manche Rotweine vor dem Essen zu öffnen und eine Stunde stehenzulassen, ist begründet. Der Wein lebt und will atmen. Die frohe Erwartung, wenn man eine Flasche öffnet und niemals ganz genau weiß, wie der Wein schmecken wird, ist eine der großen Freuden des Weines.

Es ist fast so vergnüglich (und gefährlich), über den Wein zu schreiben, wie über die Frauen. In beiden Fällen weiß man nie ganz genau, wo die Wahrheit endet und die Dichtung beginnt. Frauen und Weine sind unberechenbar. Man erlebt Freude mit ihnen, und Enttäuschungen. In beiden Fällen ist man nie sicher, wie die Bekanntschaft ausgeht.

Eine weitverbreitete Legende sagt, Frauen verstünden nichts vom Wein, oder nicht viel. Ich weiß nicht, wie und wo die Legende entstand, aber sie ist falsch. Manche Frauen wissen mehr vom Wein als die meisten Männer, nur genießen sie ihn mehr und reden weniger darüber. Sie lassen sich eher vom Gefühl als von der Erfahrung leiten. Sie haben mehr Vertrauen in den Wein als wir Männer. Schön ist es für einen Mann, eine Frau zu finden, die seinen Weingeschmack teilt, aber solche Frauen sind selten wie die besten Jahrgänge der großen Weine. Oft möchte er einen Hirschrükken mit einem Château Cheval-Blanc, und sie eine gegrillte Seezunge (»davon nimmt man nicht zu«) mit einem feinen Moselwein. Wenn die beiden einander verstehen, einigen sie sich auf ein Steak mit einem guten Beaujolais. Vorher ein Glas Champagner, der allen Menschen Freude macht.

Oft habe ich beim Genießen einer gastronomischen Köstlichkeit bedauert, daß es kein Mittel gibt, den Geschmack zu konservieren, um anderen Menschen klarzumachen, *wie* gut es war. Denn bloße Worte genügen nicht.

Der Photograph und der Maler haben es leichter. Der Photograph reproduziert eine visuelle Wahrnehmung; die besten Photographen sind Poeten und verwenden ihre Kamera wie der Dichter das feine Instrument der Sprache. Die Maler haben es noch leichter, das auszudrücken, was sie sehen, fühlen und erleben. Wenn wir ein Bild nicht verstehen, liegt es meist an uns. Der Maler weiß immer, was er ausdrücken wollte – nur kann er es uns oft nicht erklären.

Der Komponist hat ein ähnliches Problem, denn die Notensprache ist bestenfalls ein Stenogramm. Die klassischen Komponisten, die ihre Musiker kannten und ihnen genau erklären konnten, *wie* sie ihre Musik gespielt haben wollten, schrieben ihre Manuskripte oft so flüchtig, daß sie später von Interpreten und Bearbeitern »ausgelegt« werden konnten, oft mißverständlich. Unsere Zeit kennt den Begriff der Werktreue. Wir wollen zur Originalpartitur zurückfinden, wir versuchen zu ergründen, *wie* der Komponist die Musik in seinem inneren Ohr hörte, *wie* er sie gespielt haben wollte. Bestenfalls kommen wir dem Ideal nahe. Wir wissen es nicht ganz genau, auch wenn wir uns manchmal einbilden, es zu wissen.

Aber der Geschmack bleibt ein besonderes Phänomen. Man kann ihn kaum definieren, keineswegs für die Nachwelt festhalten. Weinliebhaber, die einen bestimmten Wein beschreiben wollen, verlieren sich oft im Labyrinth von Metaphern. Ein gütiger Freund, der für mich einst eine Flasche Château Lascombes öffnete, einen der ältesten Weine, den ich trank, warnte mich, daß die »Lebensdauer« dieses Weines sehr kurz sein würde, sobald er ihn eingeschenkt habe. Er hatte ihn mit großer Vorsicht dekantiert.

»Der Wein ist wie eine gebrechliche alte Dame, die nach zehn Minuten im Glas ihr Leben aushauchen wird«, sagte er und füllte unsere Gläser. Er hatte recht: Nach wenigen Minuten hatte der Wein seine Kraft und seinen Zauber verloren und schmeckte fast nach nichts. Der Vergleich mit der gebrechlichen alten Dame war richtig, aber wenn man ihn später niederschreibt, wirkt er unfreiwillig komisch.

Ich erinnere mich an einen Abend, als ein alter Freund einen Le Corton 1899 servierte, zum Käse. Schon vorher hatten wir zwei sehr gute Weine gekostet. Der Le Corton war sein bester. Er hob das Glas, bewunderte die Farbe, atmete den Duft ein, stellte das Glas wieder hin und freute sich an seiner

Vorfreude. Dann kostete er den Wein und nickte. Es war genau das, was er erhofft hatte. »Er ist noch immer voller Charme«, sagte er. »Ein alter Herr, der viel Freude vom Leben hatte und doch niemals blasiert war.« Er sah mich an, nahm wieder einen kleinen Schluck – große Weine »trinkt« man nicht, man genießt sie – und auf seinem Gesicht erschien ein fast verklärter Ausdruck, der mich an die Heiligenbilder von Andrea del Sarto und Giotto erinnerte. Für den wahren Kenner bleibt der Wein ein lebendes Wesen – ein unschuldiges Kind, ein zartes Mädchen, ein robuster Geselle, eine reife Frau in den besten Jahren, ein alter Herr.

Der Verfasser eines bekannten deutschen Weinbuches schreibt über einen guten Wein: »Er ist überraschend frisch und verspricht Rüstigkeit im Altwerden.« In der Weinsprache ist die Grenze zwischen Pathos und Lächerlichkeit oft kaum erkennbar. *»Profondes joies du vin, qui ne vous a connues?«* schreibt Charles Baudelaire. *»Qu'ils sont grands les spectacles du vin, illuminés par le soleil intérieur, qu'elle est vraie et brûlante, cette seconde jeunesse que l'homme puise en lui!«*

Das klingt sehr schön, vor allem in der Originalsprache, weshalb es auch nicht übersetzt werden soll, aber es sagt wenig über den Wein, obwohl ich persönlich *le soleil intérieur,* »die innere Sonne«, verstehe, wenn ich an gewisse Weine zurückdenke, die wirklich voll innerer Sonne waren; und auch die Anspielung auf »die zweite Jugend« stimmt. Trotzdem ist es mir klar, daß meine Leser manchmal nur ahnen werden, was ich sagen möchte, aber nicht genau ausdrücken kann. Gewisse Weine kann man kaum in Prosa beschreiben. Man müßte ein Dichter sein, wie Baudelaire, der sie besingt.

Aber es ist nützlich, die Weinsprache – genauer gesagt, ein Vokabular bestimmter Ausdrücke und Weinwörter – zu kennen, wenn man einen Wein mit Hilfe des Auges, der Nase, mit dem Geschmack, sogar mit dem Tastsinn beschreiben will. Ein guter Weinhändler, der dem Kunden eine Flasche zeigt, verwendet solche Wörter und hofft, es bedeutet dem Kunden etwas, wenn der Wein als rund und voll, harmonisch und rassig geschildert wird. Einfacher wäre es, die Flasche aufzumachen und den Kunden kosten zu lassen, aber das ist meist nicht möglich.

Auch bei der Weinprobe helfen die Weinwörter, das auszudrücken, was man über den Wein sagen will. Die Gefahr besteht, daß man in den Weinjargon verfällt, um zu beweisen, wieviel man weiß, und dabei die falschen Ausdrücke anwendet. Man sollte die Wörter vorsichtig wählen, sonst wird man unglaubwürdig und lächerlich. Manchmal helfen auch Weinwörter nicht, den Wein genau zu erklären.

Man kann sich auch blamieren, wenn man Volnay (in Burgund) mit Vouvray (an der Loire) verwechselt, Pouilly-Fuissé (aus Mâcon) mit Pouilly-Fumé (von der Loire), Cramant (einen Ort in der Champagne) mit Crémant, einem halb-schäumenden weißen Wein aus der Champagne. Bouzy liegt in der Champagne, Brouilly im Beaujolais. Noch schwieriger wird es aber, wenn man sich im Gestrüpp der deutschen Lagenamen verirrt. In vielen Orten des Rheingaus und in Rheinhessen gibt es einen Schloßberg. Und wer hat die Lagen gezählt, die Kirchenstück, Klostergarten, Stein oder Honigberg heißen?

Die meisten Weinwörter kommen aus dem Französischen. Manche sind einfach unübersetzbar. Das Aroma des Weines ist mehr als sein Duft. Es ist der ganz spezielle Duft, den man mit der Nase registriert, wenn der Wein im Glas ist und einige Zeit der Luft ausgesetzt war. Es stimmt nicht, daß nur Edelweine ein Aroma haben. Jeder echte, ehrliche Wein hat es. Aroma ist nicht identisch mit der Blume oder mit dem Bouquet. (Das französische Wort ist präziser als das deutsche »Bukett«.) Die Blume charakterisiert das Originalbouquet des Weines, den Geruch und Geschmack der Trauben, aus denen der Wein gemacht wurde. Man sagt, ein bestimmter Wein habe das typische Rieslingbouquet. Das setzt voraus, daß man das Rieslingbouquet erkennt, im Gegensatz zum Bouquet anderer Trauben wie Silvaner oder Traminer oder Chardonnay. Man sieht, wie leicht es ist, sich im Irrgarten der Weinsprache zu verlieren. Manchmal klingt sie wie der Kode einer geheimen Vereinigung. Viele Weinkenner und solche, die sich Kennerschaft nur einbilden, glauben, Mitglieder eines exklusiven Klubs zu sein, der sich mit Geheimworten und Riten gegen die unwissende Außenwelt abschirmt. Das ist völliger Unsinn. Wein bleibt ein Getränk für alle Menschen, die sich damit freuen wollen. Manche bringen es vielleicht nicht weit in ihrer Kennerschaft, aber sie freuen sich mit einem einfachen Wein so wie der Kenner mit einer ganz besonderen Flasche.

Hier ist eine kurze Liste einiger wichtiger Weinwörter:

### Körper

Der Wassergehalt des Weines. Ein Wein mit wenig Körper mag dünn, leicht oder sogar wässerig sein, aber er ist leicht zu trinken. Ein Wein mit viel Körper ist füllig, wuchtig, schwer; er darf nicht schnell getrunken werden, nur Schluck für Schluck.

### Bouquet

Man unterscheidet zwischen dem Originalbouquet, dem Geschmack, der von der Traubensorte und Gärung kommt, und dem späteren oder Altersbouquet, das der Wein erst in der Flasche bekommt. Die Franzosen nennen einen Wein *bouqueté,* wenn das starke Bouquet den Wein charakterisiert.

### Säure

Der Wein muß Säure haben, um harmonisch zu sein. Säure gibt dem jungen Wein einen frischen, frohen Geschmack. Ein Wein ohne Säure kann fad sein. Aber wo Säure ist, soll auch Süße sein, denn nur ihre Verbindung macht den Wein milde und rund. Zuviel Säure ist schlecht, dann ist der Wein sauer oder hart, ein schlechter Wein.

### Süsse

Der Gehalt an Zucker. Die Franzosen nennen einen Wein mit mindestens 14 Prozent Alkohol *vin doux naturel,* Wein, der eine reife, edle Süße hat. Wenn der Zucker ganz oder teilweise vergoren ist, hat der Wein keine oder eine leichte Restsüße. Die feinsten deutschen Weine mit großer Süße sind Auslesen, Beerenauslesen, Trockenbeerenauslesen.

### Balance

Ein Wein, dessen Qualitäten ausgewogen, »balanciert« sind, ein guter Wein.

### Bouchonné

Ein Wein, der nach dem Korken *(bouchon)* schmeckt und untrinkbar ist. Im Restaurant schickt man die Flasche höflich, aber entschieden zurück. Ein guter Weinkellner, der eine Weinflasche öffnet, riecht am Korken. Wenn der Kork nach Wein schmeckt, ist der Wein nicht *bouchonné.*

### Rasse

Ein Wein von feiner Qualität, dessen spezifische Eigenschaften unverkennbar sind, ein Wein mit Eleganz.

### Corsé

nennen die Franzosen einen roten Wein mit viel Körper und Gerbsäure (Tannin). Solche Weine sind oft wuchtig und schwer, manchmal sogar herb, streng oder rauh. Es gibt auch robuste Weißweine, die *corsé* sein können.

### Complet

ist ein Wein, der rund und voll ist, der gewissermaßen alles hat, also »komplett« ist.

### Délicat

Wie das französische Wort sagt, ein delikater Wein,

aber kein schwacher. Der Wein ist leicht, fein, mild, weich, elegant.

### Fett

ist ein Wein, der wenig Körper und viel Bouquet hat, groß und weich ist.

### Fruchtig

Ein Wein mit starkem Bouquet, das an frische Früchte erinnert. Man riecht und schmeckt die Traubensorte, ein Wein mit ausgeprägter Eigenheit und Charakter.

### Finesse

Ein eleganter Wein mit großer Balance (s. o.), gut ausgewogen, harmonisch, ein Wein, der gut geboren und gut entwickelt ist, ein wirklicher Spitzenwein.

### Fraîcheur

Frische, also ein Wein mit dem vollen Zauber der Jugend, »frisch« im besten Sinne des Wortes, leicht und angenehm, mit milder Säure, aber niemals sauer, ein ausgewogener Wein.

### Voll

Ein voller Wein ist wuchtig, mächtig, groß, niemals leicht, niemals wässerig, ein Wein mit viel Geschmack, schön in der Farbe, goldgelb bei Weißweinen, rubinfarben bei Rotweinen.

### Maché

ist ein Wein mit sehr starkem Geschmack, der sich an die Zunge anlegt, »fast wie Spinat«, sagen die Franzosen, der so voll und kräftig ist, daß er den Mund zu füllen scheint.

### Goût de terroir

Man spürt den Geschmack des Bodens, in dem die Reben wachsen. Man kann ihn gern haben oder ablehnen. Ich freue mich mit dem Erdgeschmack gewisser Weine und lehne ihn bei anderen Weinen ab. Darüber kann man streiten.

### Maderizé

Ein weißer Wein, der zu lange lagert und zu oxydieren beginnt. Bei den Weinen von Madeira ist der »Rostgeschmack« wünschenswert. Maderisierter Wein ist verloren, nicht einmal zum Kochen zu verwenden.

### Nerveux

Ein »nervöser« Wein, nervig und wuchtig, stark und schwer, ein Wein für harte Männer, nicht für zimperliche Trinker.

### Parfumé

Ein parfümierter Wein, voll und frisch. Viele Moselweine haben dieses Parfüm, und viele feine Rotweine aus Burgund, bei denen man an Blumen, Blüten, Früchte denkt.

### Trocken

Was die Franzosen *sec* nennen und die Engländer *dry*. Trocken heißt »nicht süß«, aber die trockenen Weine aus Deutschland sind nicht staub-trocken wie ein Chablis, der trockenste aller Weine (am besten mit Austern, Fisch, Schellfisch), oder ein Montrachet, ein großartiger trockener Wein. Was in Deutschland als »trocken« gilt, ist in Frankreich nicht *sec*, in England keineswegs *dry*.

### Souple

Ein weicher, harmonischer Wein, der viel Traubenöl enthält, das sich während der Gärung gebildet hat, schmeckt oft rund und leicht-süß.

### Tendre

Ein zarter, milder Wein, niemals scharf oder spitz, ein Wein, an dem alles rund und angenehm ist, der aber niemals dünn oder leicht ist. Ein schwieriges Adjektiv, das nur nach reiflicher Überlegung angewendet werden sollte.

### Samtig

Ein Wein, der sich zart an die Zunge schmiegt, niemals aufdringlich, immer wohltuend, reich und voll im Geschmack, oft mit einem feinen Nachgeschmack. Die besten Rotweine aus St. Emilion und Pomerol haben diesen samtigen Geschmack. Man nennt sie die Burgunder aus Bordeaux.

Das ist nur eine kleine Auswahl der häufig benutzten Weinwörter. Die Franzosen behaupten, über hundert zu haben. Sie kennen ölige Weine, weil man in ihnen das Glyzerin schmeckt, und nennen sie warm und feurig. Ich habe nicht den Champagner und die vielen moussierenden Weine erwähnt, prikkelnd und spritzig, mit kleinen Perlen. Ich habe kaum von der Farbe gesprochen, die bei Weißweinen von hellgelb- und grünlich- bis altgold- und bernsteinfarben variiert und bei großen Rotweinen von Rubinrot bis Tiefrot.

Die meisten dieser Ausdrücke sind nur Behelfe und sollen zum Nachdenken anregen. Was für den einen voll und kräftig ist, ist für den anderen weich und samtig. Alle Weinliebhaber, die in dunklen Kellern Weine aus Fässern gekostet haben, kennen die Gesichtsbewegungen von Enttäuschung bis Verzükkung, die unwillkürlichen Schulterbewegungen, die Ausrufe und manchmal die plötzliche Stille, wenn ein Wein so vollkommen erscheint, daß man dazu nichts sagen kann. Diese Stille ist selten, aber sie ist schöner als alle Adjektive, die man dem Wein geben kann.

Den Gegensatz zu dieser Stille bildet die Redseligkeit des Weinsnobs. Man findet ihn jetzt oft in den sogenannten gehobenen Schichten, wo Geld keine Rolle spielt. Nach den früheren Statussymbolen – dem geheizten Swimming-pool, dem »zweiten« Nerzmantel, der Drittwohnung, dem Luxusauto mit eingebauter Bar – hat man jetzt den Weinkeller entdeckt. Der Weinsnob redet viel über den Wein, vor allem Unsinn. Man erkennt ihn daran, daß er einen jungen Beaujolais in einem alten Körbchen serviert, Süßigkeiten zu einem trockenen Mosel anbietet und glaubt, in Bordeaux sei jedes Château ein Schloß. Er weiß auch, daß die Neunundvierziger »viel Zeit brauchen«, er kennt »den Wein des Jahrhunderts«, er verwendet oft Weinwörter, nicht immer die richtigen.

Wenn er gar von »Duftkomponenten« zu sprechen beginnt oder von »gedeckt-roter Restsüße« und das Weinglas mit zwei Fingern am Boden hält, bis es fast umkippt, geht man am besten zum Angriff über. Man nimmt einen Schluck, schließt die Augen, zieht die Stirn in nachdenkliche Falten und sagt: »Nicht schlecht, aber kein Vergleich mit der gestrigen Sensation. Das war wirklich Rasse! Geschmeidiger Körper, kapriziös auf den ersten Anhieb, prickelnd und feurig, voll und rund, dabei niemals aufdringlich, sanft und zärtlich im Nachgeschmack. Wirklich harmonisch!«

»Von welchem Wein reden Sie?« fragt der Weinsnob und läßt fast das teuere Baccaratglas fallen vor lauter Aufregung.

»Von keinem Wein. Von dem neuen Film mit der Bardot.« Oder der Sophia Loren, der Taylor, der Romy Schneider. Auch das ist Geschmackssache, wie der Wein. Auf jeden Fall verschlägt es dem Weinsnob die Rede.

In der Zeitschrift *The New Yorker* sah ich 1976 eine Zeichnung: Mann und Frau oder Freund und Freundin in einem eleganten französischen Restaurant. Er studiert die Weinkarte. Der arrogante Weinkellner, mit der Kette um den Hals, studiert ihn.

»Es gibt da einen Wein, den ich sehr gern habe«, sagt er, »aber ich verwechsle den Namen immer mit einem Käse.«

Ein mutiger Mann. Er versteht nicht viel vom Wein, aber er gibt es zu. Hoffentlich gibt es ihn wirklich.

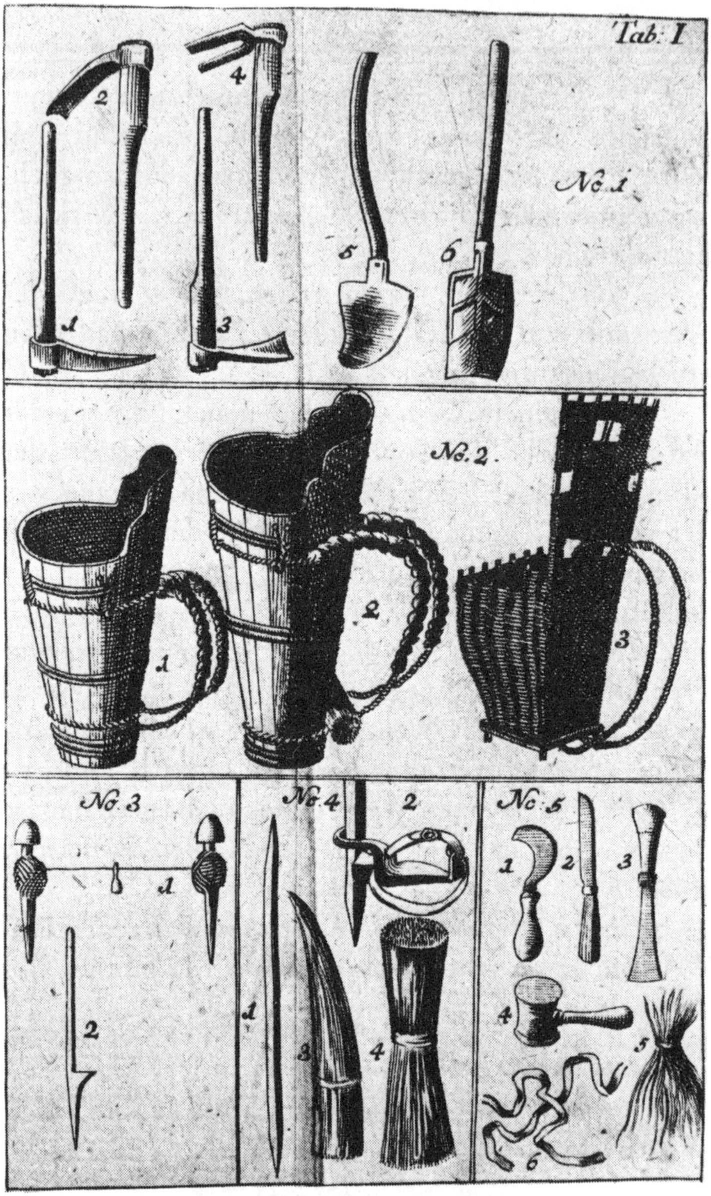


*Illustration aus Balthasar M. Sprenger*
*Praxis des Weinbaues ...*
*Stuttgart 1778*

# Von der Rebe zur Weinprobe

Der Wein ist ein Produkt der Traube, die ihm sein Bouquet und seinen Geschmack gibt. Aber das heißt nicht, daß Weine aus denselben Traubensorten ähnlich schmecken. Die Sauvignon- und Semillontrauben, die in Château d'Yquem in Sauternes einen der berühmtesten weißen, süßen Weine der Welt geben, produzieren einige Kilometer weiter, in Château Haut-Brion im Graves-Distrikt von Bordeaux, einen ausgezeichneten trockenen Weißwein. Der bekannteste Weißwein der Loire, den Marie-Antoinette besonders gern hatte, ist der Pouilly-Fumé, manchmal auch Blanc-Fumé de Pouilly genannt. Er wird aus der Sauvignontraube gemacht und schmeckt doch ganz anders als die Weine aus Sauternes und Graves. Die Franzosen sagen, daß nicht nur das Klima und die Traube, sondern auch der Boden den Wein macht.

In Bordeaux ist es kein Geheimnis, daß Weine aus der gleichen Traubensorte, die auf verschiedenen Seiten eines Weges wachsen, einen ganz anderen Geschmack haben können. Aber es ist doch ein

Geheimnis, weil es niemand richtig erklären kann. In vielen Fällen ist auch der Boden gleich. Vielleicht sind es die bestimmte Lage und der Einfall der Sonnenstrahlen, welche die Unterschiede schaffen.

Menschen, die gute Weine machen, freuen sich darüber und haben oft skurrile Erklärungen dafür, die von anderen Leuten abgelehnt werden. Die anderen ärgern sich natürlich, weil es ihnen nicht gelingt, einen ebensoguten Wein zu machen. Die Weine, die am Rhein und an der Mosel aus Rieslingtrauben gemacht werden, schmecken oft ganz verschieden. Die feinen Unterschiede machen dem Kenner Freude. Wirklich erklären kann er sie nicht.

Trotzdem soll man die wichtigsten Traubensorten kennen. Verständnis erhöht den Genuß. Die Wissenschaft kennt fast 8000 verschiedene Traubensorten, aber weniger als 50 davon erzeugen gute Weine. Alle gehören zu der Spezies *Vitis vinifera*, aus denen man seit Jahrtausenden Weine macht. Die »weißen« Trauben sind nicht weiß, sie variieren zwischen Gelb und Grün, mit vielen Zwischenschattierungen. Die »schwarzen« Trauben sind selten schwarz, oft rot oder mitternachtsblau, fast blauschwarz. Rote und rosé Weine werden aus schwarzen, Weißweine aus weißen oder schwarzen Trauben gemacht. Weiße und schwarze Trauben können süß oder sauer sein, oft schmecken sie jedes Jahr anders, viele ändern ihren Geschmack, wenn sie gären. Hier hilft die menschliche Kunst, die dritte Komponente der Weinproduktion: Die Reben müssen mit großer Sorgfalt gepflanzt und geerntet werden.

*»Oktober« aus dem Rohan Stundenbuch (MS lat. 9471, f 14v), 15. Jahrhundert*

Hier einige von den wichtigsten Weißwein-Rebsorten:

### Riesling

Die feinste deutsche Weißweinrebe, die Qualitätstraube am Rhein und an der Mosel. Sie reift spät, braucht einen langen Herbst und viel Sonne, um voll auszureifen, gibt relativ wenig Saft.

### Silvaner

Sie reift ziemlich früh, gibt viel Saft, meist leichte, milde weiße Weine. Sie wird dort angebaut, wo der Winter früh kommt, vom Elsaß bis Österreich, in der westlichen Hemisphäre von Kalifornien bis Chile.

### Traminer

Eine leicht rötliche Traube, die einen schweren Wein mit ausgesprochenem Bouquet liefert. Besonders verbreitet im Elsaß, am Rhein und in Südtirol. Eine Abart ist die Gewürztraminerrebe mit einem besonders würzigen Duft.

### Müller-Thurgau

Nach Professor Müller aus dem Thurgau benannt, eine erfolgreiche Kreuzung von Riesling- und Silvanerreben. Der Wein schmeckt mild, hat selten ein starkes Bouquet, ähnelt dem Muskateller. Weit verbreitet im Elsaß und in Österreich.

### Ruländer

Manchmal Grauer Burgunder oder Tokajer genannt, hat Trauben mit hohem Zuckergehalt und verhältnismäßig wenig Säure. Sehr beliebt in Süddeutschland und Österreich.

### Gutedel

Eine Abart der Chasselas, eine beliebte Tafeltraube mit starkem Bouquet. Die Fendant in der Schweiz und die Chasselas Doré in Kalifornien gehören dazu. Meist für leichte, helle Weine.

### Sauvignon Blanc

Die seltsame Traube, die für die sehr süßen Weine in Sauternes als auch für die trockenen Weißweine in Graves und in Pouilly-Fumé an der Loire verwendet wird.

### Pinot Blanc

In Frankreich, Italien und Deutschland, macht trokkene weiße Weine, wird auch in manchen Champagnersorten verwendet.

### Chardonnay

Eine vornehme Traube, die einzige Weißwein-Rebsorte, die in Burgund angebaut werden darf. Sie schenkt uns Chablis, den trockensten aller Weißweine. Auch andere große Weißweine werden aus ihr gemacht, und sie wird bei der Erzeugung von Champagner verwendet. Oft »Pinot Chardonnay« genannt, obwohl sie nicht zur Pinot-Familie gehört. Der Wein, zum Beispiel sehr trockener Champagner, hinterläßt oft einen wunderbaren Nachgeschmack auf der Zunge und im Gaumen.

### Semillon

Nach normaler Reife gibt sie uns trockene weiße Weine, in Graves (Bordeaux) und in Kalifornien. Nach Edelfäule *(pourriture noble)* werden die sorgsam ausgewählten Trauben in Sauternes gepflückt und schenken uns die eleganten süßen Dessertweine, flüssiges Gold.

CHENIN BLANC

wird in den weißen Weinen von Vouvray und Anjou verwendet. Manchmal Blanc d'Anjou genannt.

Und einige der wichtigsten Rotwein-Rebsorten:

PINOT NOIR

Eine der feinsten Rebsorten – manche sagen, die feinste von allen –, aus denen die großen Rotweine in Burgund gemacht werden. Auch in der Champagne sehr wichtig. Die Traube ist nicht sehr ergiebig, aber im richtigen Boden und Klima ist sie von höchster Qualität. In Deutschland auch Spätburgunder genannt; macht die besten deutschen Rotweine.

CABERNET

gibt uns die feinsten Clarets in Bordeaux, ausgezeichnete Weine in Kalifornien, Chile, Australien. Die besten Typen sind Cabernet Sauvignon und Cabernet Franc.

GAMAY

Die ergiebige Traube der schönen Beaujolaisweine, die aber in anderen Weingegenden von Frankreich und Kalifornien nur mittelmäßige Weine produziert. Wieder ein unergründliches Geheimnis der Natur.

ZINFANDEL

In Europa unbekannt, in Kalifornien die am häufigsten angebaute Traube für Rotweine. Ihr Ursprung ist nicht bekannt.

FRÜHBURGUNDER

Auch Blauburgunder genannt, reift früh und gibt dann einen leichten Rotwein, der nach Burgunder schmeckt.

PORTUGIESER

hat wenig Säure, gibt tiefrote Weine, viel Quantität, wenig Qualität.

Das sind nur einige Sorten. Manche wachsen nur in bestimmten Gegenden, viele haben Abarten. Die *Palomino*-Traube, fast durchsichtig, goldfarben, produziert die Sherries um Jerez de la Frontera in Spanien. Die *Barbera*-Rebe ist beliebt in Norditalien. Die süßen *Muscat*-Trauben werden gegessen und ergeben einen süßen Dessertwein. Eine Abart ist die deutsche Muskatellertraube. Manche Länder, wie Jugoslawien und Rumänien, haben ihre eigenen Traubensorten. Ungarn ist mit Recht stolz auf die *Furmint*-Traube, aus der der Tokajer gemacht wird. Mehr über die wichtigsten Rebsorten erfährt man aus den einschlägigen Handbüchern.

In Deutschland versucht man neuerdings, Rebsorten zu züchten, die robust sind und dem Winzer auch in sonnenarmen Jahren gute Erträge geben. Aber die Natur läßt sich nicht überlisten. Die neuen Sorten haben kaum die Qualitäten der klassischen Sorten. Zu den neuen Rebarten gehören Bacchus, ähnlich der Rieslingtraube, aber nur ähnlich; Faber, eine Kreuzung von Müller-Thurgau und Weißburgunder, eine in der Steiermark beliebte Traube; Huxel, mit viel Fruchtsüße, die bei Auslesen Verwendung findet; Kerner, eine Kreuzung von Riesling und Trollinger, die in Württemberg rote Weine gibt; und die Scheurebe, eine Kreuzung von Riesling und Silvaner. Auch in diesem Fall ist es nicht gelungen, Qualität *und* Quantität zu vereinen.

Mit dem Wein ist es irgendwie wie mit der menschlichen Stimme. Viele Menschen singen, aber wenige verstehen die Kunst des Singens. Ob sie gelehrt werden kann, ist problematisch. Nur ganz wenige Menschen werden berühmt für ihre Stimme. (Alle, die in die Schule gingen, können schreiben, aber wie viele kennen die Kunst zu schreiben?) Es ist nicht schwer, gelegentlich einen gewöhnlichen Wein zu machen. In Italien und in den Balkanländern machen viele Bauern ihren eigenen Wein. Aber wenige Menschen kennen die Kunst, Jahr für Jahr gute und manchmal sogar große Weine zu machen. Sie haben verschiedene Titel, von Kellermeister bis Wein-Manager. Fast alle verbringen ihr Leben mit den Reben. Fast alle geben zu, daß alle Theorie und langjährige Erfahrung nicht genügen. Der Wein lebt und ist unberechenbar. Man muß fast einen sechsten Sinn haben, um zu wissen, wann die Lese beginnen soll, wie lange die Gärung dauert, wann der Wein in das Faß und wann er in die Flasche kommen soll. Wein ist keine exakte Wissenschaft, trotz aller Beteuerungen der einschlägigen Wissenschaftler. Die Wissenschaftler kennen die chemische Zusammensetzung des Weines, fast 99 Prozent aller Weinkomponenten, aber es ist ihnen glücklicherweise noch nicht gelungen, Wein im Laboratorium zu erzeugen. Letzten Endes geben sie zu, daß Wein nicht in der Eprouvette getestet werden kann, sondern nur im Glas. Wein ist und bleibt ein Geheimnis.

In der Theorie klingt alles einfach, in der Praxis ist es sehr schwer. Wenige Weinbücher geben präzise Erklärungen, wie Wein gemacht wird. Kein Wunder, denn fast jeder Winzer hat seine eigenen Methoden, die er nicht preisgibt. Es ist fast unmöglich, nach Kochbüchern so zu kochen, wie der Verfasser es sich vorstellt, auch wenn er genaue Mengenangaben und Temperaturen vorschreibt. Fast jede Traubensorte muß anders behandelt werden, dazu kommen noch die Einflüsse des Klimas und die vielen Weinkrankheiten.

Dabei scheint alles so einfach: Wein ist das Produkt des Bodens (und der Reben, die im Boden wachsen) und der Sonne (die den Traubenzucker schafft). In Gegenden der Welt, wo die Sonne fast immer scheint, wie in Nordafrika und Kalifornien, gibt es keine guten und schlechten Jahre. Dort sind die Weine immer gleich. Aber die Natur revanchiert sich für ihre Großzügigkeit. Aus Nordafrika und Kalifornien kommen oft gute, aber fast nie große Weine. Die besten Weine der Welt werden in Gegenden gemacht, wo man niemals ganz sicher ist, wie das Wetter sein wird: in Bordeaux und in Burgund, am Rhein und an der Mosel. Dort gibt es heiße Sommer und verregnete Sommer. Selbst ein guter Sommer garantiert keinen guten Wein, solange die Trauben nicht geerntet sind. Ein plötzlicher Hagelsturm kann die Ernte in zehn Minuten vernichten. Regen füllt die

Trauben mit Wasser. Frost bleibt eine ständige Gefahr.

Wann soll die Lese beginnen? Der Kellermeister (oder wie immer er heißen mag) muß es genau erraten. Wenn er einen Tag zu lange wartet, kann es geschehen, daß der Wein keine Balance hat. Wenn er zu früh beginnt, haben die Trauben ihren Höhepunkt nicht erreicht. Erfahrene Fachleute, die zu lange warten, um einen besonders guten Wein zu machen, haben ihre ganze Ernte nach einem Unwetter verloren. Andere, die übervorsichtig waren und die Trauben vor ihrer völligen Reife pflücken ließen, machen nur einen durchschnittlichen Wein, während der Konkurrent einen großen Wein macht. Heutzutage werden die optimalen Bedingungen oft nach Rücksprache mit den Experten in Weinstationen und Versuchsanstalten festgestellt. Aber niemand ist unfehlbar, vor allem, wenn es um berühmte Weingüter geht, wo die Nuancen sehr subtil sind.

»Dabei ist die Lese nur *ein* Problem«, sagte mir ein alter, weiser Kellermeister, »das nächste kommt gleich nach der Ernte.«

Nicht alle Trauben haben die gleiche Qualität. Selbst in berühmten Lagen gibt es große Unterschiede, die oft unerklärlich sind. Feine Trauben haben einen feinen Belag, eine Art Reif, auf ihren Schalen, den man mit dem Finger wegwischen kann. Dieser feine Belag enthält Bakterien und Hefe. Niemand weiß, wie und warum der Belag sich auf den Schalen bildet, aber er enthält die *Saccharomyces cerevisae,* eine Art Hefe, die den Traubenzucker in Weinalkohol umwandelt. Es gibt tausende Hefe-Arten, die nicht nur die Gärung bewirken, sondern auch das Bouquet und den Geschmack des Weines schaffen.

Aber noch ist es nicht so weit. In den Weinbergen werden die Reben in Körben gesammelt und – oft noch auf Ochsenwagen – in die Keller gebracht. Fehlerhafte Beeren werden sofort entfernt. Das besorgen Menschen, das dauert Zeit und kostet Geld. Es wird daher dort nicht gemacht, wo man weniger gute Weine in großen Mengen produziert. Manchmal (aber nicht immer) rollen die gesunden Trauben durch eine Maschine *(égrappoir)*, welche die Stiele entfernt; sie werden in großen Eichenpressen zerquetscht und in den Gärfässern zur frühen Gärung gebracht. Der Traubensaft enthält noch die Schalen und Kerne und manchmal die Stiele. Die Behälter und Vorrichtungen sind verschieden, aber das Prinzip bleibt gleich. Winzer sind konservativ und ändern ungern Methoden, die sich bewährt haben.

Die Gärung bleibt ein geheimnisvoller Vorgang, selbst für Leute, die angeblich alles darüber wissen. Der Alkohol, der sich unter dem Einfluß der Hefebakterien aus dem Traubenzucker bildet, löst auch die Farbe von den Schalen. Je länger man die Schalen im Saft läßt, um so schwerer und dunkler wird der gärende Traubensaft (Most). Bei rosé gefärbten Weinen werden die Schalen nur kurz im Most gelassen. Weißweine werden meist (aber nicht immer) aus hellen Trauben gemacht. Wenn man auch dunkle Trauben verwendet (wie die Pinot Noir-Trauben bei der Champagner-Herstellung), muß der helle Traubensaft schnell von den dunklen Schalen separiert werden, bevor die Gärung beginnt. Die Stiele enthalten die Gerbsäure (Tannin), die dem Rotwein Charakter und Beständigkeit gibt. Wenn die Trauben zu wenig Säure enthalten, läßt man die Stiele während der frühen Gärung im Most.

Wie lange dauert die Gärung? Auch darauf gibt es keine einfache Antwort. In Bordeaux dauerte die Gärung bei Rotweinen noch vor zwanzig Jahren drei bis vier Wochen. Heute ist die Zeit kürzer: neun bis vierzehn Tage. Die jüngeren Weine sind leichter und weicher, haben weniger Gerbsäure und können eher getrunken werden. Sie leben auch weniger lang, und viele Winzer kehren zur älteren Methode zurück. Man erinnert sich noch an 1945, als die Trauben zu gären begannen, während sie noch in den Körben waren. In Burgund ist die Gärungszeit kurz, fünf bis sieben Tage, in Ausnahmefällen bis zu neun Tage. Aus den Restbeständen, nach Abfluß des Traubensaftes, wird oft Marc destilliert. In vielen berühmten Weingegenden (Romanée-Conti, Musigny, Chambertin, Montrachet usw.) gibt es einen ausgezeichneten Marc.

Während der Gärung entwickelt sich Hitze, und der Saft beginnt zu brodeln, wobei giftiges Kohlendioxyd entweicht. Die Temperatur muß ständig kontrolliert werden. Weiße Weine verlangen meist tiefere Temperaturen als Rotweine. Der Alkoholgehalt des Weines hängt vom Zuckergehalt des Traubensaftes ab und variiert von 7 bis 16 Prozent. In feinen Weinen ist der Alkoholgehalt besonders wich-

*Einbringung der Weinernte*

*Philipp Galle nach Johann Stradanus, späteres 16. Jahrhundert*

tig, da davon die Qualität und die Lebenszeit des Weines abhängen. Die neuen deutschen Weingesetze aus dem Jahre 1971 verlangen bei Qualitätsweinen einen Alkoholgehalt von mindestens 8,5 Prozent. Bei feinen Weinen ist er viel höher.

Nach der Gärung wird der junge Wein in andere Fässer umgefüllt. Später wird der Wein geklärt, von Hefe und Trübbestandteilen gereinigt. Es gibt dafür verschiedene Methoden. Oft wird Eiweiß in die Fässer gegeben, das die Abfälle an sich bindet und nach unten zieht.

Es gibt zahlreiche Lehrbücher mit genauen Anweisungen zur Herstellung von Wein. Das ist allerdings kein Thema für Amateure. Im Zeitalter des Do-it-yourself macht man fast alles selbst, aber die Kunst des Weinmachens sollte man Fachleuten überlassen, die ihr ganzes Leben daran arbeiten und dennoch oft nicht wissen, *wie* sie es tun sollen.

Wenn der junge Wein im Faß ist, weiß der erfahrene Kellermeister meist, wie der junge Wein werden wird. Spezialisten, die verschiedene junge Weine mischen – so bei der Herstellung von Champagner und Schaumweinen – wissen es auch, oder hoffen jedenfalls, es zu wissen.

»Der junge Wein im Faß muß sorgfältig betreut und vor Krankheiten behütet werden«, sagt ein alter Fachmann. »Man darf nicht vergessen, daß der Wein erst jetzt richtig zu leben beginnt. Er ist voller Zellen, die Zellen wachsen und mit ihnen die Gefahren für den Wein.« Leider kommt es im Faß manchmal zu sehr unangenehmen Dingen. Es gibt biologische und chemische Weinkrankheiten. Die Pathologie des jungen Weines würde ein Buch füllen. Es kann Azeszenz eintreten, und der Wein wird zu Essig, oder *Tourne,* und der Wein wird braun und wässerig. Wenn der Wein nicht genug Alkohol und Gerbsäure hat, wird er schal, er kann auch bitter und trübe werden, meist ganz plötzlich. Wenn während der frühen Gärung zuviel Alkohol entstand, kann das Übermaß an Alkohol die Gärstoffe paralysieren. Vielleicht wird dann *ein* Faß einen ausgezeichneten Wein enthalten, aber die nächsten zwei sind ganz schlecht.

Alle, die mit dem Wein zu tun haben, können Geschichten davon erzählen, daß der Wein lebt, daß man niemals sicher ist, was er im nächsten Augenblick anstellen wird. Vor Jahren kaufte Madame Mado Point, die Besitzerin des weltberühmten Restaurants *de la Pyramide,* nach langem Kosten und Probieren dreißig Fässer eines jungen Juliénas. Sie fährt jedes Jahr im Herbst in die Beaujolais-Gegend, kostet die ganz jungen Weine und sucht das aus, was ihr am besten schmeckt. Eine schwere Aufgabe, aber Madame Point ist eine berühmte Weinkennerin. Als Fernand Point, ihr Gatte, noch lebte, ließ er sie immer die jungen Weine kosten, und sie traf die schwierige Entscheidung.

Diesmal hatte der Weingutbesitzer in Juliénas, einem kleinen Dorf in den Hügeln, den jungen Wein als den besten Beaujolais des Jahres bezeichnet. Madame Point stimmte zu und kaufte den Wein. Die Fässer wurden vor Weihnachten in den schönen Keller des Restaurants in Vienne gebracht. In Frankreich sagt man *»les vins font les Pâques«*, zu Ostern soll der junge Wein sich schon »zu Hause« fühlen.

Zwei Wochen später kam Louis Tomasi, Kellermeister und *sommelier*, zu Madame Point und berichtete, der Wein sei »verrückt« geworden. Sie gingen in den Keller und kosteten. Der Wein war bitter und schmeckte nach Tinte. Er war scheußlich, er schien nicht der Wein zu sein, den man gekauft hatte. Und jetzt hatte sie dreißig Fässer davon, ein Vermögen. Die *Pyramide* offeriert jedes Jahr einen Wein aus der nahen Beaujolais-Gegend als *vin de la patronne.*

Madame Point alarmierte den Besitzer des Weinguts in Juliénas. Er kam sofort und kostete. Er war in Juliénas geboren, hatte von früher Kindheit an mit den Reben gelebt, machte jedes Jahr seine Weine, mehr oder weniger gute, aber er hatte noch nie einen schlechten Wein gemacht. Er war sprachlos. Er kostete nochmals, schüttelte den Kopf und empfahl Madame Point, den Wein drei Monate lang nicht anzusehen und nicht anzurühren. »Dann sprechen wir uns wieder«, sagte er, und ging.

»Natürlich war Madame Point jeden Morgen im Keller und kostete den Wein«, erzählte mir Louis Tomasi später. Natürlich. Sie ist ja eine Frau. Viele Männer hätten es auch getan. Der Kellermeister kostete mit ihr. Sie sahen einander nur fassungslos an. Der Wein war noch immer *impossible.* Er wurde immer ärger. Er schien von einer seltsamen und unheilbaren Krankheit befallen.

Und dann, vor Ostern – vor Ablauf der drei Monate – erholte sich der Wein plötzlich und wurde gesund. Sechs Monate später servierte man in der *Pyramide* den besten Beaujolais des Jahres, was niemanden überraschte. Madame Point erzählt jetzt die Geschichte, wenn ein Gast sich als »Kenner« deklariert. »Je mehr man vom Wein weiß, um so mehr weiß man, daß man sehr wenig davon weiß«, sagte sie mir einmal.

Die große Freude der Kenner ist die Weinprobe, ein eleganter, zivilisierter (und kostspieliger) Zeitvertreib. Er setzt lange Jahre von Wissen und Erfahrung voraus. Weinproben sollten niemals »blind« gemacht werden, mit verhüllten Flaschen und Gläsern, denn die Farbe des Weines ist eine seiner wichtigen Eigenschaften. Nur das Auge vermag zu beurteilen, ob der Wein klar oder trüb ist, ob er normal, schwer oder ölig fließt oder gar dünn, zäh, schleimig. Mein Freund Alexis Lichine, einer der wenigen *wirklichen* Kenner, mußte sich einmal einer unfreiwilligen blinden Probe unterziehen. Er hatte einen Keller in Burgund besucht, um Weine einzukaufen, und lehnte einen Wein als ungenügend ab. Der Weinbauer, ein mürrischer Mann, war überzeugt, nur er verstehe etwas vom Wein und sonst niemand. Bestimmt kein Ausländer aus New York.

»Sie sollten nicht so groß reden, Sie verstehen ohnedies nichts«, sagte er zu Lichine. »Sie behaupten, ein Kenner zu sein. Gut. Ich werde Ihnen fünf Gläser Wein geben. Sie haben alle meine Weine in den Fässern gekostet?« Lichine nickte. »Sie werden die Weine kosten und mir sagen, aus welchen fünf Fässern in meinem Keller die Weine kommen.« Der

Weinbauer lachte spöttisch, ohne seine Ironie zu verbergen.

»Mit Vergnügen«, sagte Lichine. Er wußte, es würde sehr schwer sein. Der Wein in den Fässern war noch jung und hatte wenig charakteristische Eigenschaften. Aber er konnte nicht mehr zurück. Lichine bekam die fünf Gläser, kostete die Weine und bestand die schwierige Probe. Ich war nicht dabei, aber ich glaube es ihm gern. Lichine träumt oft von einem bestimmten Wein, und wenn er aufwacht, weiß er genau, wie der Wein geschmeckt hat. Der französische Weinbauer war so begeistert, daß er Lichine umarmte. Seither reserviert er Lichine seine besten Weine.

Lichine nahm mich einmal zu einer schwierigen Weinprobe in Bordeaux mit. Damals gehörten ihm Château Lascombes und Château Prieuré-Lichine im Haut-Médoc-Distrikt – er besitzt noch immer das zweite Schloß. Als Amerikaner war er in Bordeaux ein prominenter Außenseiter. Die Probe fand im Haus eines Weinaristokraten statt. Einige *seigneurs du vin,* Besitzer weltberühmter Weingüter, waren anwesend. Sie hätten es nicht ungern gesehen, wenn Lichine die Probe nicht bestanden hätte.

Auf dem »Prüfungstisch« stand nur eine Flasche, ohne Etikett, und ein paar Gläser. Lichine hatte einige Minuten Zeit, um den Wein zu erraten. Später erzählte er mir, was dabei in seinem Kopf vorgegangen war.

»Vor der Prüfung trank ich einen Schluck von einem gewöhnlichen Bordeaux-Rotwein. Das heißt

*Weintapisserie aus der Loiregegend, ca. 1500*

›*se faire la bouche*‹. In Bordeaux machen es alle, bevor sie Weine kosten. Ich hatte nur eine Tasse Kaffee zum Frühstück gehabt, sonst nichts. Man muß völlig nüchtern sein. Die beste Zeit zum Kosten ist zwischen zehn und zwölf Uhr, wenn man langsam beginnt, ans *Déjeuner* zu denken. Natürlich darf man den Wein nur kosten, auch wenn er noch so gut ist. Eine Schande, einen solchen Wein auszuspucken. Aber es muß sein.«

Man hatte ihm nur gesagt, daß der Wein, den er erraten sollte, »echt« sei, also charakteristisch für seine Art, und daß es ein großer Jahrgang war.

»Ich kostete den ersten Schluck und ließ den Wein über und unter die Zunge gleiten. Mein Gehirn begann fast automatisch, gewisse Dinge zu notieren und andere zu eliminieren. Es handelte sich um einen Bordeaux – einen Médoc – einen Saint-Estèphe. Soweit war alles klar, und es war leicht. Jeder Ort hat seine charakteristischen Eigenschaften im Geschmack. Nun ließ ich die Geographie beiseite und versuchte, an den Jahrgang zu denken. Das war schon schwerer. Der Wein war nicht aus den fünfziger oder vierziger Jahren, das spürte ich sofort. Nach ein, zwei Sekunden wußte ich auch, daß der Wein weder 1937 noch 1934 war, die beiden großen Jahrgänge der dreißiger Jahre. Ich kann es nicht erklären. Der Wein hatte einfach nicht die spezifischen Eigenschaften dieser Jahre. Ich war jetzt ganz sicher, daß es sich um einen Wein der zwanziger Jahre handelte, aber von welchem Jahr? 1924? 1926? 1928? 1929? Ich kostete wieder und eliminierte automatisch die Weine von

1926 und 1928. Das waren meist harte Weine, *corsés*, und mein Wein war eher mild.

Ich kostete nochmals. Jetzt war ich fast sicher, daß der Wein aus dem Jahr 1929 war. Blieb noch die Frage, woher? Zurück zur Geographie. In Saint-Estèphe gibt es drei große Weingüter: Château Calon-Ségur, Château Montrose und Château Cos d'Estournel. Ein Schluck – und zwei Sekunden später war Calon-Ségur ausgeschieden. Noch ein Schluck – diesmal dauerte es etwas länger, vielleicht zehn Sekunden – und dann war Montrose aus dem Rennen. Ich kann nicht erklären, was in solchen Augenblicken in meinem Kopf vorgeht: Die Jahre und Namen, die nicht hingehören, fallen heraus wie durch ein Sieb, und zum Schluß bleiben nur *ein* Name und *ein* Jahr.

Ich sagte: ›Meine Herren, das ist ein Château Cos d'Estournel 1929.‹ Und er war's.«

*Ornamententwürfe, Alessandro Paganino, Venedig 1518*

# Der Wein und seine Geschichte

Das Wort »Wein« kommt vom lateinischen *vinum*, möglicherweise vom griechischen *oinos*, was Traubenwein bedeutet, aber auch für den vergorenen Saft von anderen Früchten verwendet wurde. In Frankreich, der Heimat von einigen der besten Weine der Welt, gibt es seit 1906 ein Gesetz, das sagt: »Kein Getränk darf unter dem Namen *vin* verkauft werden, das nicht zur Gänze aus der Gärung frischer Trauben oder vom Saft frischer Trauben gemacht wurde.« Die Betonung liegt auf dem Wort »frisch«. Früher hatte man gelegentlich getrocknete Weinbeeren (Rosinen) eingeführt und bei der Herstellung von Wein verwendet.

Das italienische Weingesetz von 1925 definiert *vino* als »das Produkt der alkoholischen Gärung des Traubensaftes, entweder aus frischen oder aus leicht getrockneten Trauben«. Die Betonung liegt diesmal auf »leicht«. In Frankreich, und auch in Deutschland und Ungarn, werden Weine aus leicht getrockneten Trauben (im Zustand der Edelfäule) gemacht. Der französische Ausdruck *pourriture noble* ist treffender. Die vom Botrytispilz befallenen Trauben werden erst spät im Herbst gepflückt, wenn die Sonne den Saft der Trauben ausgetrocknet hat und sie *an der Rebe* leicht vertrocknet sind. Die Bakterien auf den Schalen beginnen zu wirken, und die Trauben sind »edelfaul«. Im französischen Sauternes-Distrikt in Bordeaux werden diese Trauben Stück für Stück gepflückt, die Lese kann zwei Monate dauern, manchmal sogar bis Weihnachten. Solche Trauben haben einen feinen süßen Saft – aber kaum mehr als ein paar Tropfen. Die deutschen Trockenbeeren-Auslesen sind daher die teuersten deutschen Weine.

Weintrinker, Weinliebhaber und Weinkenner – mit etwas Glück und viel Geduld kann ein Mann schließlich zu allen drei Gruppen gehören – lehnen diese prosaischen Definitionen ab. Für sie bleibt der Wein ein Wunder der Natur, das mit Andacht genossen werden soll. Der englische König Edward VII. sagte angeblich: »Man trinkt nicht nur den Wein, man atmet ihn ein, man blickt bewundernd auf ihn, man kostet ihn, man nimmt einen Schluck ... und man spricht darüber.« Das ist richtig, und vielleicht hat der König es wirklich gesagt.

Die Geschichte des Weines beginnt im Dunkel der Vorzeit und gehört der Legende an. In Erdschichten, die dem Tertiäralter angehören, hat man Spuren von Ranken und Weinblättern in verschiedenen Gegenden der damals unbewohnten Welt gefunden – in Frankreich, Island, Alaska, in Mitteleuropa, aber auch in Japan und China, in England und im amerikanischen Mittelwesten (Wyoming). Das waren natürlich wilde Reben, aber die Archäologen glauben, der prähistorische Mensch habe solche Trauben ausgepreßt und ein Getränk daraus gemacht, wahrscheinlich aber keinen Wein. Das kam später.

Wann und wo ein Mensch zum ersten Mal Wein gekostet hat, wissen wir nicht. Der Gott des Weines wird in vielen Ländern unter verschiedenen Namen verehrt. Man sagt, er habe die Menschen gelehrt, Rebstöcke anzubauen und Wein zu machen. Die Armenier verehrten Spandaramet, die Phrygier den Sabazios, die Ägypter den Osiris, die Perser den Dschemschid, die Chaldäer den Xeisuthros, die Griechen den Dionysos, die Römer den Bacchus. Die Liste ist nicht komplett. In China wird Poh-Hi verehrt, und in Indien Schiwa. Sieben Städte rissen sich um die Ehre, der Geburtsort Homers zu sein, aber mehr als sieben Länder rühmen sich, den Wein erfunden zu haben. Homers »göttlicher« Nektar war bestimmt ein feiner griechischer Wein.

Vielleicht wurde der Wein auch zufällig entdeckt. Es gibt die Legende von einem persischen König, der die Trauben liebte und sie in einem Gefäß aufbewahrte, auf das er das Wort »Gift« geschrieben hatte. Eine vernachlässigte und daher unglückliche Dame seines Harems trank von dem »Gift«, um schnell zu sterben – und es schmeckte ihr so gut, daß sie einen Pokal damit füllte und dem König brachte. Er kostete und war begeistert, dankte der Schönen und befahl, die Trauben von nun an gären zu lassen. Das klingt wie ein Märchen, aber die Perser haben den Wein immer

*Noah und seine Söhne, David Kandel, Holzschnitt, 1546*

geliebt. Herodot berichtet, daß wichtige Staatsangelegenheiten in Persien zweimal besprochen wurden, einmal beim Wein, und dann nochmals, wenn alle nüchtern waren. Wie weise!

Die Bibel kennt viele Namen für den Wein, der im Alten Testament 155mal erwähnt wird. *Yayin* war der Wein, den Noah trank; zuviel davon, wie wir wissen, denn er wurde berauscht. *Yayin* war auch für das Trankopfer vorgeschrieben und wurde vom König Melchisedek dem Abraham gereicht (Genesis 14, 18). Die Bibel nennt den Wein einen »Betrüger«, der das Herz froh macht, »trinke deinen Wein frohen Herzens«. Manchmal heißt der Wein auch *Tirosch*, während *Schechar* ein berauschendes Getränk ist. *Khemer* und das chaldäische Wort *Khamar* bedeuten »das Blut der Traube«. *Ahsis* bezeichnet einen gewürzten Wein, *Mesech* eine Mischung von Wein und anderen Getränken. *Khometz* ist ein saurer Wein, vielleicht aus Essig. *Shemarim* ist ein klarer Wein ohne Bodensatz.

Mit dem Wein begann die Zivilisation. Das ist keine Legende, sondern eine Tatsache. Der Rebstock trägt Trauben erst nach vier Jahren, und es ist kaum anzunehmen, daß die Nomaden so lange an derselben Stelle blieben. Moderne Archäologen glauben, daß die Kunst, aus Reben Wein zu machen, aus den Hochländern von Armenien dreitausend Jahre vor der christlichen Zeitrechnung nach Mesopotamien und Ägypten kam. Viele Wissenschaftler sind überzeugt, der Wein sei viel älter. Das Grabmal des Ptah-Hotep, der circa viertausend Jahre vor Christus in Memphis lebte, zeigt Szenen von der Traubenernte. In Gräbern der ersten Dynastie hat man Reste von Reben gefunden, auf denen die Toten gebettet waren. Die ägyptischen Könige hatten besonders gute Begräbnisweine und weniger gute Weine, die sie täglich tranken. Die besten Weine waren für die Toten. Wir sind vernünftiger: Wir wollen sie trinken, solange wir leben.

Die Könige von Sumer, Assyrien und Babylon ließen Weine aus Armenien importieren. Hammurabi, König von Babylon um 2250 v. Chr., erließ strenge Vorschriften für den Verkauf von Wein. Weinhändler, die schlechte Qualitäten lieferten, wurden mit dem Verlust einer Hand bestraft oder ins Wasser geworfen. Wenn der Wein zu knapp bemessen war, mußte der Händler mit Strafen rechnen. Seither klagen die Weinhändler über die strengen Gesetze in vielen Ländern, aber die Gesetzgeber hatten oft gute Gründe, solche Gesetze zu erlassen, und in vielen Ländern sind die Gesetze nicht streng genug. Der Wein verleitet zum Schwindeln und Panschen, weil verhältnismäßig wenige Menschen etwas davon verstehen. Es war schon immer so, und wird wohl auch so bleiben.

In Ägypten waren die frühesten Weinbaugebiete im Delta des Nils und erstreckten sich später bis Memphis und zu den Oasen in der westlichen Wüste. Oft wuchsen die Trauben auf künstlich erhöhten Bodenstücken, die von Mauern umgeben waren. Die Trauben wurden gepreßt und der Saft vergoren. Steuerinspektoren prüften die Qualität der Weine und kassierten die Steuern. Die meisten Weine waren Weißweine. Auf alten Tongefäßen hat man Inschriften entdeckt, welche die Qualität des Weines beschreiben und manchmal sogar den Weinberg und den Namen des Winzers angeben. Es gab bereits verschiedene Weinsorten. Tüchtige Leute importierten Weine aus Syrien und Palästina, um sie mit den ägyptischen Weinen zu vermischen und so die Weine zu verbessern. Die Praxis ist so alt wie der Wein. Der Prophet Ezechiel (Ezechiel 27, 18) spricht von den guten Weinen von Helbon, nahe Damaskus.

Die klassischen Autoren scheinen keine hohe Meinung von den ägyptischen Weinen gehabt zu haben. Heute wird fast allgemein Griechenland als die Heimat des Weines bezeichnet. Weine gab es auf allen Inseln der Ionischen und Ägyptischen Meere und in ganz Kleinasien, vom Kaukasus bis zum Bosporus. Aber erst in Griechenland wurde die Kunst, aus Traubensaft Wein zu machen, wissenschaftlich entwickelt. Homer und andere griechische und römische Dichter singen das Lob der guten Weine von Thrazien, Mazedonien, Zypern und Lemnos. Lange vor dem Fall von Troja befaßten die Griechen sich mit dem Weinbau. Theophrast, der berühmte Schüler des Aristoteles, der um 287 v. Chr. starb, gab den griechischen Weinbauern wertvolle Ratschläge. Die Weinpresse ist eine griechische Erfindung. Die porösen Gefäße, Amphoren genannt, wurden mit Harz abgedichtet. Damals gewöhnten sich die Griechen an den Harzgeschmack ihrer Weine, der bis heute geblieben ist. Es ist eine traurige Ironie, daß die

Vestra quod, ô Superi, nunc℈ peritura p̄ orbem
Fama volat, nostri est munus id auspicij.
Pręmia quin dabitis nostro bene digna labore,
Divitias Iuno, Bacche benigne MERVM?

Daß ewr Nam weit vnd breit ohn zahl
Erkennt/ gelobt wirdt vberall/
Habt jr/ jr Götter allgemein/
Zu dancken vnsrer Kunst allein.
Warumb wolt jhr dann vns nicht geben
Groß Gut/ vnd Edlen Safft von Reben?

wahrscheinliche Heimat des Weines heute weiße und rosé Weine macht, die mit »Retsina« (Harz) behandelt werden, weil die Griechen es so gewöhnt sind. Fast 50 Prozent aller griechischen Weine schmecken nach Harz. Bessere Weine kommen aus dem Peloponnes, aus Attika, Mazedonien, Rhodos, Samos, Kreta. Die Griechen lieben ihre Weine jung und stark; Retsina hat bis 13 Prozent Alkohol. Die griechischen Weine werden heute im Ausland viel weniger geschätzt als die Weine aus anderen Ländern.

Die alten Griechen, von denen wir soviel gelernt haben, hatten auch eine bedeutende Literatur der Kochkunst. Leider gingen die meisten Werke beim Brand der Bibliothek von Alexandria (391 n. Chr.) verloren. Die Griechen mischten Früchte und Kräuter mit ihren Weinen und benutzten Wein zum Kochen. In einem vornehmen griechischen Haus gab es unter anderen Spezialisten den *Oinophoros*, eine Art Kellermeister, der die Weine pflegte und ausgab, und den *Oinochoikos*, den Vorgänger unseres Weinkellners *(sommelier)*, der die Pokale und Gefäße füllte. Der Zeremonienmeister wußte genau, wieviel Wasser dem Wein beigemischt werden durfte. Die Praxis ist auch heute in den Mittelmeerländern üblich, wo die Leute Angst haben, Wasser zu trinken. Nur Barbaren wie die Skythen, das wilde Reitervolk, tranken ihren Wein ungemischt. Heute ist es umgekehrt: Nur Barbaren mischen einen halbwegs guten Wein mit Wasser.

Die Griechen wußten, daß der Wein zur Zivilisation gehörte. Wenn sie in anderen Ländern erschienen, lehrten sie die fremden Völker, Reben zu pflanzen. Alexander der Große befahl in allen Ländern, die er eroberte, Wein anzubauen. Übrigens war ein Heerführer auch in China für den Anbau von Reben verantwortlich. Auf einer Reise nach dem Westen soll General Chang Ch'ien Reben studiert und Samen nach China geschickt haben. Ursprünglich hieß der chinesische Wein Li oder Chang, heute heißt er Chiu. Zur Zeit der Sung-Dynastie (1066) war Wein kaum bekannt unter dem Volk, aber die Mandarine und Dichter liebten ihn. Der große Dichter Li Po, der den Wein besang, starb wie er lebte, betrunken, als er in einen Fluß stürzte und im Wasser ertrank. Vielleicht dachte er, es wäre Wein gewesen. Heute wird auch in China Wein gemacht, aber er ist noch immer nicht populär.

Viele Jahrhunderte importierten die Römer die guten Weine aus Griechenland. Die italienischen Trinkweine waren schlecht und rauh, und kein Patrizier rührte sie an. Die reichen Leute wollten griechische Weine, und die Griechen produzierten immer bessere Qualitäten. Solche Weine waren zu teuer für die *misera plebs*, und man begann, billige Weine aus Spanien einzuführen. Monte Testaccio in Rom, ein 50 Meter hoher Hügel, besteht aus den Scherben von spanischen Weingefäßen. Die Griechen versuchten, mit dem Export von Spitzenweinen ihre Position zu halten, aber sie begingen den folgenschweren Fehler, nicht nur ihre Weine ins Ausland zu schicken, sondern auch ihre Erfahrungen mit dem Weinbau und ihre Methoden. Als die Römer Griechenland 146 v. Chr. eroberten, lernten sie viel von den griechischen Weinbauern. Römische Weine hatten bald einen guten Ruf. Der »Nektar« von Falerno wurde von Dichtern und Philosophen gerühmt. Die Römer bevorzugten süße Weine, weiß, bernsteinfarben oder rot. Vielleicht ähnelten sie den Weinen, die heute als Lacrima Christi in Italien verkauft werden. Die Römer nahmen ihre Kulturreben mit, wenn sie in die Welt zogen. Ob sie viel vom Wein verstanden, wissen wir nicht. Sie verboten ihren Frauen, Wein zu trinken. Frauen, die man dabei erwischte, wurden verprügelt. Die zivilisierten Griechen tranken den guten Wein in Gesellschaft schöner Frauen, ihrer eigenen und fremder, und in Gesellschaft attraktiver Jünglinge.

Inzwischen gab es auch die guten gallischen Weine, die den römischen Monopolisten Sorge machten. Wilde Reben wuchsen in vielen Teilen von Europa. Wieder waren es die Phönizier und Griechen, die in Massilia, dem alten Marseille, landeten und die Geheimnisse des Weines mitbrachten. Es ist kaum anzunehmen, daß sie in ihren engen Schiffen Kulturtrauben aus Griechenland mitführten. Aber sie wußten, wie man aus wilden Trauben die feinen Weinreben kultivieren konnte. Bald lobten griechische und römische Historiker und Philosophen die »weinfrohen« Gallier, wie Plato sie nannte, und die gallischen Weine, die der ältere Plinius, ein früher Kenner, schätzte. Er lobte die Burgunderrebe für ihre vornehme Abstammung, anderswo nicht anzutreffen – Beweis dafür, daß es sich um kultivierte Wildreben handelte. In Burgund wird jetzt behauptet, daß man dort schon 600 Jahre vor Christi Geburt gute Weine machte. Ähnliche Behauptungen hört man auch in Bordeaux. Niemand weiß genau, wer die ersten Weinberge im alten Gallien anlegte. Plinius spricht von einem Schweizer namens Helvetius. Livius nennt einen Mann aus der Toscana, der Aaron hieß. Justinian schreibt, die phokischen Kolonisten, die in Massilia landeten, hätten sofort mit dem Weinbau begonnen. Viel spricht für diese Vermutung. Die frühe römische Siedlung um Narbonne unterhielt Handelsbeziehungen zu den Garonne-Häfen, von wo eine Seestraße nach Großbritannien führte, und über die Rhône und Saône zu den Tälern der Loire und Mosel. Die Gallier machten gute Fässer. König Ludwig IX. reiste von Kloster zu Kloster und kostete die Weine der Mönche.

Die Geschichte des Weines enthält viel Dichtung und Wahrheit. Es ist nicht immer möglich, Legenden von Tatsachen zu trennen. Jede Weingegend ist stolz auf ihren Wein und auf ihre Geschichte. An der Mosel ist man überzeugt, daß es die Griechen und Gallier waren, die dort den Weinbau einführten, nicht die Römer. Im alten Griechenland waren die Rebstöcke an Pfähle gebunden, so wie jetzt an der Mosel. (Heute werden die meisten Weinberge in Griechenland im Bockschnitt, ohne Pfähle, angebaut.) Man hat in deutschen Weingebieten auch griechische Winzermesser gefunden, die auf ihrem Rücken ein kleines Beil tragen. Das alles hat nur akademische Bedeutung. Wichtig allein ist die Qualität der heutigen Weine. Sie ist sehr hoch in manchen deutschen Weingebieten und in Frankreich, dem früheren Gallien.

Die gallischen Weine wurden so beliebt in Rom, daß die Weinbauern und die Politiker nervös wurden. Cicero sprach sich wiederholt gegen den Import von Weinen aus Gallien aus. Unter dem Einfluß der Monopolisten erließ Kaiser Domitian 96 n. Chr. ein Edikt, das befahl, die Hälfte der gallischen Weinberge auszurotten; ein verzweifelter Versuch, die römischen Weine zu fördern. Aber das Edikt wurde nicht überall streng befolgt. Gallien war eine römische Provinz geworden, und ein gallischer Weinbauer konnte sagen *civis Romanus sum*, ich bin ein Bürger von Rom. In Burgund kam es zu offenen Aufständen, und die Weinbauern fanden Mittel und Wege, Domitians Edikt zu umgehen. Wein bedeutete Reichtum, fast wie Gold. Schon das Altertum kannte den Begriff von »flüssigem«, verfügbarem Kapital: dazu gehörten in erster Linie Weine und Öle und, im übertragenen Sinn, wertvolle Kunstwerke, exotische Stoffe, seltene Gewürze. Gute Weine sind auch heute eine ausgezeichnete Kapitalanlage; sie können jährlich im Wert steigen, wenn sie richtig gekauft und verständnisvoll gepflegt werden. Ob es der Zukunft des Weines nützen wird, wenn man ihn vor allem als Kapitalanlage betrachtet, bleibt allerdings dahingestellt.

Auf jeden Fall litten die Weinberge in den gallischen Ländern, bis Kaiser Probus im Jahre 280 n. Chr. die antigallischen Weingesetze aufhob und damit die großen Weinbaugebiete in Frankreich und am Rhein begründete. Reben wurden im Tal der Rhône, auf der Iberischen Halbinsel, sogar in England gepflanzt. Marcus Aurelius Probus wird oft idealisiert. Er stammte aus Sirmium in Pannonien, war römischer Oberbefehlshaber im Orient und wurde 276 von seinen Truppen in Emesa zum Kaiser ausgerufen. Im folgenden Jahr besiegte er die Franken, Burgunder, Alemannen und Vandalen, die in Gallien eingefallen waren. Er leitete auch die Kämpfe in den Süddonauländern und kämpfte erfolgreich gegen die Gegenkaiser Proculus und Bonosus. Er behandelte seine Soldaten mit drakonischer Strenge, es gab eine wilde Meuterei, und im Oktober 282 wurde Probus von seinen eigenen Truppen erschlagen. Aber für viele bleibt er ein gütiger Idealist, der die Soldaten vom Schlachtfeld in die Weinberge abkommandierte, eine Art Schutzpatron der Winzer. In den Weingegenden von Europa ist er unvergessen, während man sich an andere, einst berühmte Feldherren kaum mehr erinnert.

So hat die Geschichte von Probus doch eine Moral. Die Schlachtfelder gehören der Vergangenheit an, auch wenn einige davon von geschäftstüchtigen Reisebüros gelegentlich wiederentdeckt werden. Aber die Weinberge bleiben wahre Wunder der Natur und menschlicher Tüchtigkeit und Kunst.

Die Geschichte erwähnt kaum die römischen Weinbauern, aber man sollte sie nicht unterschätzen. Sie waren die ersten, die Korkstöpsel benutzten, die härter und praktischer waren als die bis dahin üblichen Stöpsel aus Stroh und Ton und dadurch das

*»Weinlese« aus dem Tarcuinum sanitatis (Codex Ser. n. 2644, f 54v), spätes 14. Jahrhundert*

Leben der Weine verlängerten. Heute kommt die Hälfte aller Korken aus Portugal, wo *quercus suber*, die Korkeiche, wächst und manchmal 200 Jahre alt wird. Gute harte Korken kommen auch aus Spanien. Heute werden billige Weine in Flaschen mit Metallstöpseln verkauft, aber bessere und gute Weine haben Korken. Von den Kelten in den Ostalpen lernten die römischen Weinbauern die Kunst, Holzfässer herzustellen, in denen die Weine aufbewahrt und transportiert werden konnten. Probus hatte nur wenige Jahre Zeit, sich um den Wein zu kümmern. Man nimmt an, daß die Weingüter an den steilen Abhängen der Mosel, der Saar und Ruwer, die Haardtberge und die Weingüter an der Nahe und in Rheinhessen schon vor Probus da waren. Es wäre kaum möglich gewesen, sie in wenigen Jahren anzulegen.

Im vierten Jahrhundert hatte der römische Dichter Ausonius eine Villa in Saint-Emilion, Bordeaux, wo sich heute das berühmte Weingut von Château Ausone befindet. Ausonius schrieb, daß Julius Caesar ein begeisterter Weintrinker war. Er besuchte auch die Mosel und rühmte die grünen, »dem Bacchus heiligen Hügel«. Die Zeiten waren allerdings unruhig, und es scheint unmöglich, daß sich die friedliche Mosellandschaft in einer so kurzen Zeit entwickelte. Jedenfalls entwickelten sich in den ersten Jahrhunderten der christlichen Ära die Gegenden um Bordeaux, die Täler der Rhône und der Mosel zu bedeutenden Weinbaugebieten. Sogar in der Nähe der römischen Villen im südlichen Britannien pflanzte man Reben.

Der Fall des Römischen Reiches im fünften Jahrhundert wurde eine Schicksalszeit für den Weinbau. Die Hunnen und andere nomadische Stämme aus Asien, moslemische Armeen und die Wikinger aus dem Norden fügten den Weinkulturen in England, Nordfrankreich, im östlichen Bayern und in Schwaben schwere Schäden zu. Die Folgen der Völkerwanderung waren weitreichend für den Weinbau. Die Traditionen rissen ab, die Weinbauern vergaßen die klassischen Techniken der Weinherstellung. Nur die Alemannen und Franken, nicht mehr wilde Barbaren, sondern kriegerische Grenzvölker, retteten die Weinberge vor dem völligen Ruin. Auch die romanisierten Kelten kümmerten sich um die Weinkulturen in Spanien, Frankreich und Deutschland.

Trotzdem wäre der Weinbau in Europa wohl zugrunde gegangen, wenn das junge Christentum ihn nicht gefördert hätte. Der Rebstock und die Traube wurden mystische Symbole. Brot und Wein waren Opfergaben. Eine Religion, die den Wein bekämpft, wie zum Beispiel der Islam, hätte das Ende der europäischen Weinberge bedeutet. Weite Teile des Nahen Ostens waren für den Weinbau verloren, obwohl Reben noch immer in Persien wuchsen und persische Dichter über die wunderbaren Eigenschaften des Weines schrieben.

Der Einfluß der Kirche war besonders wichtig in Burgund, wo Karl der Große einen Weinberg in Corton hatte, der noch heute Corton-Charlemagne heißt und für seine goldfarbenen weißen Burgunder berühmt ist. Um 1100 gründeten die Zisterzienser das

Vina tuis prohibes, Otomanne, sed ipse videris
(Pocla docent) nimio te usque replere mero.
Est scelus, ut vetitis populo sit dedita flammis
Mens ducis: at libito hũc quis nolet igne frui?

Mich wundert warumb du den Wein
Verbeutst den vnderthanen dein/
Du Bluthund arg türckischer art/
Da du doch dich offt vngespart
Füllest mit Wein: Groß ist die schandt/
Das ein Regent in aller hand
Lastern / die er verbeut/thut lebn:
Aber wer wil jhm ordnung geben? L iii

Spielkarte
Jost Amman, Charta curiosa, Nürnberg 1588

Clos de Vougeot und machten auch Weine weiter nördlich in Chablis. Cluny in Burgund wurde ein wichtiges Zentrum. Als das tägliche Leben dort zu luxuriös wurde, verließen die asketischen Zisterzienser das Kloster und gingen in andere Gegenden Frankreichs und ins Ausland, und wo immer sie sich niederließen, bauten sie Wein an. Um das 13. Jahrhundert begann Bordeaux, viel Wein nach England, Flandern und in die hanseatischen Häfen zu senden, wo man noch heute den Bordeaux liebt. Englische Kaufleute fuhren zur Erntezeit nach Bordeaux und kauften ganze Ernten auf. Auch Weine aus Spanien und Portugal schätzte man in England.

Die Verbreitung des Islams bedeutete das Ende der Kulturen in vielen Ländern, wo man einst gute Weine gemacht hatte. Die Kreuzfahrer brachten Rebstöcke aus fernen Ländern, vor allem die Muskatellertrauben, die sie am Fuß der Pyrenäen anpflanzten. Damals wurden die meisten Weine jung getrunken und müssen hart und sauer geschmeckt haben. Bei Staatsbanketten gab man Honig und Gewürze in den Wein. Diese aromatischen Weine ähnelten unseren heutigen Likören. Die Weine von Burgund waren in Avignon beliebt, als die Päpste dort residierten. 1396 erließ Philipp der Kühne Gesetze, um die hohe Qualität der Burgunderweine zu sichern, und verbot den Anbau der ergiebigen Gamaytrauben. Er verlegte seinen Hof nach Brüssel, nahm seine Weine mit und machte das zukünftige Belgien zu einem klassischen Land für Burgunderweine. 1443 begründete Nicolas Rollin das Hôtel Dieu (Hospital) in Beaune, dessen jährliche Weinauktion von Menschen aus der ganzen Welt besucht wird. In der Gegend, die heute Champagne heißt, hatten die Römer Weinberge angelegt, wo man meist rote Stillweine machte. Heinrich VIII. von England und Kardinal Wolsey brachten die Weine nach England. Der französische König Heinrich IV. gab den Weinen aus Reims und Epernay den Namen Champagne. Das war lange vor jener Zeit, bevor man dort den schäumenden Champagner herstellte.

In England waren die französischen Weine teuer, und die meisten Leute tranken Bier. Sack und Sherry waren bereits sehr geschätzt; Sack kam meist von den Kanarischen Inseln. James I. liebte die Clarets aus Bordeaux, und sogar der asketische Oliver Cromwell hatte nichts gegen guten Wein. Während des Dreißigjährigen Krieges wurden viele Weinberge in Europa verwüstet. In der Champagne erfand der blinde Mönch Dom Pérignon (so sagt man jedenfalls jetzt) das Geheimnis der zweiten Gärung des Weines in der Flasche, und Champagner wurde das beliebte Getränk der reichen Leute in England. Ludwig XIV. bevorzugte die Rotweine aus Burgund, die ihm seine Hofärzte empfahlen. Gelehrte Thesen über den Wert von bestimmten Rotweinen und Champagner als Medizin gegen viele Leiden wurden veröffentlicht. Unter Ludwig XV. wurde Champagner auch am französischen Hof ein großer Erfolg. In Reims wurden große Lager errichtet. 1729 etablierte sich dort die älteste Champagnerfirma Ruinart, die noch immer besteht.

Die Importe aus Frankreich nach England endeten wegen der hohen Zölle auf französische Weine. Statt dessen begannen die Engländer, große Mengen von Port einzuführen. Es war nicht der feine Port, den wir heute kennen, sondern gewöhnlicher Tischwein aus Portugal, lange nicht so gut wie der Claret aus Bordeaux. Viele Leute in England tranken »Florentiner Wein«, den Vorläufer des heutigen Chianti. Wer kein Geld für Wein hatte, trank Gin, und die Trunksucht stieg, besonders unter den ärmeren Klassen. In manchen Stadtteilen von London wurde Gin in jedem fünften Haus verkauft. Gin-Wagen in den Straßen und »Gin-Paläste« boten einen scheußlichen Fusel an; manchmal wurden sogar die Gehälter in Gin ausgezahlt. Henry Fielding (1707–1754) schrieb, daß die Leute literweise das Gift tranken. Zwischen 1734 und 1742 stieg der Verkauf von Gin um 40 Prozent. Die Regierung versuchte, den Verkauf von illegalem Gin zu verbieten, aber das Verbot wurde nicht beachtet, und 1747 wurde der freie Verkauf von Gin wieder zugelassen. Gin-Shops stellten Tafeln aus, auf denen stand: »Betrunken für 1 Penny, zu Tode betrunken (dead-drunk) für 2 Pennies, Stroh umsonst.«

Die Erlösung kam aus Portugal. Am Ende des 18. Jahrhunderts wußten die englischen Kaufleute und Portugiesen in Oporto, wie man portugiesische Weine mit Brandy »verstärkt«, und der echte Port aus Oporto wurde der beliebteste Wein in England, gefolgt von Hermitage, Champagner und Madeira. In Frankreich begann man, Weine in Flaschen abzufüllen. Bereits im Jahre 1781 lagerte man dann die ersten Flaschen in den Kellern von Château Lafite in Bordeaux.

Während der Französischen Revolution verloren die Kirche und die Aristokratie ihre Weingüter, die unter das Volk verteilt wurden. In Deutschland säkularisierte Napoleon die Weingüter, was der Revolution gleichkam. Seither ist Burgund eine Wein-Demokratie geblieben. Die Weinberge sind in den Händen vieler Besitzer, von denen manche oft nur sehr wenig Boden haben. In Bordeaux wurden die großen Güter bald wieder konsolidiert. Talleyrand wurde der alleinige Besitzer von Château Haut-Brion.

Um 1850 senkte man die Importzölle in England. Clarets aus Bordeaux wurden wieder eingeführt, diesmal nicht nur für die reichen Aristokraten, auch für die wohlhabende Bourgeoisie. Aber die langen Jahre, als die Engländer die harten Weine aus Portugal und Italien tranken und zuviel Gin, hatten ihre Spuren hinterlassen. Viele feine Bordeauxweine mußten mit härteren Weinen aus Cahors und von der Rhône gemischt werden, sonst wollte sie niemand. Sogar sehr feine *premiers crus* mußten sich diese Vergröberung gefallen lassen. Weine aus Burgund waren überhaupt nicht populär. Das starke Bouquet dieser Weine machte eine Vermischung mit harten Weinen unmöglich, außerdem hieß es, man könne Burgunderweine nicht per Schiff nach England senden, ein Gerücht, das die Verschiffer in Bordeaux verbreitet hatten.

Um die Mitte des Jahrhunderts wurden Reben auch in Südamerika, Australien und in den Vereinigten Staaten angepflanzt. Um 1870 begann eine besonders gefährliche Reblausart, die Phylloxera, die Weinberge in Europa zu verwüsten. Die Reblaus verbreitete sich über die ganze Welt. Trotz aller Versuche, sie zu bekämpfen, schien es eine Zeitlang, als würde es bald überhaupt keinen Wein mehr geben. Das Heil kam erstaunlicherweise aus Amerika. Man entdeckte, daß amerikanische Reben mit ihren Wurzeln immun gegen Phylloxera waren und daß man europäische Rebsorten auf gesunden amerikanischen Wurzeln aufpfropfen konnte. Heute wachsen die meisten europäischen Reben auf amerikanischen Wurzeln. Die Diskussion darüber dauert noch weiter an. Manche Fachleute sind überzeugt, daß die Weine in der Zeit vor der Phylloxera besser waren.

Am Anfang unseres Jahrhunderts gab es wieder große Jahrgänge in Frankreich und Deutschland. Aber dann kam der Erste Weltkrieg mit seinen Zerstörungen. Man sorgte nun auch dafür, daß der Käufer vor unehrenhaften Händlern geschützt wurde; Wein gedieh zum großen Geschäft. In verschiedenen Ländern begann eine restriktive Weingesetzgebung. In Frankreich war es die *Appellation d'Origine Contrôlée.* Das war 1936.

Und heute? Das Office International du Vin, dem Menschen aus 44 Ländern angehören, 37 Millionen, die vom Weinbau und Weinhandel leben, schätzt, daß jetzt über 10 Millionen Hektar Land mit Reben bepflanzt sind. Die jährliche Ernte sind heute

300 Millionen Hektoliter Wein, etwa dreieinhalb Milliarden Kisten oder 42 Milliarden Flaschen Wein. Wein ist wirklich ein internationales Geschäft geworden – manche sagen, »eine Industrie« – und eine neue Weinpest würde die zivilisierte Welt mit allen ihren Schwierigkeiten in eine neue, unvorstellbare wirtschaftliche Krise stürzen. Die Wissenschaftler erklären beruhigend, eine neue Weinpest könne es nicht geben, man wisse genug über die Weinkrankheiten. Aber die Wissenschaftler haben sich schon oft geirrt, und die Natur macht seltsame Dinge.

Die internationale Weinproduktion kämpft gegen die Schwierigkeiten unserer Zeit. Immer weniger Menschen wollen in den Weinbergen arbeiten – das Leben dort ist schwer, und die Stunden sind lang. Weinbauern haben keine Bürostunden: Wenn ein Frost droht, müssen sie im Morgengrauen aufstehen und die kleinen Feuer entzünden. Und unterdessen wächst in den Städten das Interesse der Käufer und Kenner. Immer mehr Leute gewöhnen sich an, Wein zu trinken.

Frankreich und Italien sind heute die größten Weinkonsumenten. In beiden Ländern trinkt man jetzt pro Person und Jahr etwa 110 Liter Wein. An dritter Stelle des Konsums steht Argentinien mit 85 Litern, gefolgt von Portugal (80 Liter), Spanien, Griechenland, der Schweiz, Chile. Allerdings hat Quantität nichts mit Qualität zu tun. Die Engländer und Amerikaner, nur 8 Liter Konsum pro Jahr, kaufen regelmäßig einige der besten Weine in Frankreich und Deutschland. Die Franzosen beginnen erst jetzt, langsam ihre großen Weine zu entdecken. Und wer hätte je an Rußland als ein Weinland gedacht? Aber heute trinkt der durchschnittliche Russe mehr Wein als ein Amerikaner, allerdings meist billige Weine aus Algerien, die man jetzt einführt, um das gefährliche Wodkatrinken einzudämmen.

Wird eines Tages der Durst nach Wein das Weltangebot übertreffen? In Burgund und in der Champagne hat man bereits die größtmögliche Produktion erreicht. Die ganze Gegend von Chablis erzeugt nur 120000 Kisten mit je zwölf Flaschen. Es wird niemals genug echten Chablis geben und immer viele Flaschen mit dem Etikett »Chablis«, die nicht aus Chablis kommen. Die Weinproduktion kann nicht rücksichtslos gesteigert werden wie die von anderen Konsumgütern. Wein ist ein Geschenk der Natur, und die Natur läßt sich nicht kommandieren. Die besten Weine wachsen auf kleinen Flächen, brauchen lange Zeit, um zu reifen, und müssen liebevoll gepflegt werden. In Italien, Portugal, Südamerika und Kalifornien werden riesige Mengen von Wein erzeugt, die den edlen Namen kaum verdienen.

Politik spielt neuerdings auch eine Rolle. Solange Algerien zu Frankreich gehörte, wurden die meisten algerischen Weine nach Frankreich geschickt und dort als *vin ordinaire* getrunken – dagegen ist nichts einzuwenden – oder mit Burgunderweinen vermischt. Das ist schon bedenklicher. Jetzt gehen die algerischen Weine in die Sowjetunion. Frankreich ist gezwungen, billige Weine aus Italien zu importieren, denn die italienische Währung ist niedrig, und zwischen den Ländern des Gemeinsamen Marktes gibt es keine Zölle. Das hat zu einem »Weinkrieg« in Südfrankreich geführt, wo die französischen Weinbauern die Einfuhr der billigen italienischen Weine verhindern wollen, oft mit Gewalt.

Der gegenwärtige »Trend« geht dahin, ein »Standardprodukt« zu schaffen – schreckliche Worte, wenn man an etwas so Schönes wie den Wein denkt. In der Zukunft wird es nicht mehr so viele feine Weine geben, mehr Weine, aber weniger gute. Leider kann man nicht Jahr für Jahr einen guten »Standardwein« erzeugen, auch ein Meistermischer könnte es nicht. Dafür sorgt schon die Natur – vielleicht auch die wenigen wirklichen Kenner, die genug Geld haben und immer nur die wenigen guten Weine trinken wollen.

Aber die Natur ist auch hilfreich. In Bordeaux ist es gelungen, die Produktion der guten Weingüter um 30 Prozent zu steigern. Wer den Wein wirklich liebt, weiß, daß guter Wein niemals billig sein kann, das ist einfach das Gesetz von Angebot und Nachfrage. Was er lernen muß – und dabei will ihm dieses Buch helfen –, ist das Verstehen, die guten von weniger guten Weinen zu unterscheiden, damit er nicht für schlechte Weine gutes Geld bezahlt.

Horrida bella alius, Mavortiaq́ arma sequatur;
Mitis ego Bacchi mitia castra colo;
Dummodo non desint mihi lautæ fercula mensæ,
Aridaq́ innocuum, quod riget ora, merum.

Krieg/ waffen/ wehren/ sturm vnd streit/
Hab ich geflohen jederzeit/
Vnd deß Bachi fridlichem Hof
Trewlich gefolgt mit grossem loff/
Weil er mir nur täglich verschafft
Gut Schnabelweid vnd Rebensafft/
Das ist mein frewd/ mein trost/ mein krafft.

D iij

*Spielkarte*
*Jost Amman, Charta curiosa, Nürnberg 1588*

# Kann man ein Kenner werden?

Es gibt viele Methoden, den Wein zu studieren. Die beste ist, ihn verständnisvoll zu kosten – zu kosten und darüber nachzudenken. Der Wein ändert sich noch im Glas. Der erste Schluck ist anders als der dritte und ganz verschieden vom Nachgeschmack, den er hinterläßt. Manche Weine füllen einem den Mund, weil sie viel »Körper« haben. Um den Wein zu genießen und zu verstehen, schlürft man ihn langsam und konzentriert; man darf ruhig die Augen schließen, auch wenn manche Leute das als Pose empfinden.

Es gibt Weine, die so zart sind, daß man unwillkürlich die Stimme senkt, wenn man über sie spricht. Man kommt allmählich darauf, daß Weine leben und daher hören und sprechen können, wenn auch nicht unsere Sprache. Wer es lernt, richtig hinzuhören, kann viel Freude an der Konversation mit dem Wein haben.

Manche Leute werden den Wein niemals verstehen. Kürzlich traf ich ein Ehepaar aus dem südlichen

Kalifornien in Paris in einem bekannten Restaurant. Sie studierten die umfangreiche Weinkarte und bestellten schließlich einen Weißwein aus Kalifornien. Ich war erstaunt. Der Weinkellner sah aus, als wenn er plötzlich entdeckt hätte, daß man ihm die Goldstücke aus seiner Matratze gestohlen habe. Er nahm die Karte, sagte nicht einmal »merci« und ging. Ich fragte die Dame, warum sie im besten Weinland der Welt einen kalifornischen Wein bestellte?

»Seit meiner Kindheit in Kalifornien hörte ich immer, die importierten Weine wären die besten. Jetzt trinken wir importierte Weine, wo immer wir sind.«

Kann man ein Kenner werden? Die Antwort ist ja, außer man ist so stur wie die Dame aus Kalifornien. Aber man muß Zeit und Geduld haben, und vor allem die Liebe zum Wein. Kenner werden nicht geboren, sie sind erzogen. Wirkliche Weinkenner, von denen es nicht viele gibt, haben von Jugend auf jeden Tag Weine gekostet, darüber nachgedacht, sie miteinander verglichen, die Unterschiede notiert. Sie können sich an den Geschmack bestimmter Weine erinnern wie an bestimmte Gedichte oder Melodien. Leute, die das ganze Leben ihren *vin ordinaire* trinken, wie viele Franzosen, und den Wein kaum beachten, werden niemals Kenner werden, sie wollen es gar nicht. Alle Weine schmecken verschieden. Ehrliche Weine, die aus einer bestimmten Gegend kommen und naturbelassen sind, haben einen charakteristischen Geschmack, den man sich allmählich merkt. So fängt es an. Dann trinkt man andere Weine, vergleicht sie und zieht den einen oder anderen vor. Das bedeutet nicht unbedingt, daß der Wein besser ist; aber man trinkt ihn lieber. Die Freude am Wein ist ein subjektives Gefühl; die Qualität des Weines ist eine objektive Tatsache.

Wer den Wein anfangs nur instinktiv gern trinkt, sollte nicht mit Spitzenweinen beginnen, auch wenn er das Geld dazu hat. Die guten Weine sind immer teuer, aber nachher schmecken einem die weniger guten nicht mehr. Die Zeiten sind vorbei, da Könige, Kardinäle und Millionäre nur die feinsten Weine tranken; es gibt nicht mehr genug davon. Niemand versucht, Goethe oder Heine zu lesen, wenn er kaum buchstabieren kann, aber beim Kauf von Wein geschieht ähnliches alle Tage.

Anfänger, die in Weingegenden leben oder in solche kommen, sollten mit den einfachen Landweinen beginnen, den *vins de pays,* die oft außerhalb der betreffenden Gegend unbekannt sind. Solche Weine sind meist anständig gemacht, ohne Beigabe von Zucker und Chemikalien, und haben den Geschmack ihres Bodens, *le goût de terroir.* Sie schmecken am besten dort, wo man sie macht, oft haben sie einen geringen Alkoholgehalt und vertragen weite Reisen nicht. In gewissen Kreisen ist es jetzt Mode, bestimmte Landweine zu loben, die man »entdeckt« hat, weil man damit in den Augen gewisser Leute zum »Kenner« wird. Aber die Weine waren schon lange da. Sie schmecken gut in ihrer eigenen Umgebung, aber sie wirken oft kläglich, wenn der »Kenner« sie mitnimmt und zu Haus seinen Gästen vorsetzt.

Der Anfänger lernt, die Weine des Landes zu kosten und prüfen. Er trinkt sie nicht schnell, wie man ein Glas Bier trinkt, weil man Durst hat. Wein stillt selten den Durst. Deshalb steht neben dem Weinglas oft ein Wasserglas.

Zuerst prüft man den Wein mit den Augen. Man schaut, ob er klar ist, und betrachtet seine Farbe. Schwerere Weine hinterlassen manchmal an der Innenseite des Glases ölige Tränen oder Schlieren, im allgemeinen ein gutes Zeichen. Dann prüft man den Wein mit der Nase. Man stellt den Duft fest, die Blume, das Bouquet. Man atmet den Wein gewissermaßen ein. Man hat ihn noch nicht gekostet, aber man weiß bereits viel.

Erst dann nimmt man einen Schluck und läßt den Wein über und unter die Zunge gleiten. (Manche Leute schlürfen leise, wobei sie Luft einatmen; manchmal gurgeln sie leise, um soviel wie möglich über den Wein zu erfahren. In gewissen Restaurants ist das verpönt; solche Restaurants sollte man zukünftig meiden.) Schließlich schluckt man den Wein, spürt ihn im Gaumen und schmeckt sein Aroma, den Nachgeschmack.

Berufsmäßige Weinkoster, die an einem Vormittag zwanzig verschiedene Weine prüfen und einen klaren Kopf behalten müssen, schlucken den Wein nicht, sondern sie spucken ihn aus, auch wenn er noch so gut ist. Aber auch das Spucken will gelernt sein. Während meiner Weinlehrjahre war ich einmal mit zwei Fachleuten in einem Keller in Burgund. Sie gingen von Faß zu Faß, kosteten die Weine, hielten sie

»Weintransport auf der Seine« aus La vie de St. Denis (MS fr. 2090–2092, II, f 125r), frühes 14. Jahrhundert

lange im Mund und spuckten sie dann aus. Ich genierte mich, *nicht* zu spucken, und versuchte, es ihnen nachzumachen, wobei ich den tiefroten Wein auf meinen hellgrauen Anzug spuckte. Seither schlucke ich die Weine, auch wenn mir das die stille Verachtung der Fachleute einträgt. Es ist gut für meine hellen Anzüge. Außerdem ist der Nachgeschmack, den der Wein in Mund und Kehle hinterläßt, das schönste an vielen Weinen. Die Fachleute behaupten, den Nachgeschmack zu »erraten«, auch wenn sie den Wein nicht schlucken. Mag sein; dafür sind sie ja Fachleute.

Der Anfänger registriert bereits gewisse Eigenschaften der einfachen Weine. Auf Reisen bemerkt er, daß die Weine verschiedener Länder sehr verschieden voneinander sind, selbst die einfachen Weine, und daß unter solchen Weinen eines Landes oft (nicht immer) bestimmte Ähnlichkeiten bestehen. Im allgemeinen schmecken die Weine aus der Schweiz anders als die aus Österreich, aber in Grenzgebieten ist man nicht immer sicher. Im Burgenland, nahe der ungarischen Grenze, gibt es (österreichische) Weine, die einen »ungarischen« Geschmack haben. Kein Wunder, das Land gehörte ja bis 1919 zu Ungarn. Die italienischen Weine sind verschieden von den jugoslawischen, wieder mit Ausnahme der Grenzgebiete.

Selbst innerhalb eines Landes entdeckt der Anfänger, der allmählich etwas erfahrener wird, bald Unterschiede. Die Weine aus dem Etschtal von Südtirol, hellrot und mild, mit einem bestimmten *goût de terroir*, sind verschieden von den Weinen am nahen Gardasee, und beide sind ganz verschieden von den Weinen in der Gegend von Verona, die ganz in der Nähe liegt. Alle guten Landweine werden von Menschen getrunken und gerühmt, die dort leben und überzeugt sind, ihre Weine seien die besten. *In vino* ist vielleicht *veritas,* aber bestimmt keine Toleranz. Es ist sehr selten, die Einwohner einer ausgesprochenen Weingegend die Weine aus anderen Gegenden loben zu hören.

Überall gibt es auch Wirte, Weinkellner und Weinhändler, die ihre oft teuren Flaschenweine loswerden wollen, besonders wenn die Weine zu altern beginnen. Es gibt ja Köche, die aus »Restl'n«, wie man in Wien sagt, »ragouts« und »pâtés« machen, die-Gäste-wern's-schon-essen. Man lehne die Flaschenweine ab und frage, ob es einen guten Landwein gibt, einen »offenen« Wein in der Karaffe. Die meisten anständigen Restaurants haben einen solchen Wein.

Kennt man die »typischen« Weine verschiedener Gegenden, sollte man zum Studium der flüssigen Literatur der wichtigen Weingebiete übergehen. Der Fortgeschrittene trinkt jetzt gute Weine und lernt viel über sie, aber er trinkt noch nicht die großen Weine. In Bordeaux und Burgund sind auch die einfachen Weine meist sehr gut. Der Weinstudent kostet die charmanten Weine von der Loire, den ausgezeichneten Pouilly-Fumé, trocken und weiß; die Weine von Sancerre, Quincy, Vouvray; den frischen fruchtigen Chinon, die Weine von Anjou und Muscadet. Jede Gegend in Frankreich macht ihre eigenen Weine, oft in verschiedener Qualität, aber der Student merkt bereits die Unterschiede zwischen den Gegenden. Er unterscheidet den Pouilly-Fuissé, fast so trocken wie ein Chablis, der an den Abhängen von Mâcon gemacht wird, von dem trockenen Pouilly-Fumé, der aus dem Tal der Loire kommt.

Nun ist es an der Zeit, einen Sommer lang das Gebiet von Mâcon und Beaujolais zu besuchen. Man findet diese Weine jetzt fast überall, seit sie so populär wurden, aber sie sind nicht immer echt, wenn man sie in anderen Ländern kauft. In den kleinen Dörfern der Beaujolais-Gegend findet man die wahren Weine von Beaujolais. Möglicherweise schmeckt man nun auch bereits die feinen Unterschiede, die Beaujolais-Weine aus verschiedenen Gemeinden *(communes)* haben. Ein Wein aus Moulin-à-Vent ist verschieden von einem Brouilly, ein Morgon ist anders als ein Chiroubles. Alle sind gut.

Frankreich ist groß und hat viele Weine. Südlich von Beaujolais und Lyon beginnt die Côte Rôtie, dann kommen die Côte-du-Rhône-Weine, in denen man bereits die heiße Sonne des Südens schmeckt. Die rosé Weine von Tavel, die Weine aus Châteauneuf-du-Pape, schließlich die Weine vom Mittelmeer – immer gut, wenn an Ort und Stelle getrunken. Im nächsten Jahr könnte man ins Elsaß fahren, in die Savoie, in den Jura. Der Lehrplan der Weine verlangt viel Zeit und Geduld.

In Deutschland, auch ein großes Weinland, trinkt der Student jetzt die besseren Tafelweine, die man in vielen Gegenden macht. Er beginnt, das Etikett zu studieren. Ein schwieriges Studium, aber lohnend.

Weine aus Rheinhessen und der Rheinpfalz sind leichter zu lernen als die großen Weine vom Rheingau und aus der Mosel-Saar-Ruwer-Gegend (denen man sich vorläufig noch nicht zuwendet). Aber die guten Weine aus Franken, Baden und Württemberg gehören dazu. 85 Prozent aller deutschen Weine sind Weißweine, und ihre Bereitung kostet doppelt soviel als in Frankreich, viermal soviel als in Spanien. Gute deutsche Weine sind meist teurer als Weine ähnlicher Kategorien in anderen Ländern.

In Italien sind die Weine billiger. Man beginnt, die guten regionalen Weine zu kosten, die besseren in Flaschen. Weine aus dem Norden (Piemont), das findet man rasch heraus, schmecken ganz anders als die Weine der Toscana, die Weine um Rom und die Weine aus Neapel und Kalabrien.

Jetzt kommen auch die besseren Weine der Schweiz, Österreichs, Ungarns und Jugoslawiens an die Reihe. Die Weine aus Spanien und Portugal, nicht Sherry und Port, sondern die guten Tischweine, haben viele Anhänger. Man weiß nun auch Bescheid über die besonderen Lagen der Weinberge und warum viele gute Weine auf einen Fluß oder See schauen. Der Widerschein der Sonnenstrahlen durch das Wasser ist wichtig, ebenso der Reflex durch bestimmte Kalk- und Schieferböden. Der Wein ist seltsam, aber niemals unlogisch. Man achte immer auf den Boden, die Rebsorten, das Klima.

Je mehr Weine der Fortgeschrittene kennenlernt, um so genauer weiß er, was er *nicht* will: das negative Urteil ist meist stärker als das positive.

Allmählich wird es Zeit für die dionysische Reifeprüfung. Man hat gelernt, daß zwei oder drei Flaschen eines guten Weines, die dasselbe Etikett tragen, niemals vollkommen gleich sind. Je feiner der Wein, um so feiner die Unterschiede. Flaschen aus verschiedenen Fässern desselben Weines schmecken oft verschieden. Sogar Flaschen aus demselben Faß haben oft einen anderen Geschmack. Es gibt verschiedene Erklärungen dafür, aber keine ist befriedigend. Es genügt, die feinen Unterschiede zu erkennen und sich zu freuen, wenn man eine ganz besonders gute Flasche erwischt hat.

Durch Geduld, Einfühlung und Verständnis lernt man, zwischen guten und schlechten Weinen zu unterscheiden. Man schickt Weine zurück, die trübe sind, einen faulen Geschmack haben, nach Chemikalien schmecken; das ist elementar. Man weiß, daß ein schlechter Wein nicht besser werden kann, wenn er lange lagert. Schlecht gemachter Wein bleibt schlecht.

Leider gibt es viele schlecht gemachte Weine. In den Weinkellern einiger Weingebiete lernt man die Menschen kennen, die den Wein machen. Manche sind schlampig und sprechen zu oft vom Geld und nicht genug über den Wein. Andere sprechen nur vom Wein und hoffen, immer bessere Weine zu machen. An diese hält man sich. Man begreift, daß auch der beste Boden mit den besten Trauben und dem besten Klima ohne die ständige Arbeit und Kunst des Menschen keinen besten Wein hervorbringen kann.

So wird man allmählich reif für das Studium der Spitzenweine der Welt. Es gibt nicht viele, nicht in jedem Jahr, und es gibt niemals genug, da die Nachfrage ständig steigt. Man kann diese flüssigen Meisterwerke nur mit anderen großen Meisterwerken vergleichen, die vollendet in ihrer Art sind: ein Rembrandtgemälde, ein Goethegedicht, ein Streichquintett von Mozart, ein Lied von Schubert. Die großen Weine haben alles, auch wenn sie so verschieden sind wie Rembrandt und Renoir. Der Duft der Landschaft ist in ihnen, der Widerschein der Sonne und des Himmels im Fluß unterhalb der Weinberge, die kunstvoll gezüchteten Trauben und die Menschen, die wissen, wie sie aus dem Saft der Trauben den besten Wein machen, Jahr für Jahr.

Die meisten der großen Weine kommen aus Frankreich und Deutschland, der Tokajer aus Ungarn. In Frankreich gehören in die Spitzengruppe die feinsten Clarets aus Bordeaux, die feinsten Weine aus Burgund: das sind meist Rotweine. In Frankreich gibt es auch hervorragende Weißweine, den wunderbaren Montrachet in Burgund, den großen Chablis und die weißen Graves in Bordeaux. Eine Kategorie für sich ist der unvergleichliche Château d'Yquem. Und natürlich Champagner, der beste und teuerste schäumende Wein der Welt.

In Deutschland gehören die feinsten Weine von Mosel, Saar und Ruwer dazu und die besten Rheingauweine. Qualitätsweine mit Prädikat, die aus vollkommen reifen Trauben aus bestimmten Bereichen gemacht werden, mindestens 10 Prozent Naturalkohol (ohne Zucker) enthalten, ständig unter Staatskontrollen stehen. Die neuen deutschen Weingesetze von

1971 haben viel Ordnung in das frühere Chaos gebracht. Diese Prädikatsweine tragen die Bezeichnungen Kabinett, Spätlese, Auslese, Beerenauslese, Trockenbeerenauslese. Die feinsten Trockenbeerenauslesen kosten etwa zwanzigmal soviel wie ein guter trockener Wein desselben Weinbergs, trotzdem werden sie oft mit Verlust verkauft. Die Trauben müssen sehr lange an den Reben bleiben, das Risiko ist dementsprechend groß. Mit Recht bezeichnen Deutschlands Weinbauern eine feine Trockenbeerenauslese als einen Triumph ihres Mutes und ihrer Kunst.

Es ist erstaunlich, wie viele Leute viel Geld für gute Weine ausgeben, die sie dann aus Unkenntnis ruinieren. Sie trinken sie zu jung oder – der häufigere Fehler – wenn sie schon so alt sind, daß sie ihren Höhepunkt überlebt haben. Weißweine sollten meist jung getrunken werden, vor allem die trockenen. Manche sind gerade richtig, wenn sie zwei oder drei Jahre in der Flasche waren. Nach fünf oder sechs Jahren beginnen sie manchmal zu oxydieren. Weißweine und rosé Weine werden gekühlt serviert, je süßer, desto kühler. Gekühlt heißt nicht geeist. Ist der Wein zu kalt, verliert er seinen Geschmack. Kälte zerstört den Charakter des Weines. Im allgemeinen genügen 5 bis 10 Grad Celsius. Weißweine werden geöffnet, kurz bevor man sie serviert; sie müssen nicht, wie viele Rotweine, eine Zeit vorher geöffnet werden um zu atmen.

Bei Rotweinen ist es noch schwerer zu wissen, wann sie getrunken werden sollten. Leichtere Bordeauxweine sollten wenigstens fünf Jahre in der Flasche ruhen. Viele Clarets erreichen erst nach zehn oder fünfzehn Jahren ihren vollen Geschmack. Feine rote Bordeaux- oder Burgunderweine aus guten Jahren können sehr lange liegen und werden immer besser. Es empfiehlt sich, einen erfahrenen Weinhändler um Rat zu fragen, anstatt die Weine zu früh oder zu spät zu öffnen. Meist steht auf dem Etikett das Jahr, in dem die Weinlese stattfand und der Wein gemacht wurde, nicht das Jahr, in dem der Wein in die Flasche gefüllt wurde. Champagner und Portweine, immer ein Gemisch verschiedener Weine, tragen die Jahreszahl nur in einem guten Jahr und kosten dann natürlich mehr. Weine aus Bordeaux und Burgund, von der Mosel und dem Rhein tragen immer die Jahreszahl, auch wenn das Jahr kein großes Jahr war.

Weinhändler präsentieren ihren Kunden oft kleine Karten, in denen die Jahre in den verschiedenen Gegenden von 1 bis 10 oder von 1 bis 20 klassifiziert werden. Solche Karten haben eine gewisse Berechtigung in Ländern mit wechselndem Klima. Ein Jahr kann sonnenreich und gut sein, das nächste regnerisch und schlecht. Die Ziffern auf den Karten deuten an, wie die Weine an ihrem Höhepunkt sein werden, in drei oder fünf oder fünfzehn Jahren. Die Karten sagen meist nicht, *wann* dieser Zeitpunkt kommen wird. Sie erklären auch nicht spezifische Eigenheiten. Die 1945er Weine in Bordeaux (rot) reiften langsam, weil sie viel Gerbsäure enthielten. Manche erreichten ihren Höhepunkt erst nach zwanzig oder fünfundzwanzig Jahren. Und so wurden viele große Weine zu früh geöffnet. Die Klassifizierungen basieren auf dem persönlichen Geschmack der Leute, die sie aufstellen. Sie sagen nicht, daß selbst in mittelmäßigen Jahren mit tiefen Zahlen gewisse Weine hervorragend sind, was jeder Weinkenner weiß. Die Karten sollten daher mit großer Vorsicht konsultiert werden.

Im allgemeinen sind Rotweine von berühmten Weingütern selbst in schlechten Jahren eher gut. Andererseits werden Weine aus großen Jahren von Weinhändlern und Restaurateuren an Jahrgangs-Fetischisten zu höheren Preisen verkauft und sind dann enttäuschend. Im allgemeinen ist der Jahrgang weniger von Bedeutung als die Herkunft und Qualität des Weines.

Beaujolais wird meist jung getrunken, zwei oder drei Jahre nach der Ernte. Aber es gibt volle, schwere Beaujolaisweine aus Moulin-à-Vent, Juliénas, Morgon, die länger leben. Ältere Rotweine haben oft Ablagerungen und sollten daher vorsichtig serviert werden. Gute Weinkellner tragen solche Flaschen behutsam. Es gibt auch Kellner, die die Flasche wie einen Spazierstock schwenken, wenn sie aus dem Keller kommen, und sie dann behutsam in ein Körbchen legen. Man schickt die Flasche zurück, bevor sie geöffnet ist, und gibt dem Kellner kein Trinkgeld.

Alte Weine werden vorsichtig in eine saubere Karaffe dekantiert (umgegossen), eventuell vor einem Licht. Sobald der Bodensatz den Hals der Flasche erreicht, hört man auf umzugießen. Die Karaffe kann geschlossen bleiben, da das Umgießen den Wein

*Bacchanal*

*Andrea Mantegna, 15. Jahrhundert*

atmen läßt. Rotweine, die älter als 1928 sind, werden bei Tisch dekantiert und sofort getrunken. Oft haben sie keine lange Lebenszeit im Glas. Rotweine werden meist chambriert getrunken, bei Zimmertemperatur, genauer gesagt: bei etwa 18 Grad Celsius. Sie sollten zwei Stunden vor dem Mahl ins Zimmer gebracht werden. Je jünger der Wein, um so mehr Zeit braucht er, bevor er serviert wird. Ein fünfjähriger roter Bordeaux oder ein dreijähriger roter Burgunder – solche Weine gelten als »jung« – sollte mindestens eine Stunde geöffnet stehen. Beaujolais wird von vielen Leuten »frisch« getrunken, an heißen Sommertagen wird er leicht gekühlt. Auch das ist Sache des persönlichen Geschmacks; ich trinke einen vollen Beaujolais gern bei Zimmertemperatur. Niemals darf man einen Rotwein, den man aus dem Keller gebracht hat, in die Nähe des Ofens stellen oder in warmes Wasser. Das würde den Wein brechen.

Gute Weine haben meist gute Korken, aber gute Korken in alten Flaschen können beim Herausziehen brechen oder zerbröckeln. Für alte Flaschen benutzt man am besten die T-förmigen Korkzieher, die lang genug sind und ein stumpfes Ende haben, so daß sie den Wein nicht zerschneiden. Um eine alte Flasche zu öffnen, braucht man Erfahrung, Geduld und eine sensitive Hand. Man führt den Korkzieher seitlich in den Kork und neigt die Flasche, daß der Wein im Flaschenhals gegen den Kork preßt. Man dreht den Korkzieher vorsichtig und nimmt die Hebelkraft der Flasche zu Hilfe. Der herausgezogene Korken muß nach dem Wein riechen. Wenn er nach Kork riecht, hat der Wein einen Korkgeschmack und ist kaum trinkbar. Wenn der Weinkellner im Restaurant den Kork riecht und sich ein wenig Wein eingießt, ist das kein bloßes Ritual, sondern notwendig. Manchmal ist nur das erste Glas verdorben. Zu Hause läßt man den Wein offen stehen und versucht später nochmals, ob er trinkbar ist. Im Restaurant wird eine solche Flasche sofort zurückgeschickt. Das Glas des Gastgebers wird immer zuerst gefüllt. Er prüft den Wein, bevor er ihn seinen Gästen anbietet. Auch das ist kein Ritual, nur Höflichkeit.

Gläser sind wichtiger, als man meist annimmt. Geschliffene Gläser und die in Deutschland und im Elsaß so beliebten Römer lassen gewisse Weine schöner erscheinen, aber sie verbessern nicht die Qualität des Weines. Ein tulpenförmiges Glas, klar und dünn, ohne jede Verzierung, ist das beste Glas für fast alle Weine. Es soll wenigstens so groß sein wie eine große Orange. Ein solches Glas, halb gefüllt, in dem der Wein eingeschlossen ist, gestattet es, den Wein im Glas zu drehen und sein Bouquet einzuatmen, das von den nach oben sich verengenden Glaswänden eingefangen wird. Gläser, die sich nach oben nicht verengen, können noch so schön sein, aber geben nicht den vollen Genuß eines guten Weines. Das Glas muß völlig sauber sein, mit einem frischen Tuch abgestaubt, ohne jeden Geruch. Das ist viel wichtiger als der elegante Stiel.

Der schönste Weinkeller ist zwecklos, wenn er nicht sauber ist, zusätzlich als Abstellplatz benutzt wird und neben den Heizungsrohren liegt. Weine können in jedem dunklen Raum aufgehoben werden, der Sommer und Winter die gleiche Temperatur hat und von Erschütterungen frei ist (was in den großen Städten fast unmöglich ist). Die Flaschen werden horizontal gelagert. Die untere Seite des Korks soll die Flüssigkeit in der Flasche berühren. Das Etikett zeigt nach oben, damit man die Flasche nicht drehen muß, um zu sehen, was darin ist. Flaschen, aus denen der Wein sickert, müssen sofort getrunken werden.

Die Typen der Weinflaschen sind fast so verschieden wie die bekannten Rebsorten. Zu den wichtigsten gehört die schlanke Bordeaux; die ròbustere grüne Burgunder; die geschwungene rosé Flasche; die schwere, dickere Champagner; die historisch anmutende Dom Pérignon für einen besonders guten Champagner; die durchsichtige Champagnerflasche der Firma Roederer; die auf »alt« gemachte Flasche des Châteauneuf-du-Pape; die schlanke, farblose Flasche des Pouilly-Fuissé. Die meisten deutschen Weine und Weine aus dem Elsaß werden in schlanke Flaschen gefüllt. Frankenweine erkennt man am Bocksbeutel. Tokajer ist immer in der kleinen, hellen Halbliterflasche. Portugiesische Weine erscheinen in phantasievollen Flaschenformen. Madeira ist in einer grünen Flasche mit einem Strohgeflecht über dem Korken. Chianti wird in dem strohumhüllten *fiasco* verkauft, das zwei Liter enthält, oder in halber Größe *(mezzo-fiasco).* Viele Weine haben besondere Flaschen, vielleicht um aufzufallen.

Gewisse Weine werden vor dem Essen als Apéritif gereicht: ein trockener Weißwein, ein trokkener Wermut, ein Sherry. Der beste und eleganteste Apéritif ist ein Glas *brut* Champagner. Andere Weine werden zum Dessert getrunken: die süßen Sauternes aus Frankreich, die feinen deutschen Beerenauslesen. Port und Madeira werden, vor allem in England, nach dem Essen serviert. In Hofmannsthals *Rosenkavalier* läßt der Parvenü Faninal einen alten Tokajer zu seiner jungen Tochter servieren, was keine schlechte Mischung ist.

Fast alle anderen Weine gehören *zum* Essen. Die »Ehe« zwischen bestimmten Gerichten und den dazu passenden Weinen schafft immer eine anregende Kombination, oft viel vergnüglicher als die Ehe unter Menschen. Das Essen schmeckt besser mit einem Wein, und der Wein schmeckt am besten zum Essen. Die deutsche Unsitte, die gute Flasche Wein *nach* dem Essen zu reichen, stammt aus der Zeit, da die meisten Menschen in Deutschland Wasser oder Bier zum Essen tranken und *die* Flasche Wein nachher als etwas Besonderes serviert wurde. Es ist arrogant zu sagen (wie ich es in einer Broschüre las), ein feiner deutscher Wein sei *zu gut*, um zum Essen gereicht zu werden. Es ist sinnlos, einen guten trockenen Kabinettwein nach dem Essen zu reichen. Die Unsitte hört auf; die jüngeren Generationen in Deutschland trinken den Wein bereits zum Essen. Sie wissen auch, daß es keine gute Idee ist, Wein mit Bier oder Alkohol zu mischen.

Manche Leute reden endlos über das Thema, welcher Wein zu welchen Speisen am besten paßt; auf jeden Fall kommt das Essen zuerst, obwohl ich Menschen kenne, die zuerst eine Flasche aussuchen und dann die dazu passenden Gerichte. Wer gutes Essen und gute Weine gern hat, soll getrost nach seiner Fasson selig werden. Im allgemeinen stimmt die Regel, daß Rotweine nicht zum Fisch passen. Aber es gibt Leute, die Weißwein nicht gern trinken oder ihn nicht vertragen. Sie dürfen getrost einen leichten Rotwein zum Fisch nehmen. Sie können ja vor dem Trinken ein Stück Brot essen.

Die meisten sogenannten Regeln sind sinnvoll. Im allgemeinen schmecken trockene Weißweine besser, bevor der Rotwein serviert wird. Wenn mehr als ein Rotwein angeboten wird, sollte man in derselben Gegend bleiben, einen jüngeren Bordeaux zum Fleisch geben und einen schwereren zum Käse. Jüngere Weine werden vor den älteren serviert, leichte vor den schweren. Oder man bleibt von Anfang an in Burgund. Die beste Flasche, die feinste und auch die älteste, schmeckt am besten mit einem milden Käse, einem Brie, einem St. Marcellin, einem Brillat-Savarin. Port ist sehr gut als Begleitung eines alten Stilton. Die süßen Weine sind ausgezeichnet mit einem guten Soufflé.

Gewisse Speisen vertragen keinen Wein. Zum Salat paßt nur ein Glas Wasser. Mit Weinessig gemachte Speisen sind weinfeindlich. Auch Rollmops, Thunfisch und Bückling vertragen keinen Wein, und Speisen mit viel Curry, Pfeffer und Senf vertragen nur bestimmte Weine, die auch meist in diesen Gegenden serviert werden. In Marseille serviert man die schweren, harten Weine aus Bandol und Cassis zur Bouillabaisse und Bourride.

Im allgemeinen trinke und esse ich auf Reisen, was man dort trinkt und ißt, wo man gerade ist. Ich kenne Leute, die in Rom ein Wiener Schnitzel bestellen und in Wien ein Risotto milanese. Ihnen kann nicht geholfen werden. Die Franzosen, die im allgemeinen viel vom Essen verstehen, aber nicht immer vom Trinken, gehen nicht fehl, wenn sie zu den Spezialitäten der Gegend den *vin de pays* trinken. Die Speisen und Weine sollten aus derselben Region kommen. Mit den ausgezeichneten Spezialitäten von Lyon ist der Beaujolais am besten, der ganz in der Nähe wächst. In der *Pyramide,* die einen schönen Weinkeller hat, empfiehlt man befreundeten Gästen den ausgezeichneten Château Grillet, einen trockenen, fruchtigen weißen Rhônewein, der auf der anderen Seite des Flusses wächst, und einen Beaujolais. An der Loire gibt man zu den dortigen Spezialitäten die Weine von Vouvray und Bourgueil. An der Mosel trinkt man einen duftigen Moselwein und in Würzburg einen Steinwein. Zu einer *choucroute* im Elsaß paßt ein Gewürztraminer.

Es kommt allerdings auch auf das Klima, den Ort, die Zeit an. Ein rosé Wein aus Tavel ist sehr gut an einem warmen Sommertag, wenn man unter Bäumen sitzt bei einem leichten Mittagessen, aber er paßt nicht an einem Winterabend zum Steak. Man sollte daran denken, daß die meisten »Regeln« keine wirklichen Vorschriften sind, sondern Traditionen, aus Gewohnheit und Vernunft geboren. Wer die Regeln nicht mag, soll sich seine eigenen machen. Sonst hat er ja keine Freude am Wein.

Wer Austern gern hat (ich gehöre nicht dazu), bestellt einen ganz trockenen Chablis, und wenn er keinen bekommen kann, einen trockenen Weißwein, einen Muscadet, einen Moselwein, einen Saarwein, auf jeden Fall einen Riesling. Champagner paßt angeblich zu allem, aber auch das ist Sache des Geschmacks. Ich finde es nicht ideal, zu allen Gängen nur Champagner zu reichen. Irgendwie erscheinen solche Leute unsicher. Warum dem Champagner nicht seinen Rang als besonderen, festlichen Wein lassen?

Man könnte endlos über das Thema reden, aber es führt zu nichts, denn die, die genau wissen, was sie gern mögen, haben ihren eigenen Weingeschmack; und die es nicht wissen, müssen es lernen. Natürlich stimmt es, daß ein weißer Burgunder oder ein deutscher Kabinettwein gut zu Fisch, Hummer, Kalbfleisch, Huhn, Schinken paßt. Aber auch ein leichterer Rotwein ist gut mit Schinken und Huhn. Bei Weißweinen ist der Unterschied zwischen trokken und süß wichtiger als bei den guten Rotweinen, die meist trocken sind. Überall trinkt man mehr Rotwein als Weißwein, außer in Deutschland, Österreich und im Elsaß. Die Italiener trinken meist ihren *nero,* den dunklen Wein ihrer Gegend, und die Franzosen trinken den *vin ordinaire,* auch ein Rotwein. Leichte Weine sind besser mit leichten Speisen, schwere Weine mit Braten und Wild. Rotweine können ganz verschieden sein, von einem hellroten Südtiroler bis zu einem schweren Châteauneuf-du-Pape.

Die besten Regeln macht man selbst, jeder seine eigenen. Ich habe gern guten Kaviar, am liebsten mit einem milden polnischen Wodka Wybórowa, aber andere trinken nur Champagner dazu. Zu *foie gras* liebe ich einen St. Emilion oder Pomerol, aber Leute, deren Urteil ich respektiere, wollen ein Glas Port dazu oder einen Sauternes. Nicht nur in der Kürze liegt die Würze, auch in der Vielfalt. Weinliebhaber sind immer irgendwie Spieler: jede Flasche ist ein Risiko, das man bereit ist, auf sich zu nehmen. Wein ist auch eine Herausforderung, der man sich nicht entzieht, sonst entgeht einem viel Schönes.

Wein zu kaufen, ist fast immer eine Vertrauenssache, wie der Kauf von Perlen, Teppichen oder alten Geigen, weil der Verkäufer meist mehr von der Materie versteht als der Käufer. Man sollte seinen Weinhändler sorgfältig aussuchen und sich dann auf ihn verlassen. Der Verkäufer im Supermarkt, der seit letzter Woche in der Weinabteilung arbeitet, ist kein Fachmann. In Amerika haben die Angestellten der großen Weinhandlungen oft keine Ahnung vom Wein und versuchen, dem Käufer ein paar Flaschen anzuhängen, die sie loswerden wollen. Im allgemeinen – es gibt Ausnahmen – sind teure Weine besser als die billigen. Es gibt gute billige Weine, aber selten in einer Weinhandlung.

Der Käufer sollte wissen, was er will, für welchen Zweck, und wieviel er bereit ist, dafür auszugeben. Es ist keine Kunst, einen großen Bordeaux oder eine Beerenauslese zu kaufen: diese Weine sind immer gut und immer teuer. Es ist schwerer, einen durchschnittlichen Wein zu finden, der wirklich ist, was er vorgibt zu sein, also ein anständiger Wein, *honnête*.

Weinhändler, welche die Anlage eines Weinkellers empfehlen, haben meist Listen von Weinen, die man haben sollte, wenn von einem Keller die Rede ist. So viele Flaschen Burgunder, weiß oder rot, Beaujolais, Bordeaux, deutsche Weine, Rhein oder Mosel, und so weiter, bis zu einem weißen italienischen Wein (Soave) oder einem roten spanischen Rioja. Die Liste ist meist besser für den Weinhändler als für den Käufer, der plötzlich Weine in seinem Keller hat, die gar nicht hingehören. Viel besser ist es, wenn der Käufer seine eigenen Vorstellungen hat. Das setzt voraus, daß er etwas von den Weinen weiß. Vor allem soll er die Weine kaufen, die er am liebsten trinkt und die zu dem passen, was er gern ißt.

Heute werden die meisten Weine gekauft, um verhältnismäßig bald getrunken zu werden. Die Zeit der großen Keller ist vorbei. Die wenigsten haben das Glück, Schloßbesitzer in Bordeaux zu kennen, die ihnen eine Kiste ihrer jungen Weine überlassen, verhältnismäßig billig, aber natürlich erst in einigen Jahren trinkbar. Leute in modernen Stadtwohnungen sind froh, irgendeinen Raum zu haben, der trocken, nicht zu hell, frei von Erschütterungen ist und eine ständige Temperatur von etwa 13 Grad Celsius hat. Früher kaufte man feine junge Weine, die vielversprechend waren, lagerte sie ein und freute sich, wenn die Weine langsam reiften und immer wertvoller wurden.

Heute kauft man Beaujolais, etwa zwei Jahre alt; roten Bordeaux, wenigstens fünf Jahre alt, je feiner, desto älter; weiße Burgunder, weniger als fünf Jahre, und rote, die älter sein können; Rhein- und Moselweine unter fünf Jahren; Weine aus Italien, der Schweiz, Ungarn, Spanien, bei denen man sich auf das Etikett oder den Weinhändler verläßt. In Weingegenden kaufen Leute »mit Beziehungen« die jungen Weine vorteilhaft vom Winzer, der ihn gemacht hat, oder von der lokalen Genossenschaft. Das Risiko ist immer groß bei kleineren Weinen, die durch viele Hände gegangen sind. Man hüte sich vor ausländischen Weinen, die aus Zollgründen in Fässern eingeführt und später im Inland abgefüllt werden. Oft werden solche Weine mit inländischen Weinen verschnitten, um den Absatz zu fördern. Sie fördern auch die Kopfschmerzen am nächsten Tag.

Der Weinliebhaber studiert das Etikett, das oft mehr sagt als der tüchtige Verkäufer. Französische Weine sollten den Vermerk *Appellation Contrôlée* tragen, oft ist es eine appellation d'origine contrôlée, zum Beispiel »Appellation Bordeaux Contrôlée« oder »Appellation Chassagne-Montrachet Contrôlée«. Auf guten italienischen Weinen steht »Denominazione di Origine Controllata«. Die besseren deutschen Weine tragen eine Prüfnummer. Je genauer das Etikett, um so besser der Wein. Ein Mouton-Cadet ist gut, er trägt die Bezeichnung »Appellation Bordeaux Contrôlée«, und Baron Philippe de Rothschild bürgt dafür, daß der Wein *dans nos chais,* in unseren Kellern, in Flaschen gefüllt wurde, aber ein Château Mouton-Rothschild, der auch dem Baron gehört, ist natürlich viel feiner (und um sehr viel teurer). Médoc

OCTOBER.
MASSICA DISPOSITIS SPVMAT VINDEMIA LABRIS,
PRESSAQ. PVRPVREO RORE FALERNA FLVVNT.
*P. Cand. pinx. ab Amling delin. et Sculp. 1702.*

*»Oktober«*

*Karl G. Amling nach Peter Candid, Kupferstich, 1702*

ist besser als Bordeaux, Margaux ist besser als Médoc. Bei einem St. Emilion versucht man zu ergründen, ob der Name des Erzeugers oder eines guten Händlers darauf steht. Ein Geisenheimer Riesling 1975er ist gut, aber ein Geisenheimer Mäuerchen 1975, Riesling-Auslese, Lehr- und Forschungsanstalt Geisenheim, ist natürlich um vieles besser (und dementsprechend viel teurer).

Letzten Endes muß man sich auf das Wort des Verkäufers verlassen können. Der Kunde kommt nicht zurück, wenn er falsch beraten wurde. Noch vorsichtiger sollte man in bestimmten Restaurants sein, wenn der Weinkellner den Auftrag hat, gewisse Weine zu »forcieren«. Man lasse sich nicht einschüchtern und stelle genaue Fragen.

In Hamburg sah ich kürzlich eine 1899er Schloß Vollrads Trockenbeerenauslese, die 1200 DM kostete. Der Verkäufer, der wirklich viel verstand, hatte eine solche Flasche gekostet und sagte, sie sei das viele Geld wert. Wer heute 1976er Trockenbeerenauslesen zu etwa 100 DM kauft, hat wahrscheinlich richtig »investiert« – falls er oder seine Erben das Jahr 2000 erleben. Aber Wein sollte nicht zum Anlagegegenstand degradiert werden, auch wenn dazu jetzt häufig geraten wird. Wein ist da, um getrunken zu werden und Freude zu machen.

Es gibt keine herrlichen Weine, die billig sind. Ein »billiger« Beaujolais, der mit anderen Weinen verschnitten ist, ist nicht das Geld wert, das er kostet. Es ist billiger, mehr Geld für einen echten Beaujolais auszugeben, der aus einer Beaujolais-Gemeinde kommt, den Namen des Erzeugers hat und den Vermerk »Mise en bouteilles à la propriété«.

In Amerika und England verkauft man deutsche Weine mit dem Etikett »Liebfraumilch«. Manche Leute geben viel Geld dafür aus. In früheren Jahrhunderten machten die Weingüter rings um die Liebfrauenkirche in Worms gute Weine, die sie Liebfraumilch nannten. Der Name wurde berühmt, und bald gab es niemals genug davon. Am 29. April 1910, keinem Ehrentag des deutschen Weines, verfügte die Handelskammer in Worms, daß jeder gute Rheinhessenwein sich »Liebfraumilch« nennen dürfe. Heute sind die meisten Weine mit diesem Etikett obskure Verschnitte. Meist kommen sie gar nicht aus Rheinhessen und haben auch nicht die Eigenschaften von Rheinhessenweinen. Ein ähnlicher Unfug wird mit dem Etikett »Moselblümchen« getrieben. Oft verbirgt sich dahinter ein schlechter Wein mit Beigabe von Zucker, den ein Weingut in den Handel bringt, weil es den eigenen Namen nicht auf dem Etikett nennen will.

Solche Dinge geschehen fast in allen Weinländern, trotz offizieller Kontrollen. In Frankreich werden Flaschen mit dem Etikett »Haut-Sauternes« verkauft. Naive Seelen halten ihn für einen besonders guten Sauternes, und vielleicht denken sie an *haute couture* oder in Amerika an die angebliche *haute cuisine* (die es in Frankreich gar nicht gibt, nur *grande cuisine*). Es gibt keine Gegend, die im französischen Weingesetz »Haut-Sauternes« genannt ist. Ebenso unsinnig und irreführend sind Bezeichnungen wie »South African Claret« oder »California Burgundy«.

Der Wein kann gut sein, aber nicht das Etikett. Bordeaux und Burgund liegen in Frankreich, nicht in Südafrika oder Kalifornien.

In Frankreich und anderen Ländern, wo Wein jetzt ein großes Geschäft geworden ist, gibt es jetzt *sociétés* oder *confréries,* die Weinpromotion mit Hokuspokus verbinden. Prominente Weingutbesitzer und Verschiffer arrangieren farbenreiche Inaugurationen, bei denen neue Mitglieder eingeführt werden, die (so hofft man) bestimmte Weine fördern oder kaufen werden. Man trägt altmodische Roben, und bei dem Bankett werden ein Dutzend Weine zu den Speisen gereicht und besprochen. Die meisten Anwesenden können nach dem dritten Wein die anderen gar nicht mehr unterscheiden.

Das alles schadet keinem und nützt manchen. Zu den bekanntesten Gruppen dieser Art gehören die Commanderie du Bontemps du Médoc et de Graves in Bordeaux, La Jurade de Saint-Emilion, Les Chevaliers du Tastevin in Nuits-Saint-Georges, Les Compagnons du Beaujolais, La Commanderie de Champagne de l'Ordre des Coteaux, La Confrérie Saint-Etienne im Elsaß. Kleinere Gruppen gibt es fast in allen Weingebieten. In Cognac gibt es La Confrérie des Alambics Charentais, in Condom La Compagnie des Mousquetaires d'Armagnac. Die Schweiz hat einige Gruppen, darunter die Confrérie des Vignolants de Neuchâtel, Belgien hat die Gilde de Saint-Vincent de Belgique, Italien die Confraternità della Cheer, und in den Vereinigten Staaten gibt es die Universal Order of the Knights of the Vine of

California. Manche Mitglieder dieser Gesellschaften bilden sich ein, echte Kenner zu sein, und einige sind es wirklich. Die Hauptsache ist, daß alle von ihnen Freude am Wein haben.

Wein ist gesund und gilt seit Jahrhunderten in den zivilisierten Ländern als Heilmittel gegen viele Beschwerden. Louis Pasteur nannte Wein »das gesündeste und hygienischste Getränk«. Wein entspannt und beruhigt. Weintrinker sind meist frohe, angenehme Menschen. Im allgemeinen enthält Wein etwa 10 Prozent Alkohol. Whisky, Gin und Wodka haben wenigstens 40 Prozent Alkohol. Die meisten Weinliebhaber neigen nicht zu Exzessen, dazu haben sie den Wein zu gern. Anti-Alkoholiker erklären, zu viel Wein führe zu Leberschäden, und in Frankreich, dem klassischen Weinland, essen viele Leute Pillen aus Furcht vor Leberkrankheiten. Aber die wirklich Leberkranken, die ich kannte, tranken fast nur Wein und aßen kaum etwas dazu. Leute, die Wein zum Essen trinken und eine vernünftige Balance zwischen Speise und Trank einhalten, werden in der Regel selten leberkrank.

Wein ist ein Nahrungsmittel. Ein Liter Wein enthält 600 bis 1000 Kalorien, die Vitamine A, B und C, über ein Dutzend Minerale, Traubenzucker, Proteine und Alkohol. In Spanien unterliegt Wein denselben Preiskontrollen wie Brot; beide gelten als Volksnahrungsmittel. Die Ärzte wissen, daß Wein eine desinfizierende Wirkung hat, daß gewisse Elemente des Weines das Wachstum schädlicher Zellen und die Entwicklung von Krankheiten hemmen.

Wein macht nicht dick. Wein kann bis zu 500 Kalorien an Fett und Zucker pro Tag ersetzen, aber vom Wein nimmt man nicht zu. Als Medizin betrachtet, ist Wein ein Tonikum, schafft Energie, hilft bei der Konvaleszenz. In seiner *Anabasis* erwähnt Xenophon den Befehl des Cyrus an seine Truppen, Wein mitzuführen und ihn in fremden Ländern mit dem Wasser zu vermischen. Bis ins 19. Jahrhundert wurde Wein mit unsauberem Wasser vermischt. Hippokrates empfahl Wein, um das Fieber herunterzudrücken. Galen verfaßte eine Liste von Weinen mit heilenden Eigenschaften.

Im Mittelalter wurden Kräuter und andere heilende Substanzen mit Wein vermischt. Weiße Weine werden jetzt als Diuretika (harntreibende Mittel) empfohlen, roter Burgunder bei Magenverstimmungen, roter Bordeaux bei Darmbeschwerden, deutsche Weine für Nervöse, Port und Sherry während der Genesung. Champagner gilt als Allheilmittel, vor allem bei älteren Personen. Die Franzosen betrachten einen roten Bordeaux als ein Verdauungsmittel, vor allem wegen des Gehalts an Gerbsäure. Weintrinker zeigen im allgemeinen weniger Hang zur Entwicklung von Gallensteinen. Wein wirkt gegen Blutarmut, hilft gegen Schlaflosigkeit und bei der Behandlung von Bronchitis und Influenza. Wein regt den Appetit an, vertieft die Atmung, belebt den Kreislauf.

Die Ligue Française contre le cancer behauptet, Wein scheine vor Krebs zu schützen. In den Weingebieten von Frankreich, wo viel Wein getrunken wird – Weinbauern sind oft ihre eigenen besten Kunden, obwohl sie nur ihre kleineren Weine trinken und die besseren verkaufen – liegt die Zahl der Krebserkrankungen um die Hälfte niedriger als in anderen Gebieten. Französische Krebsforscher führen dies auf das leicht radioaktive Kalium und Magnesium zurück; beide Stoffe sind vor allem im Rotwein enthalten. Es kann kein Zufall sein, daß Wein so vielen Menschen bei so vielen Beschwerden hilft. Wein ist ein natürliches Heilmittel.

Der Einfluß des Weines auf das Gemüt ist von den Dichtern aller Zeiten besungen worden. Wein regt zur Diskussion an, aber er macht nicht streitbar. Vulgäre Raufereien, wie sie unter Biertrinkern üblich sind, kommen unter Weintrinkern fast niemals vor. Wein wird aus den mannigfachsten Gründen getrunken. Der französische Marschall Juin besuchte einmal die Keller des Château Mouton-Rothschild in Pauillac und bat um eine Flasche aus dem Jahre 1866. Er wollte einen Wein »aus dem unbesiegten Frankreich« kosten. Im allgemeinen aber sprechen Weintrinker, die Aristokraten der Genießer, selten über die Politik, wie die Biertrinker, oder übers Geschäft, wie die Whisky- und Gintrinker.

Am liebsten sprechen die Weinliebhaber über den Wein. Je besser der Wein, um so beschwingter werden ihre Gespräche. Manchmal geht die gute Stimmung in Gesang über, aber der Gesang artet niemals in einen unsinnigen Refrain aus. Keinem Weintrinker würde es einfallen zu schreien: »Wein her, Wein her, oder ich fall' um!« Weintrinker fallen niemals um, obwohl sie manchmal unter dem berauschenden Bouquet leicht schwanken, wie ein New Yorker Wolkenkratzer im heftigen Sturm.

Wein kann auch etwas melancholisch machen. »Es wird ein Wein sein, und wir wer'n nimmer sein«, singen sie in Wien, wenn sie weinselig und rührselig werden. Der Wein wird uns alle überleben – ein tröstlicher Gedanke.

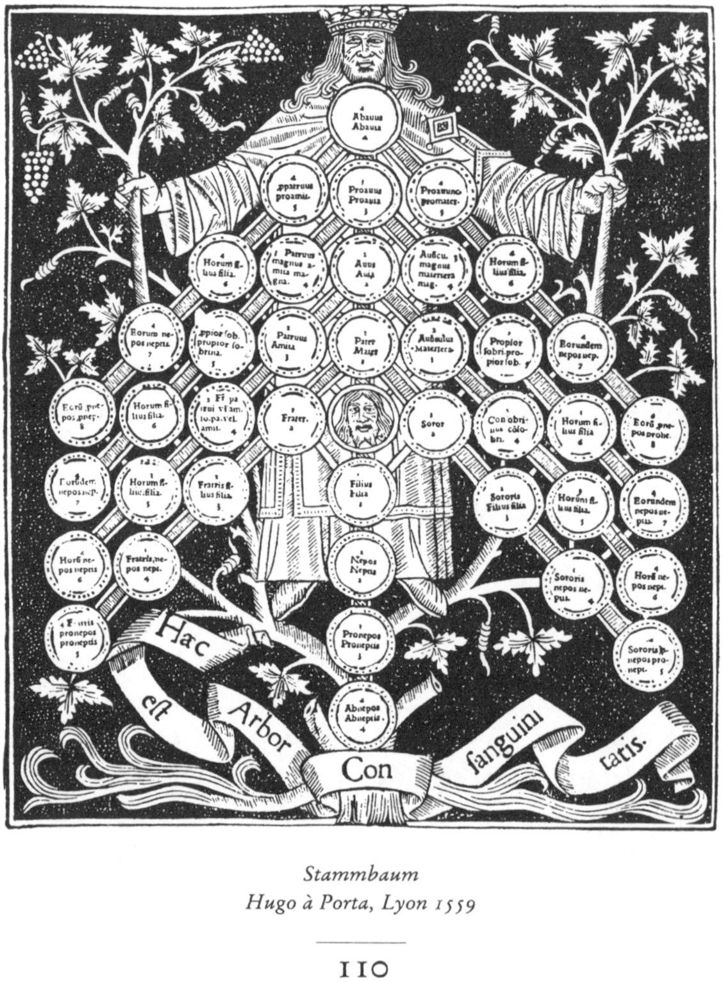


*Stammbaum*
*Hugo à Porta, Lyon 1559*

*Kapitel V*

# Frankreich, das Weinparadies

Fast die halbe Weinproduktion der Welt kommt aus Italien, Frankreich und der Sowjetunion. Italien macht jetzt 68 Millionen Hektoliter im Jahr, gefolgt von Frankreich mit 67,5 Millionen und Rußland mit 30 Millionen Hektolitern. Dann kommen Spanien, Argentinien, die Vereinigten Staaten, Portugal, Algerien und die Bundesrepublik, an neunter Stelle, mit 7,8 Millionen Hektolitern. Weinstatistiken müssen mit Vorsicht aufgenommen werden. Der Wein bleibt ein natürliches Phänomen, unberechenbar und oft unerklärlich. Wir wissen, daß Quantität kaum etwas mit Qualität zu tun hat.

Frankreich ist und bleibt das Weinland *par excellence.* In Frankreich ist der Wein eine politische, soziale und wirtschaftliche Macht. Ein französischer Premier mußte zurücktreten, weil er seinen Landsleuten empfahl, weniger Wein und mehr Milch zu trinken. Jeder siebente Franzose lebt vom Wein, als Winzer, Zwischenhändler, Verkäufer. Das Land hat fast zwei Millionen Weinbauern, die überzeugt sind, daß es nicht die phokischen Kolonisten oder die weinfrohen Gallier waren, die die ersten edlen Reben nach Frankreich brachten, und bestimmt nicht die römischen Soldaten. Sie sagen, Frankreich sei schon lange vor der christlichen Zeitrechnung ein riesiger Weinberg gewesen. Die wichtigste Aufgabe der Kreuzritter sei es gewesen, neue Rebsorten nach Frankreich zu bringen, vor allem die vornehme Pinot nach Burgund und die Gamay nach Beaujolais. Im Jahre 1350 exportierte Bordeaux fast eine Million Kisten Wein. 1790 war der Weinexport auf sechs Millionen Kisten gestiegen.

Die Revolution verfolgte die Kirche und die Aristokratie. Viele Weingüter gingen in die Hände von Weinbauern über, die nicht immer Erfahrung mit Wein hatten. Um 1870 begannen französische Winzer, amerikanische Reben einzuführen, um zu sehen, wie solche Reben in Frankreich gedeihen würden. Während der nächsten Jahre verbreitete sich die *Phylloxera vastratix,* eine amerikanische, besonders gefährliche Reblausart, und vernichtete fast alle Weinberge in Europa. Nach Bordeaux kam sie um 1875 und wanderte dann weiter gegen den Norden. Nur die amerikanischen Rebwurzeln widerstanden der Krankheit. In ganz Frankreich und überall in Europa begann man, die europäischen Rebsorten der *Vitis vinifera* auf amerikanische Wurzeln zu setzen. Die Reben haben sich nicht geändert, aber ihre Lebensdauer ist jetzt geringer. Alte Reben geben Qualität, aber wenige Trauben. Junge Reben geben mehr Trauben, aber geringere Qualität.

Frankreich überwand die große Krise. Fast in jedem Teil des Landes wachsen jetzt Reben und werden Weine gemacht, und keiner gleicht dem anderen. Östlich von Paris, in der Champagne, wird der unvergleichliche Champagner bereitet. Südlich davon ist Burgund; die Gegend reicht fast bis Lyon und produziert herrliche Weine. Im Tal der Rhône und in der Provence, aber auch in den südwestlichen Ebenen des Landes, werden Weine gemacht. Unweit von Paris ist das Tal der Loire mit vielen guten Weinen, und südlich davon ist Bordeaux, eine Weinwelt für sich. Im östlichen Teil sind die Weine des Elsaß und die Juraweine. Nahe Bordeaux wachsen die kleinen Trauben, aus denen die berühmten französischen Brandies gemacht werden, in den Regionen von Cognac und Armagnac. Frankreich bleibt das Weinparadies auf Erden.

Nicht alle französischen Weine sind gut. Ziemlich viele sind mittelmäßig. Ein großer Teil kommt aus dem Süden, *le midi,* den Landstrichen westlich vom Rhônedelta, wo die Weine nicht nach der Qualität, sondern nach ihrem Alkoholgehalt eingestuft werden. Als Frankreich noch seine Besitzungen in Nordafrika hatte, kamen auch aus Algerien viele Weine. Mit diesen Weinen macht man keine Umstände. Man bringt sie noch immer in großen Tankwagen in die Zentren des Nordens. Die Tankwagen ohne das Wort INFLAMMABLE führen kein Öl, sondern Wein. Er hat keinen besonderen Namen, es ist der *vin ordinaire,* den die Franzosen trinken, wie andere Völker Wasser trinken.

Wasser wird in Frankreich zum Waschen verwendet und zum Löschen von Bränden. Während der Ferien fahren die Franzosen, alle zur gleichen Zeit im August, ans Meer und klagen über das verschmutzte Wasser. Das Trinkwasser der Franzosen ist Mineralwasser, in Flaschen gefüllt. Täglich werden Millionen Flaschen mit Evian, Perrier, Vichy, Vittel, Badoit, Contrexville geöffnet. Die Franzosen fürchten Leberkrankheiten mehr als Krebs und Herzkrankheiten, und das Mineralwasser ist angeblich gut für die Leber, weil es den Wein »neutralisiert«. Eier sind am Morgen gefährlich, deshalb essen die Franzosen sie nicht zum Frühstück wie die Amerikaner, Deutschen, Engländer. Eier sind gesund um die Mittagszeit, und alle Franzosen lieben ihre Omeletten. Es ist zwecklos, mit einem Franzosen darüber zu reden. Zum Frühstück hat man ein Glas Weißwein, *un petit vin blanc*, und ißt nichts dazu.

In Frankreich ist der Wein selbstverständlich, er gehört zum Essen. Die französischen Dichter und die gastronomischen Schriftsteller, die in Frankreich sehr bekannt sind, schreiben viel über das Essen und den Wein. Aber es gibt ziemlich viele Franzosen, die meist Bier trinken. Andere trinken ihren *vin ordinaire*, mittags und abends, und kaum je einen großen Wein. Sogar in Bordeaux und in Burgund gibt es Einheimische, die nichts vom Wein verstehen; es gibt auch solche, die wenig vom Essen verstehen. Nicht jeder Franzose ist als Gourmet geboren, wie manchmal angenommen wird. Dennoch wissen die Franzosen mehr vom Wein als die Bewohner anderer Länder. Es gibt wohl Engländer, Belgier, Deutsche, Schweizer und auch Amerikaner, die mehr von französischen Weinen wissen als viele Franzosen, aber die meisten Leute in diesen Ländern wissen wenig über den Wein.

In Frankreich ist der Wein immer dabei. Keine Hochzeit, keine Taufe ohne Champagner, man trinkt Wein zum Sterben, auch nach dem Begräbnis. Die Franzosen lachen über das Ritual, das in manchen Ländern den Wein umgibt. Seit es in Frankreich strenge Weingesetze gibt und auf dem Etikett stehen muß, was in der Flasche ist, freuen die Franzosen sich noch mehr an ihrem Wein. In Bordeaux erklärt man, die Burgunderweine seien »zu schwer«, *corsé,* und in Burgund hört man, daß die Weine aus Bordeaux »zu leicht, zu feminin« sind. Wenn man in Frankreich mit einem Franzosen über Weine redet, hält man sich am besten an die lokalen Weine, sonst bekommt man Streit. Das gilt allerdings für alle Weinländer der Welt. Die Engländer haben Glück, daß sie kaum eigene Weine haben. Sie sind gezwungen, die guten Weine aus der ganzen Welt zu trinken, und verstehen viel davon.

## Bordeaux

Bordeaux, die viertgrößte Stadt Frankreichs, liegt an der Garonne, die dort eine sanfte Biegung macht. Für die Bordeauxweine war der Fluß immer wichtig, von dort führte die direkte Seeroute nach England. Die Provinz war einst als Gascogne oder Guyenne bekannt. Die schöne und eigenwillige Eleanore von

Aquitanien heiratete Ludwig VII. von Frankreich, ließ sich von ihm scheiden und heiratete im Mai 1152 Henri Plantagenet, Herzog der Normandie und von Anjou. Ein Jahr später wurde Henri König von England und nannte sich Henry II.

Dreihundert Jahre blieben Bordeaux und die Gascogne den englischen Herrschern treu. Viele rote und weiße Weine aus Bordeaux wurden damals gemischt und ergaben eine hellrote Mischung, welche die Franzosen *clairette* und die Engländer *Claret* nannten. Heute nennen die Engländer alle roten Bordeauxweine Clarets, was manche *Bordelais* ärgert. Dreihundert Jahre lang waren die Clarets in England preiswert und populär. Erst als Henry VI. 1451 alle französischen Besitzungen mit Ausnahme von Calais

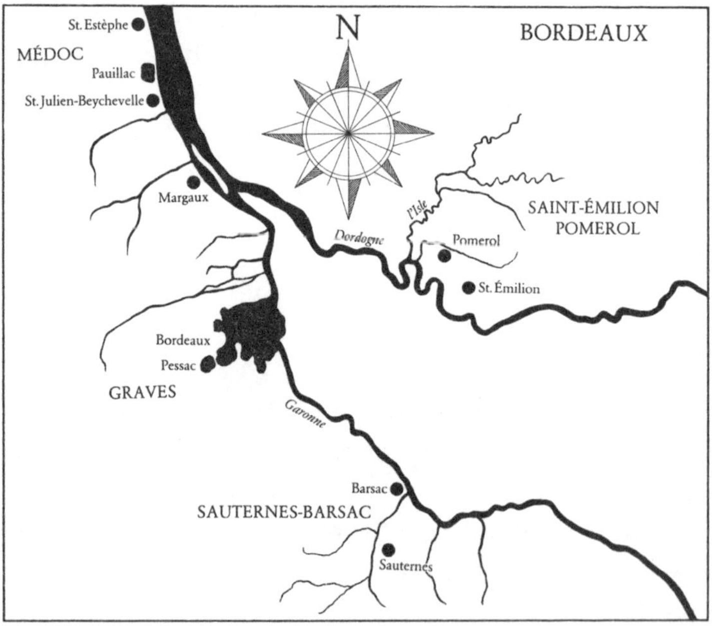

verlor, wurden die »ausländischen« Weine aus Bordeaux in England immer teurer. Noch 1308 schickte Bordeaux 700000 Hektoliter Wein nach England. 1976 importierte Großbritannien nur 125000 Hektoliter, allerdings mehr als die Vereinigten Staaten mit 81000 Hektolitern. Man muß sich vor Augen halten, daß über die Hälfte der feinen Weine der ganzen Welt aus Frankreich kommt, und davon wieder die Hälfte aus Bordeaux.

In Frankreich hatten die Weine aus Bordeaux bis 1600 keinen guten Ruf. Am Hof von Paris bevorzugte man die Weine aus Burgund. Dann verbannte Ludwig XIII. Richelieu nach Bordeaux. Richelieu litt damals angeblich an nervösen Magenbeschwerden, die er sich in Paris geholt hatte. Angeblich kurierten ihn die Weine von Bordeaux. Ich würde mich freuen, es glauben zu können, da ich mich ja bereits als Bordeaux-Mann deklariert habe. Jedenfalls nannten die Balladensänger, die Schlagersänger von damals, die Bordeauxweine »Richelieus Infusion«. Nach seiner Rückkehr nach Paris begann Richelieu die Weine von Bordeaux zu rühmen. Das war der Beginn der Bordeauxweine in Frankreich.

Der Handel mit England hörte im 18. Jahrhundert völlig auf. Die Besteuerung wurde prohibitiv. Damals war Bordeaux einer der größten Häfen der Welt und exportierte eine Million Hektoliter Wein. (1975 exportierte Bordeaux weniger als eine Million.) Zu Beginn des 19. Jahrhunderts importierte England nur die besten Sorten; sie wurden als »Dessertwein« geschätzt. Um 1850 kannte man bereits sechs besonders berühmte Weine: Château d'Yquem, Château Haut-Brion und die Châteaux Margaux, Latour, Lafite und Mouton in der Haut-Médoc-Region.

Im Jahre des Unheils, 1855, fand eine Weltausstellung in Prais statt, und man ersuchte die Leute in Bordeaux, ihre besten Weine nach Paris zu senden. Die Stadtväter benutzten die Gelegenheit, um ihre Weine offiziell zu klassifizieren. Die Weingutbesitzer in Médoc und Sauternes hatten den größten Einfluß in Bordeaux. Die Médoc-Weine wurden damals Graves du Médoc genannt, nach dem Kiesgehalt des Bodens. *Gravier* ist das französische Wort für Kies. Heute ist Graves ein eigener Distrikt.

Die Klassifizierung von 1855 wird in Bordeaux noch immer respektiert. Damals wurden die Weine nach den Preisen, die man dafür bezahlte, eingestuft. Die Weine von Saint-Emilion und Pomerol, die heute zu den größten Bordeauxweinen gehören, wurden überhaupt nicht berücksichtigt. Als Entschuldigung sagte man in Médoc, daß fast jeder Weingutbesitzer in Saint-Emilion und Pomerol seine Weine für die besten erklärte. Eine lahme Entschuldigung, denn dasselbe sagten natürlich die Leute in Médoc.

Alle Weine, die man auf die Liste nahm, wurden in fünf *crus* (Klassen, Lagen, klassifizierte Güter) eingeteilt. Man erklärte Château Lafite, Château Latour und Château Margaux, alle drei in Médoc, zu *Premiers Crus,* außerdem Château Haut-Brion im Graves-Distrikt. Es war zu gut, um ausgelassen zu werden. Die *Seconds Crus* wurden von Château Mouton angeführt. (1973 wurde Château Mouton-

Rothschild nach jahrelangen Interventionen in die Erste Klasse befördert.) Außerdem gab es noch Dritte, Vierte und Fünfte Crus und sieben *exceptionnel* (außergewöhnliche) Crus, die man »vergessen« hatte. Über zweitausend andere Weingüter wurden als *superieur, bourgeois, artisan* und *paysan crus* klassifiziert.

Die Klassifizierung existiert noch immer. Indessen sind einige der klassifizierten Weingüter eingegangen, manche sind schlechter und einige sind besser geworden. Viele Jahre lang zahlte man für den damals »zweitklassigen« Wein von Mouton-Rothschild mehr Geld als für einige der *Premiers Crus.* Baron Philippe de Rothschild, der Besitzer, versteht die hohe Kunst der Public Relations. Es muß viel Politik im Spiel gewesen sein, anders kann man es nicht verstehen, daß die ausgezeichneten Weine von Saint-Emilion, Pomerol und Graves überhaupt nicht berücksichtigt wurden.

Aber Qualität und das Gesetz von Angebot und Nachfrage sind stärker als die Klassifizierung. Heute sind Château Cheval-Blanc und Château Ausone in Saint-Emilion sowie Château Pétrus in Pomerol den *Premiers Crus* in jeder Hinsicht ebenbürtig. Die Makler *(courtiers)* von Bordeaux, die die Weine an die Verschiffer verkaufen und sie daher gut kennen müssen, beschlossen die Korrekturen hundert Jahre nach der Klassifizierung, und die Regierung mußte nachgeben.

Die Franzosen haben Klassifizierungen sehr gern. Nicht nur Weine werden klassifiziert, auch

Käsesorten, die Trüffeln im Périgord, die Poularden in Bresse. Die Franzosen bezahlen mehr für »Klasse«, aber sie wollen sicher sein, daß die »Klasse« wirklich stimmt. Die Restaurants sind klassifiziert, und ein Stern im *Guide Michelin* oder eine Auszeichnung in anderen Führern kann den Unterschied zwischen Bankrott und Erfolg ausmachen. Sterne bedeuten nicht nur Qualität, auch höhere Preise und volle Häuser.

Bordeaux beweist, daß man sich beim Wein vor Generalisierungen hüten muß. Es ist nicht wahr, daß die roten Bordeauxweine »leicht« sind und die Burgunderweine »schwer«. Bordeauxweine enthalten im allgemeinen mehr Gerbsäure als Burgunderweine, und Gerbsäure und Alkohol entscheiden über »Leichtigkeit« und »Schwere« des Weines. Viele Bordeauxweine sind stark, wenn sie jung sind, und bekommen die »weibliche«, sanfte Eleganz nur im Alter. Sie brauchen im allgemeinen länger als die roten Weine aus Burgund. Die großen Château-Weine sind völlig naturbelassen, ihnen wird fast niemals etwas beigegeben. (Auch da gibt es Ausnahmen, wie die Weine von 1965 und 1968.) Bordeauxweine können sehr alt werden. Man spricht noch über den Jahrgang 1870. Diese Weine erreichten erst nach 75 Jahren ihren Höhepunkt. Es gibt große Médoc-Weine, die hundert Jahre in der Flasche leben, und es gibt Jahrgänge von Château d'Yquem, die auch so alt werden. Die feinsten roten Bordeauxweine haben eine Weichheit, ein Aroma und ein Samtgefühl, das kein anderer Wein hat.

In Bordeaux ist ein Château kein »Schloß«, sondern ein Weingut. Manchmal ist ein schönes Haus dabei, manchmal sogar ein wirkliches Schloß. Aber auch Weingüter, die nur ein bescheidenes Haus haben, nennen sich »Château«.

Am leichtesten lernt man die Weine von Bordeaux kennen, wenn man an konzentrische Kreise denkt. Der weiteste Kreis heißt »Bordeaux«: alle Weine, die aus dem Departement Gironde kommen, aber keinen spezifischen Namen haben. Ein »Bordeaux« ist also der billigste Bordeauxwein, aber er kann recht gut sein. Innerhalb des Kreises »Bordeaux« liegen kleinere Kreise mit den Namen von bestimmten Distrikten: Médoc, Saint-Emilion, Pomerol (nur Rotweine), Graves (rote und trockene weiße Weine), Sauternes (süße weiße Weine). Ein Wein mit dem Etikett »Médoc« ist daher besser und teurer als ein Bordeaux.

Innerhalb der verschiedenen Distrikte gibt es Gemeinden: das sind die dritten Kreise. Der Distrikt Haut-Médoc, nördlich von Bordeaux, erstreckt sich entlang des Flusses bis zum Meer, genauer gesagt, vom Zusammenfluß der Garonne und der Dordogne, Gironde genannt, bis zum Meer. Innerhalb dieses Teiles von Médoc, der Haut-Médoc heißt, sind die Gemeinden Margaux, Saint-Julien, Pauillac, Saint-Estèphe. Ein Wein, der Margaux genannt werden darf, ist daher besser als ein Médoc oder gar ein Bordeaux.

Und innerhalb der Gemeinde von Margaux gibt es Weingüter von unterschiedlicher Qualität. Fast alle

Weine aus Margaux sind sehr gut, aber manche sind besser als andere. Der beste Wein in Margaux, einer der besten Rotweine der Welt, wird aus den Reben gemacht, die dem Château Margaux gehören. Er wird in den Kellern von Château Margaux bereitet und abgefüllt. Das steht auf dem Etikett, und das Etikett lügt nicht. Seit 1855 ist Château Margaux ein *Premier Cru*. Er ist gewissermaßen im kleinsten der konzentrischen Kreise, umgeben von den Kreisen Margaux, Médoc, Bordeaux.

Château Margaux hat ein Schloß, eines der schönsten in der ganzen Bordeaux-Region. Ursprünglich stand dort das Château de Lamothe-Margaux, eine Festung aus dem 13. Jahrhundert, im Besitz der Familie Albret. Während der Französischen Revolution war Margaux konfisziert. Später erwarb der Marquis Douat de la Colonilla die Festung und die dazugehörenden Weingüter. Der Marquis ließ die Festung schleifen und erbaute an derselben Stelle das elegante Schloß mit dem Eingang nach dem Modell des Parthenon, das jetzt auf den Etiketten von Château Margaux erscheint. Später wurde Margaux an einen spanischen Bankier verkauft, 1879 an Graf Pillet-Will, und kam schließlich in den Besitz seines Schwiegersohnes, des Duc de la Trémoille. Dann erwarb die Familie Fernand Ginestet die Kontrolle, aber es dauerte fast zwanzig Jahre, die Weinberge zu verjüngen. Der gegenwärtige Besitzer ist Fernands Sohn Pierre Ginestet, ein Grandseigneur vom alten Schlag, der aus seinem Schloß eine Sehenswürdigkeit machte. Es ist von einem großen Park umgeben.

Durch ein großes, schmiedeeisernes Tor geht man über eine gepflasterte Straße zum Eingang. Im Innern ist das Schloß im Empire-Stil eingerichtet.

Château Margaux steht unter Denkmalschutz, das Symbol der Weinaristokratie von Bordeaux. Die *seigneurs du vin,* die Besitzer der großen Châteaux, leben noch in einem Stil, den es anderswo kaum mehr gibt, betreut von Dienern, Küchenpersonal, Kammerfrauen, Gärtnern. Sie tauschen regelmäßig ihre besten Weine aus und besitzen meist eine *bibliothèque,* ihren privaten Keller, mit erlesenen Weinen. Die *bibliothèque* von Château Margaux enthält über 100000 Flaschen. Der älteste Margaux-Wein ist aus dem Jahre 1865. Es gibt noch eine Flasche davon. Pierre Ginestets Sohn, Bernard Ginestet, wurde zum Bürgermeister des Ortes Margaux gewählt.

Aber die Zeit ist unerbittlich. Schon seit Jahren gibt es Gerüchte über Château Margaux. Publicity ist wichtig, aber gewisse Gerüchte sind keine gute Publicity. In den frühen siebziger Jahren, als die Nachfrage nach guten Weinen stieg, lebte Bordeaux in einer ständigen Hausse. Die Preise stiegen unaufhaltsam. Die Spekulation mit künftigen Weinen blühte, und sogar die ganz jungen Weine wurden teuer, obwohl niemand genau wußte, wie sie sich einst entwickeln würden. Neue Käufergruppen, wie die Japaner, »entdeckten« die guten Weine von Frankreich.

Dann kam der unvermeidliche Zusammenbruch, und die Preise fielen. 1974 war kein großes Jahr in Bordeaux, und lange Regengüsse Ende September

*September und Oktober*
*Martin Engelbrecht, 1. Hälfte 18. Jahrhundert*

verwässerten die Weine. In der Regel verkaufen die besten Weingüter nur sehr gute Weine unter dem Namen des Château. Weniger gute Weine werden als Margaux verkauft oder sogar als anonymer Bordeaux. 1974 wurde ein Viertel der Weine von Château Margaux als gewöhnlicher Margaux in den Handel gebracht. Eine notwendige und vornehme Entscheidung, die viel Geld kostete. Die Ginestets hatten in den guten Jahren viel Geld in ihre Weingüter investiert. Menschen, die mit dem Wein zu tun haben, sind Optimisten. Es wurde geflüstert, die Ginestets hätten »mit den Amerikanern« verhandelt, mit der National Distillers and Chemical Corporation. Sogar ein Kaufpreis war gerüchteweise bereits im Gespräch: 16,4 Millionen Dollar.

Bordeaux stand kopf. Eines der berühmtesten französischen Weinschlösser in der Hand der Amerikaner! Würde das nächste Mal der Arc de Triomphe oder der Eiffelturm von Ausländern übernommen werden? Die französische Regierung schaltete sich ein. Die Amerikaner garantierten, das Prestige und die Qualität von Château Margaux hochzuhalten, aber das Finanzministerium erhob ein Veto. (Die Bewilligung des Ministeriums ist nötig, wenn französisches Eigentum außerhalb der Franc-Zone und des Gemeinsamen Marktes verkauft werden soll.) Auch deutsches Kapital war angeblich interessiert, und es gab noch ganz andere Gerüchte. Schließlich wurde Château Margaux an André Mentzelopoulos verkauft, den Président-Directeur Général von Felix Potin, einer Kette von Supermärkten.

Die Transaktion jagte einen Schauer über die vornehmen Rücken der *seigneurs du vin.* Wie lange noch können sie ihre Weinschlösser halten, wenn sie nicht, wie die Rothschilds, über unbeschränkte Geldmittel verfügen? Heute gehören zwei der berühmtesten Weingüter, Château Lafite-Rothschild und Château Mouton-Rothschild, verschiedenen Zweigen der »Familie«.

Die Weine von Château Margaux und den meisten anderen Schlössern werden heute im Prinzip so gemacht wie vor Generationen, nur die Methoden sind modernisiert. Das Weingut, 66 Hektar, produziert jetzt etwa 200000 Flaschen Rotwein und etwa 50000 Flaschen eines trockenen weißen Weines, der nicht das Prestige des Rotweins hat. Der Wein von Château Margaux reißt Kenner und Fachleute zu immer neuen Lobeshymnen hin. Der verstorbene Allan H. Sichel, ein wahrer Kenner, sammelte einmal alles, was über die Weine von Château Margaux geschrieben wurde. Der 1950er Jahrgang zum Beispiel wurde mit einem »auffallend hübschen Mädchen in einem kurzen Abendkleid« verglichen. Jemand schrieb, »es fehle dem Wein an Würde«.

Jean Grangerou ist jetzt der Kellermeister von Château Margaux. Seine Familie hat seit drei Generationen diesen verantwortungsvollen Posten inne. Als ich vor zwanzig Jahren in Margaux war, sprach ich mit Jeans Vater, Marcel Grangerou. Er trug eine Baskenmütze und gehörte zu *les vieux,* den alten weisen Winzern von Bordeaux, die oft um ihre Meinung gefragt wurden. Der gegenwärtige Kellermeister sieht wie ein Absolvent der Harvard Business School aus. *Sein* Sohn, vielleicht einmal sein Nachfolger, studiert Agronomie. Grangerou führte mich durch den Keller *(le chaî)*, wo die neuen Weine liegen.

»Natürlich ist Wein das Produkt des Bodens, der Reben und des Klimas«, sagte er. »Ohne Sonne kein Wein. Wir wissen vielleicht etwas mehr darüber als früher, aber Wein bleibt ein Geheimnis. Es stimmt nicht, daß die moderne Wissenschaft es uns ermöglicht, feinere Weine zu machen. Aber wir wissen heute mehr über die subtilen Nuancen, und vielleicht kommen wir dem Geheimnis etwas näher als unsere Vorfahren. Wir verlassen uns weniger auf unseren Instinkt als *les vieux*. Wenn wir Probleme haben, rufen wir die Station Oenologique (Weinstation) in Bordeaux an, und ein Professor kommt und versucht, uns zu helfen. Es gelingt nicht immer.«

Die Trauben werden von etwa zweihundert Männern und Frauen gepflückt. Der genaue Zeitpunkt der Ernte wird vom Kellermeister nach Rücksprache mit der Weinstation bestimmt. Die Trauben werden in Körben auf alte Ochsenwagen geladen und in die Keller gebracht, wo sie sortiert und die Stämme oft mit den Händen entfernt werden, was bereits als großer Luxus gilt. Alle Trauben kommen von Weinbergen, die zum Schloß gehören, aber nicht alle Trauben sind von gleicher Qualität. Die gepreßten Trauben werden in die großen Gärungsbehälter *(cuvées)* geleitet, wo sie ein bis zwei Wochen gären. Grangerou war sichtlich bemüht, genaue Auskünfte zu vermeiden. Weinleute sind mißtrauisch und wollen ihre kleinen Geheimnisse bewahren. In den Behältern, in denen der Traubensaft gärt, werden das Fleisch und die Schalen der Trauben und die Reste der Stämme nach oben getrieben und formen dort eine Art Kappe. Von Zeit zu Zeit wird die Masse zerkleinert und wieder nach unten gestoßen. Je mehr Zucker im Saft, um so höher geht die Kappe nach oben.

Die Temperatur in den Behältern darf nicht zu schnell steigen. An der Außenseite jedes Behälters ist eine Karte, die die Temperatur innen anzeigt. Falls die Gärung zu lange dauert, wird der Wein niemals reif. Das alles klingt einfach in der Theorie, aber der Kellermeister muß entscheiden, wann die Gärung enden soll, manchmal schon nach drei Tagen. Der Wein nimmt seine Farbe und sein Öl von den Schalen. Die Gerbsäure kommt von den Stämmen; sie gibt dem Wein ein längeres Leben.

Der völlig vergorene Wein wird in neue Eichenfässer im Keller nebenan gebracht. Die Fässer werden im Schloß in eigenen Werkstätten hergestellt. Sie liegen in dem fast 80 Meter langen Keller auf Holzblöcken. Wieder muß der Kellermeister entscheiden, wie lange der junge Wein in den Fässern bleibt, wann er in Flaschen abgefüllt wird. Vor zwanzig Jahren wurden die meisten Weine in Margaux im zweiten Sommer nach der Ernte abgefüllt, jetzt schon im zweiten Frühling. Die Verschiffer verlangen die kürzere Zeit, um die Kosten zu reduzieren und den Wein früher in den Handel zu bringen. Die Praxis ist vielfach umstritten. Solange der Wein im Faß ist, kann er kontrolliert werden.

Negative Erscheinungen (man spricht nicht gern von »Krankheiten«) können dort noch kuriert werden. Aber wenn der Wein in der Flasche ist, kann man nichts mehr machen, nur hoffen, daß er sich gut entwickelt.

Meist liegen drei verschiedene Ernten im Keller. Die Besucher werden eingeladen, die jungen Weine zu kosten. Die Eichenfässer haben große Glasstöpsel. Der Kellermeister legt den Stöpsel beiseite, gibt eine *pipette*, ein geschwungenes Glasrohr, in das Faß und füllt die Gläser. Der junge Wein im Château Margaux ist rauh und roh, mit viel Gerbsäure, hart auf der Zunge, aber Grangerou sagte, das Kind sei in Ordnung und werde wahrscheinlich »une grande dame« werden. Sechs Monate nach der Ernte gehen die Besitzer und der Kellermeister in den *chai*, kosten die jungen Weine und treffen die schwere Entscheidung, ob der Wein würdig ist, als Château Margaux verkauft zu werden, oder ob man einige Fässer als weniger teuren Margaux verkaufen wird. Grangerou gab zu, daß man niemals ganz sicher ist.

»Früher war es einfacher. Es gab einige hervorragende Weine und fast immer einige, die nicht gut genug waren, um unser Etikett zu führen. Heute haben wir noch immer einige große Weine, aber viele davon sind gewissermaßen in den mittleren Klassen. Die Nuancen reichen etwas weiter. Wir hofften, 1975 werde ein großes Jahr sein, und wir hatten recht. Aber wir sind nicht sehr optimistisch, was die Zukunft betrifft. Immer mehr versucht man, die annehmbare Balance zu erweitern. Eines Tages, so fürchte ich, werden nur einige der großen Schlösser die Mittel haben, ihre Weine selbst zu machen und im Schloß abzufüllen. Solche Weine werden sehr teuer sein. Anderswo wird man die guten Weine mit den weniger guten mischen und eine Standard-Cuvée erzeugen, so daß die Spitzenweine Raritäten werden, nur für Leute mit sehr viel Geld.«

Ein trockener Weißwein, Pavillon Blanc de Château Margaux, wird aus Trauben gemacht, die nicht gut genug für den roten Château Margaux sind. In diesem Falle werden die Reben gepreßt und die Stiele entfernt. Der Traubensaft hat nichts von den Schalen, weder die Farbe noch das Öl, noch den vollen Körper. Solche Weine können schon ein Jahr nach der Ernte getrunken werden, werden bald abgefüllt und sind nach fünfzehn oder zwanzig Jahren nicht mehr trinkbar – wenn die roten Weine erst ihre volle Eleganz bekommen.

Die in Margaux verwendeten Rebarten sind vor allem Cabernet Sauvignon. Diese Sorte gibt dem Wein Körper, ein langes Leben und einen zarten, sanften Duft, den die Franzosen *sève* nennen. Fast zwei Drittel aller Weinberge in Bordeaux haben diese Trauben. Außerdem verwendet man auch die Merlot- und Cabernet-Franc-Trauben, die dem Wein Eleganz und Bouquet geben. Niemand kann erklären, warum die guten Trauben vom Château Margaux bis zu einem engen Weg reichen, und auf der anderen Seite des Weges, nur einen Meter weiter, Trauben wachsen, die nicht das Aroma und die Finesse haben, die den Wein von Château Margaux auszeichnet. Der kiesige

Boden scheint derselbe, die Trauben sehen genauso aus. Vielleicht liegt es an dem verschiedenen Einfall der Sonnenstrahlen. In der Nähe von Château Margaux gibt es andere Schlösser – Lascombes, Rausan-Ségla, Rauzan-Gassies –, die zu den *Seconds Crus* gehören. Andere gehören zu den *Troisièmes, Quatrièmes* und *Cinquièmes Crus.* Die meisten dieser Weine sind durchaus nicht zweit- oder drittklassig, in manchen Jahren sind sie sogar ausgezeichnet. Niemand kann die feinen Unterschiede logisch, wissenschaftlich erklären. Aber man schmeckt sie – im Glas.

Die Weine von Margaux sind für ihre Finesse und Balance berühmt. Je feiner sie sind, um so länger brauchen sie, um ihre volle Größe zu erreichen. In einem großen Jahr braucht ein Château-Wein aus Margaux zwanzig Jahre, um wirklich reif zu sein, und die besten brauchen sogar länger. Die Weine von 1970 werden erst lang nach 1980 gut sein.

Die großen Rotweine aus Bordeaux leben sehr lange. Die sogenannten Pre-Phylloxera-Jahre – 1858, 1864, 1865, 1870 und 1875 – wurden erst in unserem Jahrhundert getrunken und waren angeblich besser als alles, was später kam. Es gibt auch heute große Bordeauxweine, die ein Jahrhundert nach der Ernte geöffnet werden und ihren vollen Zauber haben. Die Kellermeister der großen Schlösser – manchmal heißen sie *régisseur* oder *directeur* – erklären alle, daß die alten Weine mit großer Sorgfalt behandelt werden müssen. Die Keller dieser Schlösser sind blitzsauber. Es gibt keine Spinnweben-Romantik, wo die neuen Eichenfässer stehen. Die Fässer werden sorgfältig gescheuert und geputzt, bevor sie gefüllt werden. Im Lauf der Zeit verdunstet etwas Wein, und die Fässer werden nachgefüllt. Der Kellermeister oder *régisseur* betreut den Wein und hat schlaflose Nächte, wenn etwas mit dem Wein nicht in Ordnung ist.

Nördlich von Margaux liegen die anderen berühmten Weingemeinden mit Schlössern, von denen die Claret-Liebhaber träumen. Zwanzig Kilometer oberhalb Margaux ist Saint-Julien mit Château Beychevelle. Der Name kommt von dem Kommando *»Baissez les voiles!«*, senkt die Segel, das gegeben wurde, wenn die Schiffe an dem schönen Schloß vorbeifuhren, das einst die Residenz eines französischen Grand Admirals war. Beychevelle ist ein vornehmes Schloß mit großen Räumen, einem feudalen Vorhof und einer weiten Terrasse, die auf die Gironde schaut. Château Beychevelle-Weine gehören zum Vierten Wachstum, aber in manchen Jahren ist der Wein so teuer wie die besten Weine des Zweiten Wachstums. Wahrscheinlich hat es, wie immer, mit Angebot und Nachfrage zu tun. Niemand in Bordeaux will es erklären.

Ganz in der Nähe sind zwei berühmte Weingüter, die gemeinsam das Schloß Léoville haben. Léoville-Poyferré und Léoville-Las Cases machen einander ständig Konkurrenz. Las Cases gilt als der beste Wein der Léoville-Weingüter, denn es gibt auch Château Léoville-Barton, das weder ein Schloß noch eigene Keller hat, aber sehr gute Weine macht. Alle Weingüter in Bordeaux haben jetzt ein Rotationssystem ihrer Reben eingeführt. Die Reben brauchen fast vier Jahre,

*Allegorie des Segens der Landschaft*
*Leonhard Heckenauer d. J. nach Degller, 17. Jahrhundert*

um sich zu entwickeln, und sind am besten im Alter von zwanzig Jahren. Dann bleibt der Weinberg etwa zehn Jahre unbebaut, um frische Kraft zu sammeln. Auf allen großen Besitzungen ist ein Teil des Bodens immer im Ruhestand.

Viele Weine aus den Gemeinden von Haut-Médoc werden in Fässern nach Bordeaux gebracht und in den Kellern der Verschiffer mit anderen Weinen gemischt; das nennt man *coupage*, Verschnitt. Als Mittelsmänner zwischen den Schloßbesitzern und den Verschiffern dienen die *courtiers*, Makler. Sie heißen so, weil sie in früheren Zeiten die Käufer begleiteten, um sie gegen Straßenräuber zu schützen. Puristen bedauern die überall geübte Praxis der *coupage*, aber sie wird oft verteidigt. Wenn ein leichter Wein mit einem schweren verschnitten wird, kann der resultierende Wein besser sein als seine Komponenten. Niemand weiß, wie der Wein einmal sein wird, denn bei der *coupage* werden meist junge Weine gemischt. Der Wein im Glas wird die Antwort geben.

Nördlich von Saint-Julien liegt die Gemeinde Pauillac, gleichzeitig die wichtigste und am wenigsten bekannte *commune* in Médoc. Drei berühmte Weinschlösser, Château Lafite, Château Latour, Château Mouton-Rothschild, liegen dort, aber sie sind nicht als Pauillac-Weine bekannt, sie haben ihren eigenen Ruhm. Im Süden der Ortschaft ist Château Latour, ein Weingut ohne Schloß. Das frühere Schloß brannte am Ende des Plantagenet-Regimes nieder, als John Talbot, Earl of Shrewsbury, der letzte englische Kommandant der Besatzungstruppen, dort besiegt wurde. Nur ein Wasserturm (»la tour«) ist geblieben, ein altes Haus mit Efeu und einem Steineingang. Die Keller von Château Latour gehören zu den schönsten in Bordeaux, die Weine sind weltberühmt und leben sehr lange. Château Latour war schon bekannt, als Montaigne seine *Essais* schrieb. Lange Zeit gehörte das Besitztum der Ségur-Familie, die auch Château Lafite und Château Calon-Ségur hatten. Heute ist es ein englischer Besitz und wird von Henri Martin, dem Bürgermeister von Saint-Julien, verwaltet. Der Traubensaft wird in rostfreien Stahlbehältern bis zu zwanzig Tage gelassen, fast doppelt so lange wie in anderen Kellern, und der Wein ist oft hart und braucht viele Jahre, um seine Größe zu bekommen. Im Jahre 1929, manchmal das »Jahr des Jahrhunderts« genannt, machte Château Latour die besten Weine von allen.

Nördlich von Pauillac stehen die beiden Rothschild-Schlösser, Château Lafite (ein früherer Besitzer hieß Laffitte) und Château Mouton-Rothschild. Bei der Klassifizierung von 1855 wurde Lafite in die Spitzenkategorie eingereiht, als *Premier Cru*, während Mouton nur die Zweite Klasse anführte, was viel Eifersucht und Feindschaft zwischen den Cousins Rothschild schuf. In Mouton sagte man: *»Premier ne puis, Second ne daigne, Mouton suis.«* (»Erster kann ich nicht sein, zweiter verzichte ich zu sein, ich bleibe Mouton.«) Der Keller von Mouton sieht aus wie ein Hollywood-Filmset, mit indirektem Licht, Kunstschätzen, einem Museum. Salvador Dali, Henry Moore, Jean Cocteau, Marc Chagall entwarfen die

Etiketts. In den Kellern ruhen fast 300000 Flaschen Wein bei einer Temperatur von 11 Grad Celsius. Die Gärung dauert dort sehr lange, in Mouton läßt man den Most noch zwei Wochen in den Behältern, wenn die eigentliche Gärung vorbei ist. Der Wein ist hart und braucht lange Zeit, um wirklich zu reifen; alte Jahrgänge von Mouton gelten als wahre Juwelen. In Amerika waren die Mouton-Weine schon lange teurer als die *Premier Crus,* noch bevor Mouton 1973 in die Erste Klasse aufrückte. Die Beförderung wurde fast allgemein gutgeheißen.

Auch das Château Mouton-d'Armailhacq gehört dem Baron Philippe de Rothschild. Es ist in der Fünften Klasse und heißt seit 1951 Château Mouton-Baron-Philippe. Es liegt neben dem Château Mouton-Rothschild, aber der Wein wird separat gemacht.

Die Konkurrenz der Rothschildcousins ist ein bekanntes Gesprächsthema in Bordeaux, aber die Gerüchte sind oft »inspiriert«. Château Lafite hat eine ehrwürdige Geschichte, besteht seit 1234, als es Gombaud de Lafite gehörte, und war schon hundert Jahre später berühmt. Madame de Pompadour und Madame Dubarry servierten Lafite-Weine ihren königlichen Freunden. Lange Zeit gehörte das Weingut Alexandre de Ségur, der einen mit Diamanten besäten Frack trug. Ludwig XIV. sagte: »Meine Herren, hier ist der reichste Mann in meinem Königreich. Sein Boden produziert Nektar und Diamanten.« Die »Diamanten« waren polierte Quarzsteine, die vom Weingut Latour kamen. 1826 kaufte die französische Rothschildbank Château Lafite in einer Auktion. Baron James de Rothschild zahlte drei Millionen Dollar dafür, damals sehr viel Geld. (Die Bank befindet sich in der Rue Laffitte.) Der heutige Besitzer ist Baron Elie de Rothschild, der Cousin von Baron Philippe. In den Kellern von Lafite befinden sich noch unschätzbare Werte. Die älteste Flasche ist ein Lafite 1797. Andere Flaschen tragen die Jahrgänge 1801, 1805 und 1811 – angeblich das beste Jahr des 19. Jahrhunderts. Auch 1870 war ein großes Jahr für Lafite, wenn auch nicht für Frankreich. Unter den jüngeren Weinen sind es die Jahrgänge 1955, 1959, 1966 und 1970, die unglaublich teuer sind. Weine, die nicht den sehr hohen Standard von Château Lafite erreichen, werden als Carruades-Lafite verkauft. »Noblesse oblige« – man ist ja ein Rothschild.

Nördlich von Lafite beginnt die Gemeinde von Saint-Estèphe mit dem berühmten Cos d'Estournel. Die Weine von Saint-Estèphe sind voller als die anderen Médoc-Weine, haben mehr Gerbsäure, bleiben lange hart und brauchen viel Zeit, um zu reifen. In guten Jahren gehören Château Cos d'Estournel, Château Montrose und Château Calon-Ségur zu den großen Médoc-Weinen. Die Weine von Saint-Estèphe sind nicht so geschätzt wie die Weine im Süden, aber das darf man in Saint-Estèphe nicht sagen.

Alle Jahre wieder, wenn der Frühling kommt, gehen die Weinleute von Bordeaux – Winzer, Makler, Händler, Verschiffer – in die Weinberge, studieren die Reben und hören die letzten Gerüchte. Die Gerüchte reifen schneller als die Trauben. Die Menschen, die vom Wein leben – die Reben behüten und ernten, den Wein machen, lagern, abfüllen und schließlich verkaufen – versuchen zu raten, wie die künftige Ernte sein wird. Früher fragte man *les vieux* um Rat, weise Männer wie M. Dubos, den Besitzer von Château Cantemerle, 1855 als *Cinquième Cru* eingestuft, aber dank der Arbeit von M. Dubos gleichwertig den besten *Seconds Crus,* um Rat. M. Dubos hat ein legendäres Jahrgangsbuch angelegt. Fast siebzig Jahre lang hat er jeden Tag die wichtigen Daten notiert: Windrichtung, Temperatur, Barometerstand und die Reaktion der Reben. Sein Diktum war: »Die Lese muß 95 bis 105 Tage nach der Blüte erfolgen, ohne Rücksicht darauf, wie das Wetter im Sommer war.«

Die weisen Männer wissen schon im Frühling, der künftige Wein werde dem Jahrgang 1900 ähneln; falls es bis zum 10. Juli regnen sollte, würde der Wein dem Jahrgang 1928 nahekommen, allerdings etwas weicher sein. Und so weiter. Ich kannte einen alten Herrn in Bordeaux, einen der *vieux,* der die vielbeachtete Theorie entwickelte, daß gewisse Weine einander alle dreißig oder fünfzig Jahre gleichen. Er bewies seinen faszinierten Zuhörern, daß die Weine von 1945 an die von 1895 erinnerten, daß ähnliche Analogien zwischen 1896 und 1946 bestanden: Jahrgänge, die sich durch Eleganz, dunkle Farbe und Fülle auszeichneten. *»C'est vraiment très curieux«*, sagte er zu mir. »Die Clarets von 1868 und 1869 ähneln denen von 1898 und 1899 und später wieder den Weinen von 1928 und 1929. Immer dreißig Jahre dazwischen, und immer folgt ein großes Jahr auf ein gutes.« Es klang seltsam, aber da er im Weinhandel reich und bekannt geworden war, muß er doch sehr oft recht gehabt haben, denn im mitleidslosen Weingeschäft kann man leicht bankrott gehen.

Auf Grund solcher und ähnlicher Orakel kaufen Spekulanten jetzt ganze Schloßernten zu einem Zeitpunkt, wenn niemand sicher sein kann, wie die Ernte sein wird. Das Risiko ist groß – ein einziger Hagelsturm im September kann die bereits bezahlte Ernte vernichten –, aber in manchen Jahren haben die Spekulanten Glück. Im Frühjahr 1955 wurden die künftigen Weine als wahre Wunder erklärt, und der Preis eines *tonneau* stieg in wenigen Wochen von 250000 auf 600000 (alte) Francs. Ein *tonneau,* ein imaginärer Begriff, enthält vier Fässer zu je 225 Liter oder 96 Kisten zu je 12 Flaschen. In der Champagne und in der Beaujolais-Gegend hat ein Faß 216 Liter, in Burgund 228, im Elsaß 114. Die Franzosen bleiben auch beim Wein geschworene Individualisten, wie in allem.

»Die Alten« wurden auch um Rat gefragt, wann die Lese beginnen soll, und manche tun es heute noch, während andere sich an die mehr wissenschaftlichen Methoden der Weinstation halten. Die Traube macht den Wein: genauer gesagt, drei Kilo Trauben sind nötig, um eine Flasche Claret zu machen. Die Trauben sollen ausgereift sein, damit sie möglichst viel Traubenzucker enthalten. Die Gärungsfässer sollen so schnell wie möglich mit dem Traubensaft gefüllt werden, sonst besteht die Gefahr der Oxydierung. Soweit ist alles in Ordnung. Der Besitzer eines

Château gibt ein Bankett für die Männer und Frauen, die bei der Lese geholfen haben, und die Pflücker geben ihm einen Strauß weißer Blumen. Bald wird es andere Probleme geben. Wie lange wird die Gärung dauern, wann wird der junge Wein in die Fässer, wann in Flaschen gefüllt? Vor allem muß man achten, daß der Wein nicht krank wird. Der erfahrene Weinbauer kennt viele Weinkrankheiten.

Während der Ernte bewirtet man Besucher, macht alte Flaschen auf, spricht über den Wein. Manche Leute sagen, über den Wein zu reden sei fast so gut wie ihn zu kosten. Manche Weingutbesitzer sprechen gern von den »Traditionen«, andere verwenden moderne Marktforschungsmethoden. Alle versuchen, ihre Weine bestens zu verkaufen.

Um 1970 begann die große Spekulationswelle in Bordeaux, die alle Preise in astronomische Höhen trieb. Es schien, als ob die ganze Welt Bordeauxweine wollte. Längst verschiffte man die gewöhnlicheren Weine nicht mehr in Holzfässern, sondern in modernen Containern mit Temperaturkontrollen. Nur die Schloßweine wurden natürlich in den Schlössern in Flaschen gefüllt. 1973 kam der Zusammenbruch. Die Preise fielen, und der Skandal einer alten Firma wirkte ungünstig auf Binnenabsatz und Exporte. Viele Firmen, die zu große Lager angelegt hatten, gingen bankrott.

Im Juni 1976 schufen Weinbau und Weinhandel von Bordeaux den Conseil Interprofessionel du Vin de Bordeaux (CIVB). Man erarbeitete Preislimits, denen sich alle Produzenten unterwarfen. Der Absatz in Frankreich und die Exporte sind indessen wieder gestiegen. Führendes Importland von Bordeauxweinen ist jetzt Belgien, gefolgt von den Vereinigten Staaten, England und Holland. Die Bundesrepublik führte die Rekordmenge von 268 000 Hektolitern ein, steht aber mit 62,6 Millionen Francs an fünfter Stelle. Nur die halben Importe sind gute Flaschenweine, der Rest der Importe sind billigere weiße Bordeauxweine, die in Deutschland verschnitten werden. Man gibt in Bordeaux zu, daß es bereits Konkurrenzgebiete gibt: Kalifornien, die italienische Toscana, die spanische Rioja-Region. Alle machen wesentlich preisgünstigere Rotweine.

Qualitativ sind die Clarets konkurrenzlos. Sie sind harmonisch, in ihren Komponenten ausgeglichen, und die besten haben weder zu wenig noch zu viel Traubenzucker, Säure, Gerbsäure oder Alkohol. Sie sind fast ideal balanciert. Und sie sind das reine Geschenk der Natur, weder dem Most noch später dem Wein wird etwas zugesetzt. In Bordeaux gilt es als Verbrechen, die Farbe, den Geschmack oder den Alkoholgehalt des Weines zu ändern. Die Menschen bemühen sich, Mängel auszuschließen, aber sie versuchen nicht, die Natur zu hemmen oder sie zu »verbessern«. Zwischen den Rotweinen von Bordeaux bestehen große Unterschiede im Stil, in der Qualität, im Preis. Aber alle werden aus Reben gemacht, die im Departement Gironde wachsen, und alle sind natürlich. Die Vielfalt der Rotweine aus Bordeaux macht sie unter vielen Weinliebhabern zu den bevorzugten Weinen der Welt.

Im Médoc wird gern erklärt, daß man dort die besten Rotweine der Welt mache, aber das darf man in den Distrikten von Saint-Emilion und Pomerol nicht sagen. Diese Distrikte liegen nicht nördlich von Bordeaux wie der Médoc-Distrikt, sondern 30 Kilometer östlich von der Stadt. Die meisten Touristen in Bordeaux besuchen die Schlösser im Médoc, aber sie gehen nicht in die anderen Gegenden. Sie versäumen sehr viel. Saint-Emilion ist vielleicht der lieblichste Weinort der Welt. Sogar Leute, deren Liebe einem kleinen Winkel an der Mosel oder am Neckar gilt, werden das zugeben.

Die kleine Stadt hat 3400 Einwohner, von denen man die meisten nicht sieht. Kleine französische Orte sind im Sommer oft wie ausgestorben. Saint-Emilion liegt zum Teil auf einem felsigen Plateau, das zur Dordogne abfällt. Die Kirche ist weiter unten. Der Kirchturm steht daneben auf einem kleinen Platz mit Pflastersteinen, ein paar Geschäften und einem Restaurant, von dessen Terrassen man über die Weinberge auf den Abhängen sieht. Das Restaurant serviert die guten Dinge aus der Umgebung: Neunauge *(lamprey)* aus der Dordogne, in Rotwein gedünstet, ein Lieblingsgericht der *Bordelais;* Fleisch und Geflügel; und eine Art von ungezuckerten Kastanien. Und natürlich die guten Weine von Saint-Emilion.

Es sollen die ältesten Weine von Frankreich sein, die lange vor dem Eintreffen der Phokier, Gallier und Römer berühmt waren. Die kleine Stadt galt als beliebter Ruheort für die Pilger aus dem Norden, die hier Halt machten, bevor sie zu den heiligen Stätten nach Spanien zogen. Neben dem Eingang zur Kirche sieht man unter einer früheren Kapelle die Höhle, wo der Eremit und spätere Heilige lebte, nach dem die Stadt benannt ist. Neben der Nische, in der er schlief, ist ein großer Stein. Man setzt sich hin, lehnt sich zurück und wünscht sich etwas. Der Wunsch wird in Erfüllung gehen, besonders wenn man bescheiden in seinen Wünschen war. In dem flachen Brunnen neben der Nische liegen viele Haarnadeln. Ein Mädchen, das zwei Haarnadeln in den Brunnen wirft, die auf dem Grund in Form eines Kreuzes liegen bleiben, wird im kommenden Jahr heiraten. Mädchen, die keine Haarnadeln bei sich haben, können gleich daneben welche kaufen. Aber auch ohne diese Attraktionen wäre Saint-Emilion sehenswert, mit Ruinen von alten römischen Gebäuden, Mauern, Säulen, Steinbögen, kleinen Gärten und Steinbrüchen in der Umgebung. Einst wurden dort die Toten beerdigt, heute sind sie meist Weinkeller.

Rings um Saint-Emilion sind die Weinberge. Dort wachsen die Reben, aus denen die Weine gemacht werden, die ich jetzt allen anderen vorziehe. Die Weine von Saint-Emilion und aus dem Nachbardistrikt von Pomerol werden manchmal »die Burgunder von Bordeaux« genannt, was viele Leute in Burgund und manche in Bordeaux verstimmt – aber es stimmt. Die Weinberge liegen auf Abhängen, wie die großen Weingüter in Burgund, und die Weine haben eine tiefe rote Farbe, zarte Weichheit und dabei harmonische Fülle, oft schmecken sie wie flüssiger roter Samt. Früher bevorzugte ich manche Médoc-

Weine, vor allem die von Château Margaux, die elegant sind und Finesse haben. Heute freue ich mich mit den Weinen von Château Cheval-Blanc, die weicher sind und etwas schwerer, rund und »fett«, wie die Franzosen diese Eigenschaft auszudrücken pflegen; sie haben weniger Körper und Gerbsäure als die Médoc-Weine.

Château Cheval-Blanc erreicht man durch eine Pinienallee, mitten in den Weinbergen. Das alte Schloß ist von Kellern umgeben. Gleich daneben wachsen die kostbaren Reben. Das Land ist kieshaltig. Das Weingut liegt an der Grenze von Pomerol. Die Cabernet Franc-Reben haben große Jahrgänge produziert, wie 1947, aber Kompromisse werden von den Besitzern, der Familie Fourcaud-Laussac, nicht gemacht. 1945 mußte die Hälfte der Ernte pasteurisiert (sterilisiert) werden, da der Wein zu leicht war. Der Frost vom Februar 1956 traf Cheval-Blanc mehr als die meisten anderen großen Weingüter. In den Jahren 1956, 1957 und 1958 produzierte Cheval-Blanc nur acht Fässer Wein, verglichen mit 360 Fässern in einem guten Jahr. Ein Viertel der Weinberge war zerstört, und die normale Produktion begann langsam erst wieder in den sechziger Jahren. Der Wein von Château Cheval-Blanc gilt heute als einer der größten roten Bordeauxweine, im gleichen Rang mit den *Premiers Crus* im Médoc. Ein Weingutbesitzer in der Umgebung versuchte, seinen Wein »Cheval-Noir« zu nennen, wurde verklagt und mußte den Namen wieder aufgeben. In Bordeaux gibt es nur *ein* Rößl – das weiße.

1955, hundert Jahre zu spät, wollte die französische Regierung die Fehler von 1855 wiedergutmachen. Man begann, auch die Weine von Saint-Emilion und Pomerol zu klassifizieren. Im Distrikt Saint-Emilion wurden zwölf Weingüter als *Premiers Grands Crus* erklärt und siebzig als *Grands Crus.* Man vermied den Fehler einer Einteilung in Klassen. Château Cheval-Blanc und Château Ausone in Saint-Emilion sowie Château Pétrus in Pomerol sind jetzt im gleichen Rang mit den *Premiers Crus* der Klassifizierung von 1855. Die Weine von Pomerol gleichen denen von Saint-Emilion, aber sie sind etwas schwerer, weniger weich. Ähnlich sind auch die Weine von Lalande-de-Pomerol und Néac.

Weine verführen auch nüchterne Menschen zur Phantasie und Poesie. In Saint-Emilion, zwischen alten Weingärten und römischen Ruinen, hört man den alten Winzern zu, die von mittelalterlichen Festen berichten, von Eleanore von Aquitanien, verführerisch in ihrem goldenen Nachen, umgeben von Dichtern und Musikern, während sie den Wein von Saint-Emilion trank. »Wahrscheinlich ein guter Wein«, sagen die Winzer, »aber bestimmt nicht so gut wie der Wein von heute.«

Zwischen St. Emilion und Pomerol und den Weingütern am linken Ufer der Gironde liegen Weinberge, die außerhalb von Bordeaux bestimmt Aufsehen erregen würden. Die Weißweine von Bourg, Bourgeais und Côtes de Bourg, von Blaye und Côtes de Blaye und die guten Rotweine der Premières Côtes de Blaye. Am linken Ufer der Dordogne liegen die Weingüter von Sainte-Foy-Bordeaux, die fruchtigen, leichten weißen Weine von Entre-Deux-Mers, die Rotweine von Premières Côtes de Bordeaux. In Loupiac und Sainte-Croix-du-Mont macht man gute süße Weine. In diesem gesegneten Landstrich gibt es fast keine Gegend ohne ausgezeichnete Weine.

Graves ist der größte Weindistrikt in Bordeaux. Graves-Reben wachsen in den Vororten von Bordeaux und erstrecken sich in fast fünfzig Kilometer Länge am Westufer der Garonne. Die Graves-Weingüter umschließen die selbständigen Distrikte Sauternes und Barsac, die für ihre süßen weißen Weine berühmt sind.

In Graves werden rote und auch weiße Weine gemacht. Im Mittelalter waren Graves-Weine die bekanntesten in ganz Bordeaux. Wenn die Engländer von Clarets sprachen, so meinten sie die roten Weine aus dem Graves-Distrikt. Berühmtestes Weingut in Graves war und ist Château Haut-Brion, das einst Talleyrand gehörte. Sein großer Gegenspieler beim Wiener Kongreß war Klemens Fürst von Metternich, dem der Kaiser von Österreich für seine Verdienste im Kampf gegen Napoleon das Schloß Johannisberg schenkte, eines der berühmtesten Weingüter in Deutschland. Europa war damals (1815) ein Trümmerhaufen, aber man denkt mit Wehmut an die Zeiten, da die Weltpolitik von Männern gemacht wurde, die Besitzer von Weingütern waren. Charles de Montesquieu war stolzer auf seine Weine von Château de la Brède in Bordeaux als auf seine literarischen Werke.

Die vom Wiener Kongreß geschaffene Situation in Europa hat immerhin 99 Jahre gehalten, bis zu den Schüssen von Sarajewo im Jahre 1914. Talleyrand

*Kupide bei der Weinlese*
*wahrscheinlich aus der Gegend von Florenz, Kupferstich, 1460–1470*

hatte den Vorteil, zu seinen guten Weinen auch den größten Kochkünstler seiner Zeit zu haben, Antonin Carême, den er mit nach Wien nahm. »Sire«, soll Talleyrand zu Ludwig XVIII. gesagt haben, als er nach Wien fuhr, »ich brauche Kasserollen nötiger als geschriebene Instruktionen.« Die Historiker wissen bis heute nicht, ob es Talleyrands Staatskunst oder Carêmes Kochkunst war, die für Frankreich beträchtliche Vorteile in Wien erwirkte.

Château Haut-Brion liegt in Pessac, einem Vorort von Bordeaux. Die Straße geht mitten durch die Weinberge des Schlosses. Rechts wachsen die Reben im kiesigen Boden, aus denen die großen Rotweine gemacht werden. Links sind Semillon- und Savignon-Trauben, aus denen elegante trockene Weißweine entstehen. Ein paar Kilometer weiter produzieren ganz ähnliche Trauben sehr feine süße Weine. Niemand kann das erklären, aber die Winzer haben wohl recht, wenn sie sagen, der Boden mache den Wein. In heißen Jahren lenkt der tiefe Kiesgrund die Sonnenstrahlen ab; in nassen Jahren läßt der Kies den Regen schnell abfließen. Graves-Weine brauchen mehr Zeit als Médoc-Weine, um ihr volles Aroma zu erreichen, wenn man sie geöffnet hat. Die Engländer servieren den Médoc zum Fleisch, den Graves zum Käse.

Château Haut-Brion produziert jetzt 13000 Kisten rote Weine und 800 Kisten eines trockenen Weißweins, den viele Leute in Bordeaux für den besten der Welt halten. Das ist natürlich Geschmacksache. In Montrachet und in Chablis ist man überzeugt, ihre trockenen Weißweine seien die besten.

Bis zum Ende des vorigen Jahrhunderts machte man in Haut-Brion keine Weißweine. Eines Tages hatte der Besitzer den Besitzer des nahe gelegenen Château d'Yquem zum *Déjeuner*. Der süße Wein von Yquem ist weltberühmt und einmalig. Der *seigneur* von Haut-Brion meinte, es wäre traurig, daß er ein großes Weingut habe, aber keine weißen Dessertweine machen könne. Am nächsten Tag sandte der Besitzer von Yquem seinem Freund in Haut-Brion einige Rebstöcke mit Semillon- und Sauvignon-Trauben, aus denen man in Yquem die wunderbaren süßen Weine macht. Sie wurden in Haut-Brion auf der linken Seite der Straße eingepflanzt. Die Geschichte erzählt nicht, ob sich der Besitzer von Haut-Brion revanchierte und seinem Freund in Yquem einige Rebstöcke mit seinen Cabernet Sauvignon-, Cabernet Franc- und Merlot-Trauben schickte, um in Yquem roten Wein zu machen.

Nach der Ernte in Haut-Brion herrschte Erstaunen. Die Trauben, aus denen man in Château d'Yquem den feinsten süßen Wein machte, produzierten im Boden von Haut-Brion einen ausgezeichneten trockenen Weißwein. Es gab keine Edelfäule wie in Château d'Yquem. Die Besitzer von Château Haut-Brion müssen noch immer die süßen Dessertweine in Yquem und in Sauternes kaufen, aber sie haben jetzt wenigstens einen feinen trockenen Weißwein zum Fisch.

Château Haut-Brion Blanc ist nicht sehr bekannt, denn es gibt nicht viel davon. 1932 versuchte man, einen Teil auf der rechten Seite der Straße mit den weißen Trauben zu bepflanzen. Die Qualität war nicht gut. Man ließ das Land sechs Jahre ruhen und pflanzte nochmals weiße Reben. Sie produzierten 1945 einen unglaublich guten Weißwein. 1947 und 1949 war der Wein noch besser, und man sprach darüber in Bordeaux. Heute läßt man den jungen Wein höchstens achtzehn Monate in den Fässern, und manchmal noch kürzer. Beim Wein lernt man niemals aus.

Château Haut-Brion gehört heute dem amerikanischen Bankier Clarence Dillon und seinem Sohn Douglas, dem früheren amerikanischen Finanzminister. Das freut die Leute in Bordeaux nicht, aber sie trösten sich mit der hohen Qualität der Weine. Außerdem beschäftigt man meist französische Spezialisten. Bordeaux hat ja eine internationale Vergangenheit. Zuerst kamen die englischen Händler, um ihre Lager anzulegen, und nach ihnen kamen Elsässer, Holländer, Deutsche. Neben französischen Namen wie Ginestet, Calvet, Cruse findet man auch Johnston, Eschenauer, Lawton, Schroeder & Schuyler, Sichel & Fils.

Die Châteaux in Graves sind schöne, große Schlösser und repräsentieren Bordeaux als wahre Wein-Aristokratie. Einige der früheren Schloßherren mußten ihre Häuser verkaufen. Jetzt wohnen und arbeiten prominente Firmeninhaber und Makler dort, die von der Weinproduktion und vom Weinhandel leben. Manchmal werden Syndikate gebildet, um ein einst berühmtes Weingut wieder zu neuem Leben zu bringen. Ein architektonisch besonders schönes

Schloß ist Château de la Brède, wo einst Charles de Secondat, Baron de Montesquieu, lebte und *L'Esprit des lois* schrieb. Ein wahres Zauberschloß, umgeben von einem Wassergraben; aber die Weine sind nicht sehr berühmt, und in Bordeaux sind es die Weine, die zählen. Daher darf Château Haut-Brion nicht mit Château la Mission-Haut-Brion verwechselt werden, das gegenüberliegt, aber nicht die Qualität der Weine von Haut-Brion erreicht. Der Boden ist anders, die Weine sind anders: Gesetze der Natur, die man nicht ändern kann.

Von La Mission-Haut-Brion wird erzählt, daß Sankt Vinzenz, der Schutzpatron der Winzer, im Himmel um die Erlaubnis bat, auf Erden wieder einmal gute Weine kosten zu dürfen. Man ließ ihn auf die Erde unter der Bedingung, daß er sich zu bestimmter Zeit zurückmelde. Die Zeit lief ab, und der gute Vinzenz war nicht zurück im Himmel. Man fand ihn in dem Keller von La Mission-Haut-Brion, fröhlich beschwipst und nicht in der Verfassung, die weite Reise in den Himmel anzutreten. Außerdem hätte er dort den Engeln ein schlechtes Beispiel gegeben. Zur Strafe wurde er zu Stein, und man kann jetzt seine Statue sehen, ziemlich fröhlich, mit Reben in der Hand. Die Geschichte hat eine Moral, aber dem Klerus wird sie nicht gefallen.

Hinter La Mission-Haut-Brion ist Château Laville-Haut-Brion, wo man nur Weißweine macht. Auf der anderen Seite der Eisenbahnschienen ist Château La Tour Haut-Brion. Es gibt auch ein Château Larrivet-Haut-Brion. Keines dieser Weingüter erreicht die Qualität der Weine von Haut-Brion, aber alle sonnen sich in seinem Glanz.

Château Carbonnieux im Graves-Distrikt macht gute Weißweine und Rotweine. Einst gehörte es den Mönchen der Abtei von Sainte-Croix, die ihre Weine in die Türkei sandten, wo man natürlich keine Weine einführen durfte. Die frommen und geschäftstüchtigen Väter nannten ihren Wein »Mineralwasser von Carbonnieux«. Der Sultan kostete das »Wasser« und sagte: »Wenn die Franzosen so gutes Mineralwasser haben, warum machen sie dann überhaupt Wein?« In einem alten Weinbuch schreibt der Engländer Charles Redding: »Mohammed zu täuschen, war eine achtbare und heilige Aufgabe für die Mönche.« Die gescheiten Franzosen sagen: Besser den Wein als Wasser zu verkaufen als umgekehrt, wie es so oft geschieht.

Bekannt sind auch die Domaine de Chevalier – die weißen Weine werden in England sehr geschätzt – und Château Olivier, das der Firma Eschenauer gehört, einer Weinhändlerdynastie, die ihre Weine in den eigenen Kellern in Bordeaux abfüllen.

Wenn man unter Franzosen, die etwas vom Wein verstehen, das Wort »Sauternes« ausspricht, verklären sich ihre Gesichter, und einer schließt bestimmt die Augen und sagt: »Ah, Yquem!« Seit über hundert Jahren ist man in Frankreich überzeugt, Château d'Yquem mache den besten süßen Wein. In Deutschland gibt es Kenner von Trockenbeerenauslesen, die den Yquem-Weinen ganz speziellen Geschmack zubilligen. Die Klassifizierung von 1855 nannte Château d'Yquem als einziger *Premier Grand Cru.*

Das Weingut und das schöne alte Schloß befinden sich seit über zwei Jahrhunderten im Besitz der Familie des Marquis de Lur Saluces. Das Schloß ist eine alte Festung mit meterdicken Mauern und Zinnen. Von dem runden Wachturm schaut man über die Abhänge und Weinberge von Sauternes. Als ich um 1950 dort war, wurde ich von einem älteren Mann in einer blauen Baskenmütze begrüßt. Er trug Filzpantoffeln und war Monsieur Henriot, der *régisseur* des Schlosses. In der Hierarchie mancher Bordeaux-Schlösser steht der *régisseur* über dem *maître de chai*, dem Kellermeister. In Bordeaux behauptet man, die Leute nähmen die Farbe des Weines an, den sie machen und trinken. Im Médoc, dem Paradies der Rotweine, haben viele Weinbauern rötliche Gesichter. Monsieur Henriots Wangen hatten etwas von dem goldenen Glanz der Weine von Yquem.

Er stellte mich einer zahnlosen alten Frau vor, die vor ihrem kleinen Häuschen saß und strickte. Zu Ostern war sie dreiundneunzig gewesen, und im Vorjahr hatte sie nach der Lese mit ihm getanzt, bei dem Fest, das Monsieur le Marquis jedes Jahr im Spätherbst gibt. »Kein Wunder«, sagte M. Henriot, »sie trinkt ja jeden Abend nach dem Essen ihr Glas Yquem. Manchmal sogar zwei Gläser.« In Yquem ist man überzeugt, daß der Wein, den sie »flüssiges Gold« nennen, ein Elixier ewiger Jugend sei. Das sagt man auch in der kleinen Stadt Sauternes, weiter unten, wo es sehr viele alte Leute gibt. Der Sauternes-Distrikt besteht aus den *communes* Sauternes, Barsac, Bommes, Preignac und Fargues. Überall macht man süße Weißweine nach der Methode der Edelfäule, die auch an der Mosel und am Rhein angewendet wird, um die berühmten Beerenauslesen und Trockenbeerenauslesen zu bereiten.

Viel ist über das Geheimnis der Weine von Yquem geschrieben worden. In jeder guten Weingegend gibt es gewisse Stücke Land (Lagen), die Jahr für Jahr bessere Weine produzieren als das Land in der unmittelbaren Umgebung. Viele Sauternes-Weine sind sehr gut, aber die Weine von Yquem sind unerreicht. In den Weinbergen werden die Trauben erst gepflückt, wenn sie anscheinend halb verfault an den Büschen hängen. Die Deutschen sprechen von Edelfäule, die Wissenschaftler von *Botrytis cinerea,* die Franzosen von *pourriture noble,* einem geheimnisvollen Schimmel (die Franzosen sagen dazu »Schwamm«), der die Trauben bedeckt. Die Trauben, meist Sémillon und Sauvignon, müssen einzeln gepflückt werden, die Lese dauert manchmal bis November und Dezember, manchmal gehen die Pflücker zehnmal durch die Rebenberge. Das kostet Geld. Sauternes-Weine (es gibt keinen »Sauterne«) können niemals billig sein.

Während der Ernte ist die Spannung beträchtlich. Falls der Wein nicht 16 Prozent Alkohol enthält, darf er nicht einmal »Sauternes« genannt werden und wird als gewöhnlicher »Bordeaux Blanc« verkauft. Und wenn er zuviel Alkohol hat, geht das kostbare Bouquet verloren, und man schmeckt nur die Süße. Es ist bereits spät im Jahr, jeder Tag mag Frost bringen, und die ganze Ernte ist verloren. Die Winzer im Sauternes-Distrikt gehen einige Male am Tag durch ihre Weingüter und beobachten nervös die Reben.

In den Kellern von Yquem sieht man Maschinen aus Messing und emailliertem Kupfer, auch Glas wird verwendet. Früher waren manche Maschinen versilbert. Kein Metall außer Silber und Messing darf in Berührung mit den Trauben kommen. Bevor man die Trauben in die Behälter schüttet, werden die Behälter und Maschinen gesäubert, bis sie fast so steril sind wie die Instrumente in einem Operationsraum. Wahrscheinlich hat die Güte der Weine von Yquem auch nicht zuletzt mit der übergroßen menschlichen Sorgfalt zu tun.

In Yquem dauert die Gärung manchmal drei Wochen, und der junge Wein bleibt drei Jahre in den neuen Fässern *(barriques).* In dem großen Keller waren die Fässer ausgerichtet wie Soldaten. Der jüngste Wein, ein Jahr alt, war noch herb und ungeschliffen, aber der zweijährige war bereits süß und hatte das charakteristische Bouquet von Yquem. Der dreijährige war Nektar. Ich trank das Glas voller Gold aus, das Monsieur Henriot mir gereicht hatte. Er ermahnte mich, vorsichtig zu sein. »*Doucement.* Der Wein hat bereits 15 Prozent Alkohol.«

Wir wurden immer stiller und zufriedener, während wir weitere Weine kosteten. Ein alter Buchhalter erschien und probierte mit. Er sprach von einem Kardinal de Sourdis, einem früheren Erzbischof von Bordeaux, der eine Flasche Château d'Yquem mit den Worten begrüßt hatte: »*Je te salut,*

*Einbringung der Weinernte*

*Johann Sadeler nach Bassano, spätes 16. Jahrhundert*

*oh, roi des vins.«* Auch französische Dichter wurden zitiert. Poesie und Yquem gehören zusammen.

Die Weine aus Sauternes sind voller und reicher als die aus Barsac, am anderen Ufer des Flusses Ciron. Im allgemeinen pflanzt man 40 Prozent Sauvignon-Reben an, 55 Prozent Sémillon und dazu 5 Prozent Muskateller. Die Sémillon-Reben geben verhältnismäßig wenig Saft, aber sie geben dem Wein die feine Qualität, das Bouquet, die Finesse. Manche Winzer pflanzen einen höheren Prozentsatz an Sauvignon-Reben an, um mehr Wein zu haben, aber meist leidet dann die Qualität. Mit der Natur kann man kein Geschäft machen.

Schwefel bleibt ein Problem in Sauternes. Schwefel tötet gefährliche Bakterien. Seit langen Zeiten wurden die Trauben mit Schwefelsulfaten gespritzt – ursprünglich, um die Spaziergänger davon abzuhalten, die Trauben zu stehlen, später, als man bemerkte, daß der Schwefel die Trauben auch vor Ungeziefer schützte. Das französische Gesetz gestattet diese Maßnahme nur bis zum 1. August. Manchmal verwendet man Schwefelkerzen, um die Fässer innen auszuräuchern, sie immun zu machen. Manche Winzer geben dem jungen Wein winzige Mengen von Schwefel als Antiseptikum bei, um den Wein vor einer zweiten Gärung zu schützen. Die französischen Gesetze sind sehr streng, aber im Sauternes-Distrikt ist Schwefel wichtig, da er die Hefe bei der Gärung reduziert und den Traubenzucker vor zu großer Gärung schützt, was bei süßen Weinen wichtig ist. Manche Fachleute erklären, daß ein winziger Prozentsatz von Schwefel die weißen Weine vor Maderisierung schützt. Eine gefürchtete Krankheit, die den Wein in der Flasche zum Oxydieren bringt und ihm eine rostartige braune Farbe gibt; der Wein sieht dann aus wie ein Madeira, aber er ist wertlos geworden. Bei alten Flaschen von Château d'Yquem ist Maderisierung ungefährlich, weil die Süße die Oxydierung neutralisiert. Die große Gefahr besteht darin, daß man dem Wein zu viel Schwefel beifügt, den man dann schmeckt. Sauternes-Weine sind immer süß. Es gibt keine guten trockenen Sauternes-Weine, die manchmal verlangt werden. Ein trockener Sauternes ist im allgemeinen ein schlechter Sauternes.

Auch da gibt es eine Ausnahme. Man trinkt jetzt immer mehr trockene Weine, und sogar Château d'Yquem mußte sich diesem Trend beugen. Man stellt jetzt auch einen trockenen Wein dort her, aber nicht zuviel davon, und er heißt nur Y, nicht Château d'Yquem.

Bis 1921 war es in Yquem die Regel, nur die allerbesten Weine als *crème de tête,* Super-Yquem, in Flaschen zu füllen. Der Rest wurde billiger unter dem Namen Sauternes verkauft. Heute werden alle guten Fässer als Château d'Yquem in Flaschen gefüllt, der Rest wird noch immer als Sauternes verkauft. Man erzeugt keine Super-Qualität mehr, aber der Marquis de Lur Saluces hat noch immer strenge Prinzipien. »Das Weingut gibt seinen Namen nur solchen Weinen, die sehr streng ausgewählt werden«, heißt es. 1954 wurden 336 Fässer als Yquem ausgewählt, die restlichen 172 Fässer waren Sauternes, ein sehr guter

Sauternes. Hagelstürme vernichteten die Ernten von 1951, 1952 und 1973. In den Jahren 1964 und 1972 wurde kein Château d'Yquem gemacht. Wer solch eine Flasche findet, weiß, was davon zu halten ist!

Yquem und einige andere Sauternes-Weine können sehr lange leben. In der *Pyramide* bei Point gibt es alle großen Jahrgänge von Yquem seit 1900. Hundert Jahre alte Flaschen, die richtig aufbewahrt wurden, sind meist ganz ausgezeichnet. Es gibt Leute, die behaupten, man könne den Wein von Château d'Yquem sogar zum Fisch servieren; ich bin nicht dieser Ansicht. Süße Weine sind jetzt in vielen Ländern weniger populär als einst. Aber Château d'Yquem – *doucement,* ein Glas und höchstens zwei – ist wunderbar mit einem Dessert, einem Schokoladen-Soufflé. Der Wein scheint den Geschmack des Desserts zu vertiefen, und dabei behält er doch seinen einzigartigen Charakter. An einem späten Geburtstag, den ich in der *Pyramide* feierte, hatten wir einen Château d'Yquem 1945 mit dem Dessert. Der Wein war damals zweiunddreißig Jahre alt, und er war großartig.

Jedes Jahr im Mai veranstaltet Bordeaux ein Musik-Festival. Einer der schönsten Abende findet im Hof von Château d'Yquem statt, wenn ein berühmtes Streichquartett musiziert. Das wunderbar angestrahlte Schloß sieht wie eine Zauberburg im Märchen aus. Überall stehen die Leute in den Weinbergen von Sauternes und blicken hinauf. Sie lieben ihre Weine und wissen längst, daß Château d'Yquem ein Märchen ist, das Wirklichkeit wurde.

*»September« aus Très Riches Heures de Duc du Berry (MS 65, f 9v), Paul de Limbourg, 1413–1416*

## Burgund

Bordeaux bleibt die französische Wein-Aristokratie. Burgund ist eine Wein-Demokratie. In Burgund gibt es, mit ganz wenigen Ausnahmen, keine Châteaux im Sinne von Bordeaux, daher auch keine Schloßherren, keine *seigneurs-du-vin.* Die großen Weingüter gehören nicht *einem* Mann oder einer Familie wie in Bordeaux, sondern vielen Mitbesitzern, deren Anteile oft gering sind. Manche haben nur ein Stück Erde, kaum größer als ein Tennisplatz, allerdings viel wertvoller. Fast alle Besitzer machen ihre eigenen Weine, was in gewissen Fällen, wie im berühmten Clos de Vougeot, zu großen Qualitätsunterschieden führen kann. In Burgund ist es schwerer, gute Weine zu kaufen als in Bordeaux, wo nicht viel passieren kann, wenn man Schloßabzüge kauft. Auch in Burgund tragen die feinsten Weine den Namen des Weingutes und das Jahr. Ein Chambertin ist feiner als ein Gevrey-Chambertin. Gevrey ist die *commune,* in der sich das Chambertin-Weingut befindet. Seit die einst unbekannte Ortschaft Gevrey sich Gevrey-Chambertin nannte, kann sich jeder Weinliebhaber auf der ganzen Welt etwas darunter vorstellen.

Auch in Burgund gibt es sehr große Weine, in ihrer Art so berühmt wie die großen Weine von Bordeaux. Es ist zwecklos, die beiden führenden Weingebiete Frankreichs miteinander zu vergleichen, obwohl das unter französischen Weinkennern ein beliebtes Gesellschaftsspiel bleibt. Wir sind glücklich, sowohl Bordeaux als auch Burgund zu haben, so wie wir Stradivaris und Guarneris schätzen. Es gibt keine Qualitätsunterschiede, nur Unterschiede des persönlichen Geschmacks.

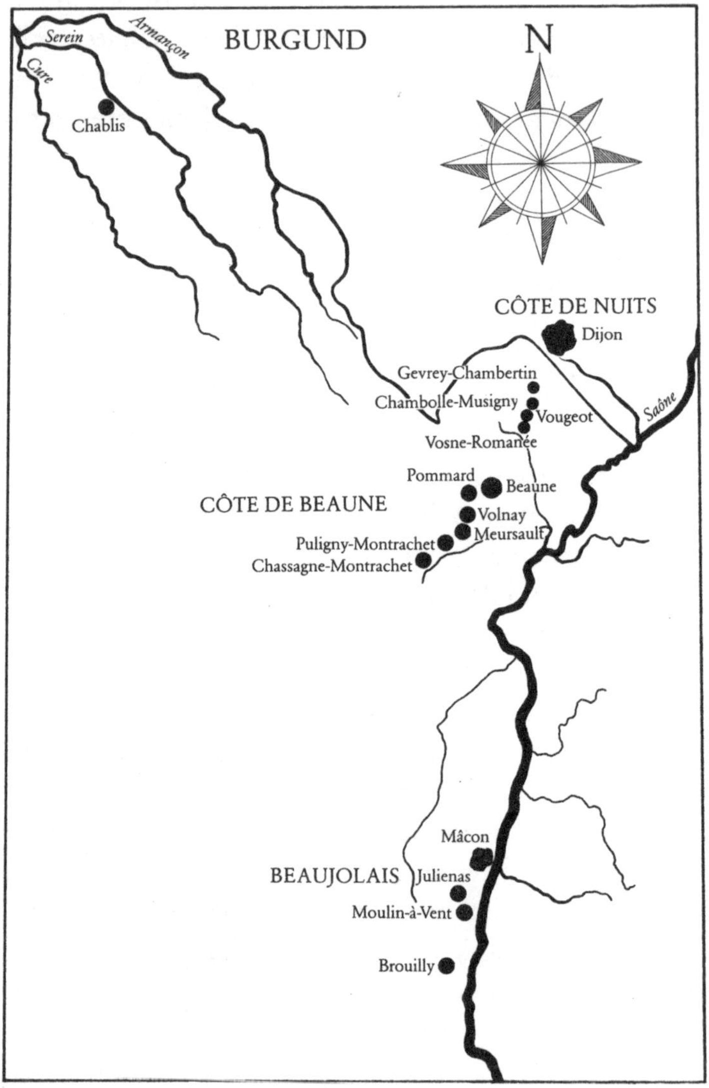

Die großen Rotweine aus Burgund sind voll, aber auch lieblich, umgeben von Duft und Milde. Oft sind sie wirklich blumig – man denkt an Veilchen, an Rosen, wenn man sie trinkt – und sie haben fast immer einen roten samtenen Mantel und eine innere Wärme. Sie sind eben anders als die großen Clarets, die elegant und vornehm sind, voll Rasse, oft feminin. Schon die Flaschen sind verschieden, man kann sie nicht verkennen; auch im Glas sehen die Weine anders aus. In Burgund war Wein immer synonym mit dem Leben selbst. Seit zwei Jahrtausenden machen die Menschen in Burgund Wein und reichen die Traditionen weiter, vom Mönch zum König zum Winzer.

Viele geben zu, daß in Burgund in den letzten zwei Jahrzehnten Fehler gemacht wurden. Man wollte mehr Weine haben, um die steigende Nachfrage zu befriedigen, pflanzte neue Reben, aber oft hat die Qualität der Weine darunter gelitten. So ist es immer gewesen, aber in Burgund dachten viele, sie könnten das eiserne Gesetz der Natur durchbrechen. Sie konnten es nicht.

Es gibt Weinliebhaber, die sich rühmen, sowohl die Weine aus Bordeaux als auch die aus Burgund zu lieben. Ich traue ihnen ebenso wenig wie Geigern, die sagen, sie spielen gleich gern auf einer Stradivari und auf einer Guarneri. Meist gibt ein Weinkenner nach längerem Zögern zu, daß er »instinktiv doch« für Bordeaux oder für Burgund ist. Viele beginnen mit den eher robusten Burgundern und bevorzugen später die eher eleganten Clarets. Ich bin für Stradivari und für Bordeaux. Es gibt Parallelen zwischen Stradivari-Geigen und den Weinen aus Bordeaux, aber das führt an metaphysische Grenzen und wäre das Thema eines eigenen Buches. Trotzdem, und darum geht es, habe ich große Verehrung für Guarneri und für Burgund, auch wenn meine Liebe ihnen nicht gehört.

Burgund hat die romantischere Geschichte. Die ältesten Einwohner der Gegend waren wohl germanische Stämme. Plinius berichtet, daß im fünften Jahrhundert die Gallier Wein in Auxerre tranken. Nach Kriegen und Heiraten wurde Burgund geteilt, vereinigt und wieder geteilt. Philipp der Kühne, der Margarete von Flandern heiratete, dehnte seine Herrschaft bis Flandern aus, dem Land nördlich von Paris und Luxemburg. Die Vorliebe der Belgier für die Weine aus Burgund hat also historische Ursachen. Eine lange Zeit beherrschten die Herzöge von Burgund den größten Teil von Frankreich. Natürlich wollten sie Könige werden. Im Hundertjährigen Krieg kämpften sie auf seiten Englands gegen Frankreich. Johanna von Orleans half dem französischen König. Nach der Schlacht von Orleans brach Ludwig XI. die Macht der Herzöge von Burgund. Karl der Kühne war der letzte von ihnen. Nach seinem Tode heiratete seine Tochter den Erzherzog Maximilian, und Burgund gehörte nun der französischen Krone. Damals gehörte Bordeaux noch den Engländern, und französische Historiker berichten, es war undenkbar für den König, ohne Bordeaux- und Burgunderweine zu leben.

Fast alle Herrscher von Burgund liehen oder schenkten Weingüter an die geistlichen Orden, die viel vom Weinbau verstanden. 581 gab König Gontrand dem Abt von Dijon die Weinberge in der Umgebung der Stadt. In den Jahrhunderten, die folgten, gaben die Adligen in Burgund die Weingüter von Aloxe, Fixey, Fixin, Satenay, Auxey, Chassagne, Pommard und Meursault an geistliche Orden. Die Orden wurden reich und kauften andere Weingüter. 1141 erwarb ein geistlicher Orden den Clos des Dames de Tart, jetzt als Clos de Tart bekannt, einen der ältesten Weinberge von Burgund. Später bestätigte Papst Lucius III. die Transaktion. Die Zisterzienser, die das Motto *Cruce et Aratro,* mit Kreuz und Pflug, hatten, kultivierten die besten Weingebiete, darunter den Clos de Vougeot, wo sie 125 Morgen Landes mit den feinsten Reben bepflanzten. In Burgund gedeiht nichts so gut wie die Rebe. Die Mönche waren die ersten, die das begriffen.

Das Erscheinen der Gamay-Trauben schuf ernste Probleme. Es sind saftige Trauben, die viel Wein geben, aber die Qualität ist nicht immer sehr gut. Nur im Gebiet von Beaujolais gibt die Gamay einen besonders guten, jetzt sehr bekannten Wein. Karl der Kühne befahl die Zerstörung aller Weinberge, wo es Gamay-Trauben gab, »...die ungetreue Gaamez Rebe, die einen Wacht macht, der in Fülle existiert, aber einen schrecklich harten Geschmack hat«. Auch jetzt versucht man in der Côte d'Or Gamay-Trauben zu pflanzen, aber der Wein ist nicht besser als zur Zeit Karls des Kühnen. Der Herzog wollte die guten Weine von Burgund fördern und verbot die Einfuhr von ausländischen Weinen. Sogar Karl der Große hatte wenig Erfolg, als er versuchte, die üblen Sitten auszurotten. Burgund leidet noch immer darunter, daß zu viele Gamay-Reben angebaut werden und nicht genug von den vornehmen Pinot Noir- und Chardonnay-Rebensorten, die nicht sonderlich ergiebig sind, aber sehr feine Weine produzieren. Man sollte meinen, daß die Menschen aus den Fehlern der Vergangenheit lernen, aber die Geschichte lehrt nichts, auch beim Wein nicht.

Überall in der Welt denken die Leute beim Wort »Burgunder« an einen schweren, dunkelroten, oft »süßen« Wein. Sie wissen nicht, daß viele rote Burgunder leicht und elegant sind oder daß einige der größten Burgunder Weißweine sind. Der Beaujolais ist frisch und fruchtig, die Weine aus Volnay, Pommard und Beaune können sehr delikat sein. Viele Händler nennen einen schweren Rotwein einen »Burgunder«, obwohl die strengen französischen Gesetze gestatten, nur solche Weine Burgunder zu nennen, die aus den Departements von Côte d'Or, Yonne, Saône-et-Loire und Rhône kommen, aus streng abgegrenzten Gebieten.

Die Weinberge der Bourgogne erstrecken sich über 30000 Hektar. Burgund macht nur eine Million Hektoliter (80 Prozent rot und 20 Prozent weiß), verglichen mit 2,5 Millionen Hektolitern in Bordeaux. Echter Burgunder ist immer Mangelware, kann niemals billig sein. Das Wetter ist unbeständig, und die Winzer müssen immer damit rechnen, von dem Ertrag eines guten Jahres einige Jahre zu leben. Es gibt niemals genug echten Burgunder, der in der ganzen Welt einen sehr guten Namen hat, und die Versuchung lag immer nahe, gewöhnlichere Weine in anderen Gegenden zu kaufen, sie mit echtem Burgunder zu vermischen und die Mischungen als »Burgunder« unter allen möglichen Phantasienamen zu verkaufen. Am ärgsten war es nach dem Ersten Weltkrieg, bevor die *Appellation d'Origine*-Gesetze die übelsten Mißbräuche stoppten.

Aber noch immer geschehen seltsame Dinge in Burgund, und weder die Gesetze noch die Inspektoren können den Schwindel verhindern. Wohin fahren die vollen Tankwagen aus dem Süden, die in Burgund verschwinden und dann leer wieder zurückkehren? Ich erinnere mich an Sommerabende, als ich vor dem Hôtel de la Côte d'Or in Saulieu saß, an der Route Nationale 6, mit meinem Freund Alexandre Dumaine, damals ein sehr berühmter Koch. In seinem Weinkeller hatte er eine herrliche Auswahl von feinen Burgundern. Immer waren die Tankwagen aus dem Süden voll, immer ratterten sie leer dorthin zurück. Dumaine zuckte die Achseln und sagte nichts, wozu auch? Die erfahrenen Franzosen sagen: *»Respectez les crus«*, wenn sie über Burgund sprechen. Wer einen guten echten Burgunder will, muß das Etikett auf der Flasche genau lesen. Er muß auch die Namen der wichtigen Weingebiete kennen. Das System in Burgund ist ähnlich dem der konzentrischen Kreise in Bordeaux. Der am wenigsten feine Wein ist einer, der sich Bourgogne nennt. Besser ist ein Wein aus einem

Distrikt, zum Beispiel Côte de Nuits. Noch besser der Wein, der das Etikett der *commune* trägt, wie Vosne-Romanée. Am besten der Wein eines bestimmten Weingutes in der *commune:* La Romanée-Conti oder La Romanée-Saint-Vivant. Beide gehören zu den 31 großen Weingütern in Burgund und dürfen die Bezeichnung *Grand Cru* führen. Das sind wunderbare Weine, sehr teuer, man findet sie sehr selten. La Romanée-Conti macht nur etwa 700 Kisten.

In Burgund ist es unmöglich, über die Weine generell zu sprechen. Es gibt wohl Regeln, aber zu viele Ausnahmen. Beispiel: Die roten Côte de Beaune-Weine sind meist delikat und leicht, reifen bald und können bald getrunken werden, *aber* der rote Corton aus Aloxe-Corton lebt sehr lange, ist schwer und dunkelrot. Oder: In der Côte de Meursault gibt es delikate, feminine Weißweine, *aber* ganz in der Nähe, aus denselben Chardonnay-Reben gemacht, sind die Weine aus Puligny-Montrachet und Chassagne-Montrachet, die schwer und wuchtig sein können. Besondere Vorsicht ist in der Côte d'Or geboten. Die Etiketts fallen in drei Kategorien. Einige Weine tragen den Namen der Gemeinde, wie Gevrey-Chambertin. Das heißt, sie können von jedem Weingut in der Gemeinde kommen, das das Recht hat, den Namen Gevrey-Chambertin zu führen. Die zweite Gruppe trägt den Namen der Gemeinde auf dem Etikett, gefolgt von dem Namen eines bestimmten Weingutes, zum Beispiel Nuits-Saint-Georges Les Porrets. Diese Weine heißen *Premiers Crus* und sind meist auch sehr gut, obwohl sie nicht mit den 31

*Grands Crus* konkurrieren können. Es gilt also, immer die Gemeinde vom Weingut zu unterscheiden! Ein Chambolle-Musigny (die Gemeinde) ist nicht so gut wie ein Les Musigny, das beste Weingut in der Gemeinde.

Leider wird auch diese Regel kompliziert. Manche Weingüter haben Namen mit einem Bindestrich. Das muß man lernen: Der Bindestrich ist nicht typisch für eine Gemeinde. In der Gemeinde Gevrey-Chambertin gibt es hervorragende Weingüter mit Bindestrich-Namen: Mazys-Chambertin, Latricières-Chambertin, Charmes-Chambertin, Griotte-Chambertin. Sie alle sind natürlich viel besser als die Weine, die sich Gevrey-Chambertin nennen. – Wer feine Burgunderweine kaufen will, muß die Weine studieren – es gibt gute Lexika – oder er muß einen gutinformierten, verläßlichen Händler haben.

In Bordeaux sind die im Château abgefüllten Weine am Etikett kenntlich. Meist heißt es *»Mis en bouteilles au Château«*. In Burgund gibt es verschiedene Bezeichnungen für ehrliche Weine. *»Mis en bouteilles par le propriétaire«*, vom Eigentümer abgefüllt, ist im allgemeinen eine sichere Qualitätsgarantie. Auch wenn es heißt: *»Mise au Domaine«*, *»Mise à la Propriété«*, ist der Wein wahrscheinlich echt. Die Bezeichnung *»Mise en bouteilles dans mes caves«*, in meinen Kellern abgefüllt, ist nichtssagend. Jeder Wein ist im Keller abgefüllt. Sehr verdächtig ist auch das Etikett *»Mis en bouteilles au Château«*. In Burgund gibt es keine Châteaux, obwohl einige reiche *négociants* (Großhändler) in schloßartigen Häusern leben und das Recht haben, in ihren Kellern die Weine abzufüllen. Manchmal sind die Weine echt, ehrlich, ungemischt. Und manchmal sind sie gemischt.

Die Weingegend, die Bourgogne heißt, beginnt etwa 175 Kilometer südlich von Paris. Es gibt übrigens keinen Verwaltungsdistrikt namens »Bourgogne«. Es gibt auch kein Departement, das »Bordeaux« heißt. Die beiden Namen bezeichnen nur Weingebiete.

Burgund besteht aus drei Weingegenden. Im Norden ist Chablis; in der Mitte, südlich von Dijon, ist die Côte d'Or, das Herz der Bourgogne; südlich davon ist das Gebiet von Chalon, Mâcon und Beaujolais (fast bis Lyon). Die gesamte Nord-Süd-Distanz ist nicht groß, über 300 Kilometer.

Die kleine Stadt Chablis hat kaum 2000 Einwohner, aber der Wein von Chablis ist weltbekannt. Er ist auch einer der meistimitierten Weine. Die echten Chablis-Weine kommen von den Hügeln in und um Chablis. Sieben Weingebiete haben das Recht, sich *Grands Crus* zu nennen, und mit einer einzigen Ausnahme (Blanchots) liegen sie alle innerhalb der Stadtgrenzen von Chablis. Chablis-Freunde, von denen es immer mehr gibt, sollten sich ihre Namen merken: Les Clos, Valmur, Grenouilles, Vaudesir, Les Preuses. Wenn man eine Flasche Wein von diesen Gütern findet, hat man den trockensten Weißwein der Welt. Außer den sieben *Grands Crus* gibt es auch zweiundzwanzig *Premiers Crus* und schließlich Weine, die nur Chablis genannt und meist in Fässern geliefert werden. Die Unterschiede zwischen den besten Gütern in Chablis sind so gering, daß selbst professionelle Weinkoster sie nicht immer erkennen.

In der englischen Sprache nennt man die Chablis-Weine *flinty* oder *flint-dry,* trocken wie Kieselsteine. Sie haben eine grünlich-goldene Farbe, viel Rasse und Eleganz und ein sehr persönliches Bouquet. Chablis ist der ideale Wein zu Austern, Schellfisch und Fisch, und mit der Zahl der Fisch-Liebhaber in der ganzen Welt steigt auch die Zahl der Leute, die gern einen Chablis hätten. Auf einem Gebiet von 1880 Hektar werden kaum 120000 Kisten Chablis gemacht, und die Produktion geht zurück. Man befürchtet, daß es in einigen Generationen kaum mehr Chablis geben wird. In dieser nördlichen Weingegend müssen die Reben oft ruhen, und fast das halbe Weinland bleibt ständig ungenutzt. Der Boden wird oft vom Regen weggewaschen, und die Winzer müssen ihn wieder auf dem Rücken die Hügel hinauftragen. Nur die Mitte der Hügel sind die besten Lagen. Die Winzer an der Mosel haben ähnliche Probleme. Mai ist immer ein kritischer Monat in Chablis. Ein strenger Frost kann die gesamte Ernte vernichten. Das Klima ist unfreundlich, die Arbeit ist schwer, und die jungen Leute gehen lieber in die großen Städte arbeiten. Im letzten Jahrhundert ist die Erzeugung von Chablis um die Hälfte zurückgegangen. Die Winzer von Chablis lieben ihren Wein, aber sie werden alt. Was wird geschehen, wenn es sie nicht mehr gibt?

Die feinsten Weine kommen von einem Hügel, den man vom Hauptplatz der Stadt sehen kann, kaum 100 Hektar Boden. Der kreidige Kalkboden, hier

»Kimmeridge-Ton« genannt, ist ähnlich wie in der Champagne, 80 Kilometer nördlich. Nur die vornehmen Chardonnay-Reben dürfen hier angepflanzt werden, die einzigen Trauben der feinen weißen Burgunderweine, die hier Beaunois genannt werden. Die Reben wachsen tief, und der Boden strahlt die Sonne zurück, aber sie sind nicht sehr ergiebig. Meist hat die Sonne nicht genug Kraft, um genügend Traubenzucker in den Reben zu erzeugen. Chaptalisation, die Beigabe von Zucker zum Most, ist gesetzlich gestattet, aber streng kontrolliert.

Chablis hat eine sehr alte Geschichte. Ob Julius Caesar dort Reben vorfand, als er in Gallien ankam, ist nicht sicher, aber die Weinberge waren bestimmt dort, als die Römer abzogen. Im Mittelalter verfielen die Weinberge. Wie überall in Burgund waren es auch hier die Mönche, welche die Weinberge retteten. Die Zisterzienser in Pontigny, in der Nähe von Chablis, pflegten die Weinberge; man nimmt an, daß sie die Chardonnay-Reben eingeführt haben. Die Reblaus wütete besonders arg in der Gegend. 1953 war fast die ganze Ernte durch Frost zerstört, 1955 und 1957 gab es sehr wenig Chablis, 1960 überhaupt keinen. Die besten Chablis-Weine sind immer Raritäten.

Südlich von Chablis, gleich unterhalb von Dijon, beginnt die Côte d'Or, woher die berühmtesten roten Burgunder kommen und ein sehr berühmter, trockener Weißwein, der Montrachet. Die Côte d'Or hat zwei Teile. Der nördliche Teil heißt Côte de Nuits. Er beginnt bei Fixin und endet bei einem Steinbruch südlich von Nuits-Saint-Georges. Dieser Teil der

»goldenen Küste« erzeugt die besten Weine, er ist nur 19 Kilometer lang. Unterhalb der Côte de Nuits beginnt der südliche Teil der Côte d'Or, die Côte de Beaune, nach der größten Stadt benannt. Genau gesagt beginnt die Côte de Beaune bei dem Dorf Ladoix und endet unterhalb Santenay. Von der Côte de Beaune kommen sehr berühmte Weißweine, aber auch ausgezeichnete Rotweine.

Im Mittelalter waren die besten Burgunder für die Päpste reserviert. Das war nicht ungerecht, sie wurden ja meist von Mönchen gemacht. Natürlich gab es auch viel Weinpolitik. Papst Gregor XI. verlieh

*»Oktober«*
*aus den Monatsbildern von Conrad Meyer, 17. Jahrhundert*

dem Mann, der ihm dreißig Fässer Wein von Clos de Vougeot schickte, die Kardinalswürde. Wer den Wein von Clos de Vougeot gern hat, wird das verstehen.

Die Hügelkette, die man in Frankreich la Côte d'Or nennt, läuft von Nordnordost nach Südsüdwest. Die Weinberge schauen meist nach Osten, Süden und Südosten. Sie sind nicht hoch, 60 bis 90 Meter, der Boden hat viel Kalkstein. Die besten Lagen sind im oberen Drittel der Hügel, erreichen nie die Höhe, aber gehen hinunter bis an den Rand der Ebene, manchmal sogar noch weiter. Im allgemeinen kommen die besten Weine von Weinbergen, die in der Mitte der sanften Abhänge liegen.

In Burgund erkennt man sehr bald, daß der Wein ein unergründliches Geheimnis bleibt. Die Landstraße, Route Nationale 74, geht neben der Eisenbahn vorbei. Es hat keinen Sinn, den Zug zu nehmen. Der Zug ist zu schnell, und die Namen der Stationen, die alle wie die Flaschen-Etiketten in einem schönen Weinkeller lauten, fliegen vorbei, bevor man sie richtig lesen kann. Die besten Weinberge sind oft nur ganz kleine Stücke Land, manchmal 200 Meter lang, niemals mehr als 1500 Meter. (Ganz ähnlich ist es an der Mosel.) Fast alle guten Lagen sind auf der rechten Straßenseite, wo die Hügel liegen, und überall wachsen nur die vornehmen Pinot Noir-Reben, die nicht viel Wein, aber nur den besten geben.

Auf der linken Straßenseite liegen Weingüter, die ähnlich aussehen, aber nur mittelmäßige Weine machen. Dort wachsen die Gamay-Trauben, die Quantität geben, dafür keine Qualität. Die meisten großen

Weine kommen von der rechten Straßenseite, wenn man südlich fährt. Derselbe Boden ist auf beiden Seiten, und die Sonne scheint überall.

Die schwersten Rotweine kommen aus den nördlichen Teilen; je weiter man südlich kommt, um so leichter werden sie, aber elegant und parfümiert sind sie alle.

Wir wissen bereits, daß die einst unbekannten kleinen Orte den Namen des berühmtesten Weines in der Ortschaft dem Ortsnamen beigefügt haben. Niemand kannte das Dorf Gevrey mit seinen alten Steinhäusern, aber jeder Weinliebhaber kennt Gevrey-Chambertin. Der Chambertin hat den Ruhm, der Lieblingswein Napoleons gewesen zu sein. Unter den *Grands Crus,* die zum Ort gehören, ist Le Chambertin der feinste, aber es gibt Kenner, die den Chambertin-Clos de Bèze für noch feiner halten. »Clos« ist ein von Mauern umgebenes Weingut. Der Chambertin wird in Burgund *Le Grand Seigneur* genannt, man spricht von seiner tiefen roten Farbe, *robe* genannt, von dem starken Bouquet, seiner Kraft und Intensität, seinem Nachgeschmack. Es ist ein Wein für wahre Männer. Leider gibt es nicht viel davon, in einem guten Jahr kaum mehr als 5000 Kisten Chambertin und 6000 Kisten Chambertin-Clos de Bèze. Die beiden Güter gehören einem Dutzend Besitzern, die alle ihre Weine machen, und jeder erklärt, sein Wein sei der beste. Eine akademische Feststellung, denn wie viele Menschen haben das Glück, die verschiedenen Chambertins zu kosten? Talleyrand, von dem hier schon öfter die Rede war, soll gesagt haben: »Wenn man einen solchen Wein bekommt, hebt man das Glas, sieht den Wein an, atmet seinen Duft ein, stellt das Glas hin und spricht darüber.« Das Trinken kommt später. Und der ältere Dumas sagte: »Nichts anderes kann einem die Zukunft so rosig erscheinen lassen.« Offensichtlich hatte er Chambertin getrunken, wohl mehr als ein Glas.

Es wäre zwecklos, eine Aufzählung aller großen Weine zu geben, die in den einzelnen Gemeinden gemacht werden; man findet sie in jedem Wein-Lexikon. Die kleine Gemeinde Morey-Saint-Denis zum Beispiel, gleich unterhalb von Chambertin, hat vier *Grands Crus,* darunter den Clos de Tart, einen der ältesten Weinberge von Burgund, und nicht weniger als 26 *Premiers Crus.* Dann kommt der kleine Ort Chambolle, weltberühmt, seit er sich Chambolle-Musigny nennt. Dort gibt es zwei *Grands Crus,* Le Musigny und Bonnes Mares, und 19 *Premiers Crus.*

Einen Kilometer weiter kommen wir nach Vougeot, ein Dorf, dessen Stolz das weltberühmte Clos de Vougeot ist, das größte unter den bekannten Weingütern in Burgund. Es geht auf das Jahr 1110 zurück, als die Abtei von Citeaux einiges Weinland in Vougeot erhielt. Zweihundert Jahre später hatten geschickte Ankäufe und Stiftungen das Weingebiet auf 127 Morgen vergrößert. Die Mönche pflanzten die feinsten Rebsorten und bauten eine Mauer um das Gut, das nun Clos de Vougeot hieß. Dann hatte jemand die Idee, ein Schloß zu bauen, an dem seit dem 15. Jahrhundert herumgebastelt wurde, und ein großes Preßhaus.

*»Oktober« aus einem flämischen Kalender (Codex lat. 23638, f 11v), Simon Bening zugeschrieben, 16. Jahrhundert*

Von dem ursprünglichen Kloster ist nicht viel geblieben, und die Mönche, die so guten Wein machten, sind nicht mehr da. Einst war der Wein vom Clos de Vougeot so berühmt, daß französische Regimenter, die vorbeimarschierten, das Kommando erhielten, das Clos zu salutieren. Napoleon soll zwei Emissäre hingeschickt haben, um den Wein nach Paris zu bringen, und ein alter Angestellter sagte: »Wenn der Empereur diesen herrlichen Wein trinken will, so soll er herkommen.« Solche Geschichten werden immer gern erzählt und freuen die etwa hundert Besitzer, denen ein Teil des Bodens gehört, oft ein sehr kleiner Teil. Auch hier gibt es natürliche große Qualitätsunterschiede. Die besten Weine kommen angeblich von einem Stück, das hinter dem Schloß gegen die Mauer zu liegt. Diese Weine waren ursprünglich für den Abt reserviert, der sie an Päpste und Könige schickte. Ein Eck heißt Musigny de Clos Vougeot, weil die Chambolle-Musigny-Weinberge ganz in der Nähe sind.

Es gibt auch weniger rühmliche Geschichten über den Clos de Vougeot. Im Zweiten Weltkrieg waren deutsche Truppen im Schloß einquartiert. Nach dem Krieg machten die Amerikaner daraus ein Gefangenenlager. Dann kauften die Chevaliers du Tastevin, eine geschäftstüchtige Gruppe von Weingutbesitzern, Händlern und prominenten Burgundförderern, das Schloß und richteten es ein. Jetzt geben die Chevaliers ihre Empfänge und Bankette dort, tragen lange rote Roben und viereckige Hüte und einen *tastevin* – eine kleine flache Silberschale zum

Kosten – um den Hals. Es ist alles sehr pompös, und es schadet dem Wein nicht, aber mit der Qualität der Weine hat das alles nichts zu tun. Außerhalb der Mauer liegt der Clos Blanc de Vougeot, wo man aus Chardonnay-Trauben einen weißen Wein macht, der allerdings in keiner Hinsicht den Ruhm der roten Weine innerhalb der Mauern erreicht. Um einen *guten* Clos de Vougeot-Wein zu finden, muß man viel verstehen und wohl auch Glück haben.

Unterhalb von Vougeot ist die kleine Gemeinde Flagey, die nicht widerstehen konnte, den Namen des besten Weingutes, Les Grands Echezeaux, mit ihrem Namen zu verbinden. Der Ort heißt jetzt Flagey-Echezeaux. Der *Grand Cru* von Les Grands Echezeaux ist die große Ausnahme auf der Weinstraße: er liegt auf der linken Seite. Die anderen Güter im Ort liegen alle auf der rechten Seite. Die Weine von Echezeaux sind nicht ganz so berühmt wie die im Norden und Süden, vielleicht weil der Name schwer auszusprechen ist, vielleicht weil sie eine »Brücke« zwischen den vollen Weinen von Vougeot und leichteren Weinen in der südlichen Gemeinde von Vosne-Romanée bilden. Auf jeden Fall sind die Weine von Echezeaux sehr gut und oft preiswerter als die berühmteren Nachbarn.

Südlich davon ist das Dorf Vosne-Romanée, das man sich merken muß. Zu der kleinen Gemeinde Vosne gehören fünf der größten (im Sinne von besten) Weine der Welt: La Romanée-Conti, Les Richebourg, La Tâche, La Romanée, La Romanée Saint-Vivant. Die Weingüter sind sehr klein. Das beste von allen, La Romanée-Conti, ist kaum 4,5 Morgen groß und macht in einem guten Jahr etwa 700 Kisten, ungefähr 9400 Flaschen. Er gilt wohl als der kostbarste Weinberg der Welt. Einst versuchte Madame Pompadour, ihn zu kaufen, aber Ludwig XV., ihr königlicher Freund, arrangierte den Verkauf an den Prinzen de Conti, Direktor der Geheimdiplomatie des Königs. Vielleicht wußte der Prinz zuviel über seinen König. Madame Pompadour war äußerst verstimmt. 1868 wurde das Weingut von den Vorgängern der jetzigen Besitzer für einen Betrag von 330000 Goldfranken gekauft. Seit das Weingut besteht, hat es insgesamt nur zehn Besitzer gehabt. Monsieur de Villaine, dem es heute gehört, ist ein Bankdirektor aus Moulins.

M. de Villaine war der erste Weingutbesitzer in Burgund, der seinen Wein in Flaschen füllte. Die Domaine de la Romanée-Conti, der auch La Tâche und Teile von den anderen Weingütern gehören, macht die Weine mit derselben liebevollen Genauigkeit, die man in den besten Châteaux von Bordeaux findet. Aber die Keller haben nichts von dem Hollywood-Zauber der berühmten Bordeaux Châteaux. Hier gilt nur der Wein. Burgundkenner sind ekstatisch, wenn sie eine Flasche Romanée-Conti öffnen. Diese Weine haben eine Kombination von Geschmack und Bouquet, Körper und Kraft, die einzigartig ist. Viele Leute, die etwas davon verstehen, halten diese Weine für die größten in Burgund. Les Richebourg ist etwas voller, dann folgen La Romanée-Saint-Vivant, La Romanée, La Tâche. Die Unterschiede sind subtil, nur wahre Fachleute erkennen sie. Nicht so berühmt, aber oft ganz hervorragend sind die Weine von den Gütern Les Beaux-Monts, Les Gaudichots, La Grande Rue, Les Malconsorts, Les Suchots. Alle kommen aus der Gemeinde Vosne-Romanée. Es stimmt, daß in schlechten Jahren diese Weine zuwenig Naturzucker haben, zu leicht sind. Dann entdeckte ein Dr. Chaptal zu Beginn des Jahrhunderts, daß man dem Most etwas Zucker beigibt, um den Wein voller zu machen, ihm mehr Alkohol zu geben. Das französische Weingesetz erlaubt eine streng begrenzte Chaptalisation – in Deutschland nennt man den Vorgang »Gallisation«, nach Dr. Gall –, wenn die Weine nicht genug Naturzucker haben. Nur wenige schmecken den Zucker, meist im Nachgeschmack; die meisten merken nichts davon.

Zwei Kilometer südlich von Vosne-Romanée ist Nuits-Saint-Georges, der größte Ort in der Gegend, wo viele Weine gemacht werden, allerdings keine großen. Die Stadt ist voll von Händlern und Verschiffern und lebt vom Wein. Viele Händler kaufen die Weine in Fässern und verschneiden sie, um daraus »bessere« Weine zu machen. Auch ein burgundischer Schaumwein wird dort aus mittelmäßigen Weinen hergestellt. Die südliche Nachbargemeinde Prémeaux verschickt ihre Weine unter dem bekannten Namen von Nuits-Saint-Georges. Die Weine aus der Gegend sind schwer, haben viel Säure, viel Gerbsäure, und die Franzosen nennen sie *mordant,* weil man sie fast beißen kann.

Klassifizierungen von Weinen sind problematisch. Wein lebt und verändert sich ständig, und je besser der Wein, um so subtiler die Unterschiede. Klassifizierungen versuchen, objektiv zu sein und sind doch völlig subjektiv. In seiner *Encylopaedia of Wines & Spirits* gibt Alexis Lichine seine Rangordnung der besten Côte d'Or-Weine, basierend auf genauen Weinproben, bei denen ich manchmal dabei war. Alle Weine waren von den Besitzern abgefüllt, *»Mise en bouteilles à la propriété«*.

Lichines feinster Rotwein ist La Romanée-Conti. Darüber wird es kaum Streit geben. Es folgen Chambertin-Clos de Bèze, Chambertin, La Tâche, Les Richebourg, Musigny, Clos de Vougeot, Les Bonnes Mares, Grands-Echezeaux, La Romanée-Saint-Vivant, Corton-Clos du Roi, Les Saint-Georges, Latricières-Chambertin, Le Corton, Les Bressandes, Cuvée Nicolas Rollin (Hospices de Beaune), La Grande Rue, Les Renardes, Cuvée Dr. Peste (Hospices de Beaune). Lichine hält Le Montrachet für den besten Weißwein, gefolgt von Chevalier-Montrachet, Clos de Perrières, Batard-Montrachet, Corton-Charlemagne, Les Perrières, Les Ruchottes, Musigny Blanc, Les Chames, Les Combettes. Dies ist zwar nur Lichines Ansicht, aber er kennt die Weine sehr gut.

Nach Prémeaux folgt eine Lücke in den Weinbergen. Dann kommt die Gemeinde Aloxe-Corton, wo die Côte de Beaune beginnt. (Aloxe wird »Aloss« ausgesprochen.) Die Côte de Beaune hat ihren Namen von dem Hauptort der Gegend, Beaune, mit den weltberühmten Spitälern (Hospices). Im Hotel

Dieu betreut man mittellose Patienten, in der Charité pflegt man alte Menschen und sechzig Waisen. Die beiden Spitäler decken ihre Ausgaben von der Versteigerung der Weine, die in den eigenen Weinbergen gemacht werden. Die Fässer werden einzeln im Hof versteigert, in Anwesenheit von Käufern aus der ganzen Welt. In den Spitälern hat sich in den letzten fünf Jahrhunderten nichts geändert. Die Patienten liegen in den alten Betten, die Medikamente werden in historischen Gefäßen aufbewahrt.

Nördlich von Beaune ist Aloxe-Corton mit ausgezeichneten Weinen, die schon nach fünf Jahren getrunken werden können. Aber der Wein lebt lange und hat manchmal noch nach zwölf Jahren sein inneres Feuer. »Ich gebe meinen Gästen aus Genf einen sehr guten Beaujolais, aber heimlich trinke ich Ihren Corton«, schrieb Voltaire einem Mitbesitzer von Corton.

Karl der Große besaß einen Weinberg in Aloxe. Er heißt Corton-Charlemagne und wird in guten Jahren dem Montrachet gleichgestellt. Manche Leute glauben, einen leichten Zimtgeschmack in diesem Wein zu entdecken. Der Weinberg ist nicht groß, kaum 61 Morgen, aber er gehört jetzt verschiedenen Besitzern. Einige erzeugen nur eine *feuilleté,* 14 Kisten (168 Flaschen), kaum der Rede wert, wenn der Wein nicht so gut wäre. Die Abhänge sind steil, nach dem Regen müssen sie gesäubert werden, und die alten Winzer klagen – ähnlich wie in Chablis – über Nachwuchsmangel. In zwei Generationen wird es diesen Wein wahrscheinlich nicht mehr geben.

Südlich von Beaune sind die Weinberge von Pommard. Sie sind sehr bekannt in der ganzen Welt, und viele Jahre gab es mehr »Pommard«, als man in Pommard machen konnte. Es sind leichte Weine, mild, »gut zu trinken«, wie man in Frankreich sagt. Pommard ist eine liebliche Stadt, und Touristen finden es schwer, sie zu verlassen. Überall sind Bäume und Schatten, und die Weinberge umgeben die Stadt. 26 Güter haben das Recht, sich *Premiers Crus* zu nennen. Die besten sind Les Rugiens und Les Epenots.

Gleich unterhalb liegt das Dörfchen Volnay, bekannt für seine hellroten, leichten, delikaten Weine, die ein besonders feines Bouquet haben und angeblich fröhlich machen. Schon die Römer wußten das. Ludwig XI. befahl einmal, die ganze Ernte auf sein Schloß in Plessis-les-Tours zu schicken, und es gibt das Sprichwort *»On ne peut pas être gai sans boire de Volnay«*. Volnay hat 14 Weingüter, die *Premiers Crus* sind, die besten heißen Les Caillerets und Les Caillerets-dessus.

Unterhalb von Volnay liegt Meursault, vor allem für trockene Weißweine bekannt, die allerdings nicht so kieseltrocken wie Chablis-Weine sind. In den Weinen von Meursault schmeckt man die Landschaft und die Sonne und, so sagen manche Leute, einen Heuhaufen. Meursault-Weine sollten bald getrunken werden, zwei bis sechs Jahre, nachdem sie abgefüllt sind. Nach zehn Jahren in der Flasche oxydieren sie, werden braun und häßlich. Aber die feinsten Meursaults – Perrières, Charmes und Genevrières – sind in guten Jahren hervorragend und können dann mit den Montrachets konkurrieren.

Viele Spezialisten halten den Montrachet für den feinsten trockenen Weißwein der Welt. Ganze Serien von Adjektiven werden angewendet, um den Montrachet zu bezeichnen, von »phantastisch« bis »göttlich«, und der Wein hat eine besonders ausgeprägte Eleganz. Er ist nicht nur trocken, sondern auch fruchtig, hat Tiefe und Bouquet. Der Weinberg liegt zur Hälfte in den Gemeinden Puligny (zehn Morgen) und Chassagne (neun Morgen). Beide Gemeinden haben den Namen Montrachet angenommen. Die etwa zehn Besitzer des Weinbergs machen kaum tausend Kisten, behalten die Hälfte für sich und ihre Freunde und verkaufen den Rest. Man muß gute Beziehungen und Glück haben, einen Montrachet zu bekommen. Puligny hat fünf *Grands Crus,* Chassagne hat drei *Grands Crus,* und in beiden ist der Montrachet der größte von allen. Die Ernten sind manchmal auf Jahre hinaus ausverkauft, die Preise sind astronomisch. 1962 zahlte die französische Regierung über eine Million Dollar, um die Autobahn Paris–Lyon nicht zu nahe an Puligny vorbeizuführen, was dem Weinberg geschadet hätte. Es gab keine Debatte darüber in Frankreich. Offiziell endet die Côte d'Or in Santenay, südlich von Montrachet, aber die meisten Burgundkenner erklären, sie ende wirklich mit Chassagne-Montrachet, und damit ende der Ruhm von Burgund.

Das stimmt. Im Departement von Saône-et-Loire werden gute, sehr beliebte Weine gemacht, aber sie haben nichts von der Größe der berühmten Côte d'Or-Weine. Die Weingebiete heißen Mâconnais (um die Stadt Mâcon) und Beaujolais. Der bekannteste Mâconnais ist der trockene weiße Pouilly-Fuissé, nicht zu verwechseln mit Pouilly-Fumé, dem Loire-Wein. Der Pouilly-Fuissé war schon berühmt, als man die roten Beaujolais-Weine noch gar nicht kannte. Die Franzosen trinken den Pouilly-Fuissé gern mit Fisch, Huhn und *charcuterie*. Verschiedene Gemeinden haben das Recht, ihre Weine so zu nennen; sie werden aus den guten Chardonnay-Trauben gemacht. Manche Leute vergleichen sie wegen ihrer Frische und Härte mit den Weinen von Chablis, aber das darf man in Chablis nicht sagen. Im Mâconnais gibt es auch rote Weine, aber sie können mit den Weinen von Beaujolais im Süden nicht konkurrieren.

Auf jeden Fall ist der Pouilly-Fuissé ein guter weißer Burgunder. Er kann schon nach sechs Monaten getrunken werden und ist mit fünf Jahren schon einigermaßen ältlich. Sein *goût de terroir*, seine schöne Farbe, sein Bouquet haben ihn sehr beliebt gemacht.

Beaujolais ist eine moderne Success-Story. Vor hundert Jahren kannte man diese Weine kaum. In Frankreich gilt der Beaujolais als *bon vin*, niemals als großer Wein. Die Franzosen trinken ihn bald, manchmal schon nach einem halben Jahr; drei Jahre alter Beaujolais gilt schon als »alt«. Es gibt gute, schwere Beaujolais-Weine, die man auch nach fünf Jahren trinken kann. Sie sind niemals so wuchtig und

*Allegorie auf den Herbst*

*Jeremias Wolff nach Karl Remshard, frühes 18. Jahrhundert*

fruchtig wie die »echten« Burgunder von der Côte d'Or, aber es ist immer eine Freude, sie zu trinken. Alle werden aus der vielgeschmähten Gamay-Rebe gemacht, die hier – aber nur in der Beaujolais-Region – Weine von erstaunlicher Qualität gibt.

Man kann schöne Tage verleben, wenn man im Auto über die Hügel mit den sonnendurchglühten Weinbergen fährt und die Orte besucht, die den verschiedenen Beaujolais-Weinen ihre Namen geben. Sehr gute kommen aus Juliénas, daneben liegt die Gemeinde von Saint-Amour. Die Weine aus Moulin-à-Vent – die Windmühle, die dem Ort und dem Wein den Namen gibt, ist das Symbol von Beaujolais und steht unter Denkmalschutz – sind die schwersten aus Beaujolais und vertragen auch längere Reisen. Andere Gemeinden heißen Chénas, Fleurie, Chiroubles, Morgon, Brouilly. Alle machen gute Weine, alle sind irgendwie verschieden, und nach einiger Übung lernt man, sie zu unterscheiden.

Der Beaujolais ist der Hauswein von Lyon, der »gastronomischen Hauptstadt« Frankreichs. »Drei Flüsse baden Lyon, die Rhône, die Saône und der Beaujolais«, sagt man dort. Es ist erstaunlich, daß man auch außerhalb von Lyon noch echten Beaujolais bekommt. Man trinkt ihn sogar in den Cafés von Paris und überall in der westlichen Welt. Nicht immer, fürchte ich, kommen diese Weine wirklich aus Beaujolais.

## Champagner

Champagner ist nicht der teuerste Wein – es gibt Flaschen in Bordeaux und Burgund und Trockenbeerenauslesen in Deutschland, die mehr kosten – aber der berühmteste, der frivolste und, nach Ansicht der Produzenten, auch der gesündeste. Champagner gibt älteren Leuten die Illusion, sich jünger zu fühlen, und macht jüngere Leute oft unvernünftig. Ärzte empfehlen Champagner, nicht aber Rechtsanwälte, die genau wissen, daß Champagner oft Unheil anstiftet. Niemand kann sagen, wie viele Ehen unter dem Einfluß von Champagner in Brüche gingen, aber fast jeder von uns kennt einen solchen Fall. Champagner wird für Schiffstaufen verwendet, was betrüblich ist, denn Champagner soll getrunken werden, nicht am Bug herunterrinnen. Die Franzosen, die den Champagner machen und den meisten davon selbst trinken, servieren ihn, um die Geburt ihrer Kinder zu feiern, und nach Beerdigungen, falls der teure Verblichene genug Geld hinterlassen hat.

Champagner ist mehr als ein perlender, schäumender Wein, er ist ein Symbol für Reichtum, Lebensfreude, Luxus und Frohsinn. »Dieser Wein, in dem die Perlen funkelnd tanzen, ist das Symbol von Frankreichs brillanter Seele«, schrieb Voltaire. Champagner macht nicht betrunken. Champagner enthemmt, macht aus Misanthropen Optimisten, und lange Zeit wurde gemunkelt, er könne die Toten wieder zum Leben erwecken. Vielleicht schätzen ihn deshalb manche ältere Herren als Aphrodisiakum.

Champagner bleibt ein beliebtes Alibi für Damen aller Altersklassen, die sich am nächsten Morgen an nichts erinnern können und dem Champagner die Schuld geben. Die schöne Madame de Pompadour, die unsterbliche Geliebte Ludwigs XV., nannte Champagner »den einzigen Wein, den eine Frau trinken kann ohne Angst um ihre Schönheit«. Im sogenannten galanten Zeitalter tranken Männer Champagner aus den Schuhen von Damen, die keine Damen waren. Hoffentlich war es kein guter Champagner. Napoleon sagte: »Champagner verbannt die Etiquette.« Ein gewisser Mr. Welby Jordan hatte über 40000 Flaschen Champagner getrunken, bevor er im Alter von vierundneunzig Jahren starb.

Von Bismarck wird gesagt, er gab dem französischen Champagner den Vorzug vor dem deutschen Sekt, einmal in Anwesenheit von Kaiser Wilhelm II., der darüber nicht begeistert war. »Majestät«, sagte Bismarck, »ich bin ein deutscher Patriot, aber Patriotismus hört beim Gaumen auf.«

Champagner ist schwer herzustellen, braucht viel Erfahrung, Arbeit und Geduld: guter Champagner ist daher niemals billig. Viele Jahre rührte ich Champagner nicht an, weil ich mir einbildete, die kleinen Perlen könnten mir schaden. Heute weiß ich, daß ein Glas Champagner, kühl und sehr trocken, der beste Apéritif ist. Ich bin nicht der Ansicht von namhaften Gourmets, daß Champagner zu allen Gängen des Essens paßt: Bleiben wir beim Champagner. Zum Steak paßt er nicht. Zu einem Braten und zu Wild gehört ein alter, feiner Rotwein. Den Champagner zum Dessert zu servieren, wie viele es tun, »weil der beste Wein zuletzt kommt«, ist blanker Unsinn.

Wein gehört zum Essen, aber Champagner gehört nur zu sich selbst. Am Ende eines anstrengenden Tages ist ein Glas Champagner ein Allheilmittel. Champagner putscht nicht auf wie viele Drinks. Er ist ein Wein für alle Jahreszeiten und alle Fälle von Katerstimmung, vor allem wenn solche Stimmungen während des Tages kommen. Champagner macht auch nicht müde. Warum manche Leute diesem fast vollkommenen Getränk etwas beimischen, habe ich nie verstanden. Es gibt einen Champagner-Cocktail (ein Stück Würfelzucker, ein paar Tropfen Angostura Bitters, das Glas mit Champagner aufgefüllt und mit einer Orangenscheibe verziert). Bis zum englischen Black Velvet (gleiche Teile von Champagner und Stout, einem englischen Bier mit ausgeprägtem Malzgeschmack) und dem Champagne Sidecar (Zitronensaft, Cognac, Cointreau, das Glas mit Champagner gefüllt) reicht die Reihe der »Verbesserungen«. Es gibt eben Menschen, die eine gute Sache nicht allein lassen können. Und solche, die mittels einer idiotischen amerikanischen Erfindung, *swizzle-stick* genannt, die kostbaren Perlen aus dem Champagner herausquirlen, bevor sie ihn trinken. Das dauert etwa sieben Sekunden. Die Armen wissen nicht, daß es sieben Jahre dauerte, die kleinen Perlen entstehen zu lassen. Warum trinken sie nicht einen Stillwein?

Champagner wird nur in der Champagne hergestellt, einer Region in Nordfrankreich, deren Grenzen das Gesetz vom 22. Juli 1927 genau festlegt.

Früher sprach man vom »echten« Champagner und von Schaumweinen, die sich »Champagner« nannten und nennen. Darüber später mehr. Die Champagne-Region liegt zwischen Reims, Château-Thierry und Chalons-sur-Marne. Vier Fünftel sind in dem Departement Marne, der Rest in den Departements Aube und Aisne. Die Champagne-Reben gelten als die ältesten in Europa, es gab sie schon in der Tertiär-Periode vor Millionen Jahren. Die Römer förderten den Anbau dieser Reben. Man machte daraus stille Weine, denen große Heilkraft zugeschrieben wurde, aber die Hofärzte von Ludwig XIV. erklärten, Burgunder sei gesünder. Dr. Fagon, von mehreren Historikern mit dem frühzeitigen Ableben einiger Thronanwärter in Zusammenhang gebracht, verordnete dem alten König Burgunder, der damals allerdings viel leichter war, aus weißen und dunklen Reben gemacht war und wie ein heutiger rosé Wein aussah.

Heute leben über 16000 Weinbauern in der Champagne. Manche haben kleine Stücke Land in verschiedenen Teilen der Region, um sich vor strichweise auftretenden Hagelschauern zu schützen. Viele von ihnen machen ihren eigenen Champagner, selbständig oder in Genossenschaften *(récoltants)*, und werden damit zu *manipulants.* Die meisten kümmern sich vor allem um ihre Trauben, was schwierig genug ist, und verkaufen die Ernte an die großen Firmen, von denen einige überhaupt keine Weinberge besitzen.

Der Champagner verdankt seinen charakteristischen Geschmack dem Kreideboden der Region. Der

Boden reflektiert die Sonnenstrahlen und gibt den Trauben ihre besondere Würze. Die Wälder regulieren die Luftfeuchtigkeit; die durchschnittliche Jahrestemperatur ist nur 12 Grad Celsius: eher kühl für eine Weingegend, ideal für die Qualität des Weines, aber nicht für Quantität. Es gibt nie genug Champagner, ein weiterer Grund für den hohen Preis. Strenge Richtlinien sorgen für Quantitätsbegrenzung und gleichbleibend hohe Qualität. Von 30000 Hektar Gesamtfläche in der Champagne sind etwa 18000 Hektar Weinbaugebiet. In der Champagne werden auch einige Stillweine gemacht, wie Bouzy Rouge oder Rosé de Riceys.

Nur drei Traubensorten dürfen angebaut werden. Im Norden, in der sogenannten Montagne de Reims (es sind keine wirklichen Berge, nur weniger als 200 Meter hohe Hügel), und im Tal der Marne wachsen die Pinot Noir- und Pinot Meunier-Reben. Die Reben sind mitternachtsblau, aber der Saft ist

*»Trinkgelage«*
*aus The Wine-Cooper's Delight*
*London 1618*

weiß, weil er sofort von der dunklen Schale separiert wird.

Südlich von Epernay liegt die Côte des Blancs, berühmt für ihre feinen weißen Chardonnay-Trauben. Aus 8000 Pfund der schwarzen oder weißen Trauben dürfen nicht mehr als 2666 Liter Saft in dreizehn aufeinanderfolgenden Keltervorgängen gewonnen werden, um Champagner zu erzeugen. In der Champagne klagt man, es gäbe fast so viele Gesetze und Richtlinien wie Traubensorten, aber die strenge Gesetzgebung ist für die ständig hohe Qualität bestimmend, die den Champagner auszeichnet. Die strengen Richtlinien *müssen* eingehalten werden. Die Hersteller haben das Comité Interprofessionel du Vin de Champagne (C.I.V.C.) gegründet und wissen, daß die genaue Anwendung der Bestimmungen eine Frage des Überlebens ist. Falls mehr Traubensaft bleibt, als für die Erzeugung von Champagner gestattet ist, machen die Weinbauern einen *petit vin* und trinken ihn selbst. Er wird nicht Champagner genannt.

Außer den etwa 3000 *manipulants,* die kleinere Mengen ihres eigenen Champagners herstellen, gibt es noch 144 Großhändler, aber nur 25 Firmen, die das Syndicat de Grandes Marques bilden. 18 von ihnen verkaufen jährlich über eine Million Flaschen. Viele Firmen sind mindestens ein Jahrhundert alt, manche noch viel älter. Ruinart, die älteste Firma, wurde 1729 gegründet. Moët & Chandon 1743. Die großen Firmen haben strenge Prinzipien und kontrollieren einander. Bestimmte Praktiken, wie aufdringliche Werbung, sind nicht gestattet.

Es geht wie in einem vornehmen englischen Club zu, nur noch exklusiver. Man hat noch Sinn für Tradition. Viele Firmen sind mehr oder weniger im Familienbesitz: Piper-Heidsieck, Taittinger, Pommery & Greno, Bollinger, Lanson, Lepître. In der Champagne nennt man die großen Namen »Messieurs du Champagne«. Einige der Messieurs tragen Frauenkleider wie Madame Bollinger. Ein stiller Kampf tobt zwischen den führenden Häusern in Reims und in Epernay, wo die beiden größten Firmen – Mercier und Moët & Chandon – ihre Hauptquartiere haben. Die alten Häuser in Reims halten sich für *artistes* (Künstler) und nennen die Firmen in Epernay *faiseurs* (Macher). »Unsinn«, sagt man dort. Wurde das Geheimnis der zweiten Gärung in der Flasche, also der Champagner, nicht in der benachbarten Benediktinerabtei von Hautvillers entdeckt?

Der Erfinder des Champagners war angeblich Dom Pérignon (1638–1715), der 1653 der Welt entsagte und ein Benediktinermönch wurde. In Hautvillers war er der Kellermeister. Er war blind und hatte, vielleicht aus diesem Grund, einen besonders ausgeprägten Geschmacks- und Geruchssinn. Nach langen Versuchen entdeckte er, daß der fest in die Flasche gepreßte Korken das natürliche Gas in der Flasche einschloß und zurückhielt. Bis zu seiner Zeit waren die Flaschen mit Werg und einem Tropfen Olivenöl darauf verschlossen worden. Das Öl hielt die Weinessig-Bakterien fern. Vielleicht war an der Entdeckung auch ein anderer Mönch beteiligt, Frère Jean Oudart in der Abtei von Pierry. Darüber wird in der Champagne endlos debattiert. Jedenfalls nennt man bei Moët & Chandon den feinsten Champagner, in einer Spezialflasche, »Dom Pérignon«. Die Statue des blinden Kellermeisters steht im Hof der Firma. Er trägt ein Mönchsgewand, zwei Flaschen liegen zu seinen Füßen, er hält einen Kelch in der Hand und sieht verklärt aus. Vielleicht bemerkte er wirklich, daß der Wein im Frühjahr nach der Lese eine zweite Gärung durchmacht, auch wenn er nicht daran dachte, dem Wein etwas Zucker beizufügen.

Champagner ist immer eine Mischung von verschiedenen Weinen, mindestens zehn, manchmal bis zu vierzig, die natürlich alle aus der Champagne kommen. Die Lagen sind klassifiziert, die besten sind 100 Prozent Qualität. Die »Berge« von Reims haben fünf Lagen, die 100prozentig sind. Trauben von diesen Lagen sind natürlich teurer als die von Lagen, die nur mit 90 Prozent eingestuft werden. Der Champagner einer guten Firma muß Jahr für Jahr dieselbe Farbe, dasselbe Bouquet und den gleichen Geschmack haben. Das ist leicht gesagt, aber schwer getan. Die ersten Schwierigkeiten treten bereits zur Zeit der Lese auf, die meist Ende September beginnt und etwa zwei Wochen dauert. Labortests untersuchen den Säuregehalt der Trauben und stellen den Beginn der Lese fest. Es muß alles »optimal« sein. Beim Pflücken schon schneidet man zerquetschte oder schlechte Beeren heraus. Dann werden die Weinkörbe nochmals sortiert. Unreife, überreife und beschädigte Trauben werden entfernt. Die Körbe bringt man in Kelterhäuser, die großen Firmen oder

Genossenschaften gehören, und die Trauben werden schnell gepreßt, bevor die Schalen platzen. In jeder Presse befinden sich bis zu vier Tonnen Trauben. Der Saft des ersten Preßvorgangs heißt *vin du cuvée*, nach zwei Stunden, und wird den besten Wein ergeben. Auch die zwei nächsten Vorgänge ergeben noch gute Weine. Der Saft kommt in Filterfässer und von dort in Tankwagen, die den Saft so schnell wie möglich in die Keller der großen Firmen bringen. Dort wird der frische Saft in Eichenfässer oder in Stahltanks gefüllt, die innen mit Glas ausgelegt sind. Bei einer Temperatur von 35 bis 40 Grad Celsius findet die erste, heftige Gärung statt. Der Most beginnt zu brodeln. Dabei entweicht gefährliches Kohlendioxyd, das schnell aus den Kellern an die Luft geleitet wird. Bei ständig sinkenden Temperaturen wird der Most in andere Tanks umgefüllt und ist schließlich klarer Wein – Stillwein – geworden. Manchmal wird etwas Zucker beigegeben, damit der Wein einen Alkoholgehalt von 10 bis 12 Prozent hat.

Bald nach Neujahr, wenn die jungen rohen Weine in den Tanks liegen, setzen sich die Experten der großen Häuser zusammen, um die *élaboration* zu machen: Sie versuchen, aus einer Mischung der sauren Weine die künftige *cuvée* zu erraten.

»Das ist ungefähr, als würde man ein Baby ansehen und darüber nachdenken, ob das Baby einmal den Nobelpreis gewinnen wird«, sagt der führende Fachmann eines großen Hauses. Die richtige Mischung zu finden, ist ein schweres Problem, denn die Fachleute, die zu wissen glauben, welche

*Bacchanale*
*Nicolaus Visscher nach M. Dorigny, 17. Jahrhundert*

Weine man braucht, müssen gegen die Finanzexperten auftreten, die darüber wachen, daß der neue Champagner gut, aber nicht zu teuer wird. Manchmal werden die neuen Weine mit alten Weinen gemischt (verschnitten), um genau die *cuvée* zu erzielen, die man haben muß. In großen Jahren, wenn die Weine eine ungewöhnlich hohe Qualität versprechen, werden keine älteren Jahrgänge dazugegeben. Dann hat man eine Jahrgangs-*cuvée*. Die Mischung wird gefiltert, eine Dosis Zucker beigefügt, und der Wein wird in Flaschen abgefüllt. Der Zucker wird während der drei Monate langen Gärung in Alkohol umgewandelt, und allmählich bildet sich das Kohlensäuregas, das die feinen Perlen schafft.

Die zweite Gärung trübt den Wein. Während der folgenden Monate gehen die *remueurs* (Rüttler) an den Rüttelpulten *(pupitres)* vorbei, drehen jede Flasche schnell ein wenig rechts und dann wieder links und neigen die Flaschen nach unten. Ein guter *remueur* bewegt täglich 30000 bis 40000 Flaschen. Schließlich stehen die Flaschen beinahe auf dem Kopf, und Trübstoffe (Abfälle) liegen auf der Unterseite des Korkens. Nun muß der Korken mit dem Satz entfernt werden – nicht aber die Kohlensäure, sonst wird der Champagner schal. Diese Arbeit macht der *dégorgeur* (Abschlämmer). Es dauert fünf Jahre, bis ein *dégorgeur* seine Arbeit richtig versteht. Früher wurde der Korken herausgezogen und landete in einem Auffang. Der Satz (und ein wenig Wein) schoß heraus, aber der *dégorgeur* roch schnell an dem Wein und hielt seinen Daumen über die Flaschenöffnung. Heute frieren die großen Firmen den Flaschenhals ein, und der Satz wird mit einem Eispropfen ausgestoßen. Ein wenig Wein geht dabei immer verloren, und die Flasche wird schnell mit der *Dosage* (in Champagner-Likör gelöstem Rohrzucker) nachgefüllt. Von der *Dosage*, dem Anteil an Rohrzucker, hängt es ab, ob der Champagner *brut* (»rauh«) wird, mit weniger als einem Prozent Zucker, oder *extra-dry* (extra trocken), wenn er ein bis zwei Prozent Zucker enthält. *Dry* (*sec*, trocken) enthält zweieinhalb bis vier Prozent Zucker, *demi-sec* vier bis sechs Prozent. Champagner, der *doux* (süß) ist und noch mehr Zucker enthält, wird nicht mehr hergestellt.

*Brut* ist der feinste Champagner; er enthält fast gar keinen Zucker. In England und Amerika wird immer mehr *brut* getrunken. Die Firmen werden sich in der Zukunft besonders anstrengen müssen, aber sie beklagen sich nicht darüber, denn der Geschmack verfeinert sich.

Schließlich wird ein besonders harter Kork (aus Spanien oder Portugal) eingesetzt, eine Maschine setzt die Metallkappe auf den Korken, umwickelt ihn mit dem Drahtkorb und preßt den Korken in die Flasche, gerade tief genug, damit er das Ausdringen der Perlen verhindert. Dann werden die Flaschen etikettiert und in den großen, kühlen Kellern gelagert, mindestens drei Jahre, meist länger, bis der Champagner getrunken werden kann. Bei Pommery zum Beispiel liegen ständig eineinhalb Millionen Flaschen – ein riesiges Kapital, das anderswo profitabler angelegt werden könnte.

Die unterirdischen Keller der großen Firmen ähneln Katakomben. Die Kreidekeller tief unterhalb von Reims waren einst römische Minen. Sie sind blitzsauber. Insgesamt liegen unter der Stadt etwa 150 Millionen Flaschen bei einer ständigen Temperatur von 4 Grad Celsius. Firmen mit eigenem ausgedehnten Weinbergbesitz fühlen sich gegen die Wechselfälle des Geschäftes und klimatische Überraschungen geschützt, aber Weinberge bringen auch Probleme. Während einiger Wochen gegen Ende Mai, wenn der Frost den jungen Pflanzen schaden kann, schlafen viele Leute schlecht in der Champagne. Claude Taittinger, ein führender Erzeuger, schaut gegen Mitternacht immer auf das Thermometer, und wenn es sinkt, gibt er Alarm. Einige Stunden Kälte könnten leicht die Arbeit eines ganzen Jahres zunichte machen. In solchen Nächten werden in den Weinbergen kleine Feuer angezündet.

Niemand kann erklären, warum der junge Champagner in den Flaschen manchmal eine dritte Gärung durchmacht. Manchmal kann es ein wertvolles Phänomen sein, denn der Champagner schmeckt besonders gut nach einer solchen Gärung. Das untere Ende des Korkens, das im Flaschenhals steckt, muß das Wort CHAMPAGNE zeigen. Bei Champagner aus einem bestimmten Jahr muß auch die Jahreszahl eingebrannt sein. Die besten Jahrgänge der letzten Jahrzehnte waren 1959, 1964, 1966 und 1971.

Für eine Flasche Champagner *brut* werden eineinhalb Kilo ausgesuchte Trauben benötigt, und gute Trauben sind teuer. Jede Flasche geht etwa durch hundert Hände, bevor sie in den Kellern liegt. Die Fachleute werden gut bezahlt, und die Kapitalanlagen der großen Firmen sind enorm. Guter Champagner ist daher immer teuer. Außerdem werden schäumende Weine in manchen Ländern wie Amerika besonders hoch besteuert. 1976 erzeugte man in der Champagne 153 Millionen Flaschen. Etwa zwei Drittel der Produktion werden von den Franzosen getrunken, obwohl die Hälfte der französischen Bevölkerung noch nie Champagner gekostet hat. England steht seit langem an zweiter Stelle, gefolgt von den Vereinigten Staaten, Italien, der Bundesrepublik, Belgien. Amerika kaufte 1910 noch 5 Millionen Flaschen, aber dort werden jetzt über 70 Millionen Liter Schaumweine gemacht, zum Teil ziemlich gute; sie kosten halb soviel wie Champagner. Die Bundesrepublik kaufte 1976 über 3 Millionen Flaschen, über 8 Prozent der Weltexporte.

Champagner ist der am häufigsten imitierte Wein der Welt. In der Champagne bemüht man sich, ausländische Firmen davon abzuhalten »spanischen Champagner« oder »Champagne made in Japan« zu erzeugen – meist erfolglos. Ein Beamter des C.I.V.C. erzählte mir, er hätte japanischen »Champagner« getrunken, der schmeckte, als ob er aus Kartoffeln gemacht worden wäre. Aber eines Tages werden die Japaner ihren »Champagner« in China verkaufen, und Millionen Chinesen werden glauben, es sei der richtige. »Oh, ihr macht auch Champagner?« wurde ein Franzose in Japan gefragt. Sogar in England mußte eine Firma gerichtlich belangt werden, die eine champagnerförmige Flasche auf den Markt brachte mit dem Etikett »Der Champagner der Schaumweine, Jahrgang 1860«.

Blinde Weinproben sind in der Champagne selten. Es ist bekannt, daß die großen Firmen Jahr für Jahr einen ähnlichen Champagner machen. Selbst Fachleute können kaum mehr als drei Sorten voneinander unterscheiden. Kürzlich probierten fünf Firmenbesitzer einige Flaschen ihrer Jahrgangs-*cuvées*, von denen man die Etiketten entfernt hatte. Ein Mann, der einen Champagner als »zweitklassig« abgelehnt hatte, war verstört, als der Wein sich als Produkt seiner eigenen Firma entpuppte. Guten Champagner erkennt man unter anderem an den Perlen; sie sollen klein und fein sein. Solche Perlen vermitteln das leichte Prickeln auf der Zunge und geben dem Wein die Leichtigkeit, für die der Champagner berühmt ist.

Welchen Champagner man bevorzugt, ist eine Frage des persönlichen Geschmacks. Es gibt kleinere Häuser wie Krug, die einen ausgezeichneten Champagner machen. Unter den großen Häusern erzeugen einige den leichten delikaten Champagner, den die Franzosen bevorzugen. Andere machen einen dunkleren, vollen Champagner mit viel Körper und Bouquet, den die Engländer, Amerikaner und Belgier schätzen. Beide Sorten haben höchste Qualität, sind elegant und rund und haben »Rasse«. Zu den helleren, spritzigeren Sorten, angeblich »leichter« zu trinken, gehören Laurent-Perrier, Lepître, Piper-Heidsieck, Pommery, Taittinger. Zu den »dunkleren« Sorten gehören Bollinger, Krug, Perrier-Jouët, Pol Roger, Moët & Chandon, Veuve Clicquot-Ponsardin. Lanson, Mumm, Louis Roederer liegen ungefähr dazwischen. Diese Aufstellung ist von mir, subjektiv und nicht vollständig. Eine Marke, die für den einen noch leicht ist, ist für den anderen schon schwer.

Einige Häuser machen in guten Jahren eine besondere *cuvée*, oft in speziellen Flaschen, exklusiv und teuer: Réserve de l'Empereur (Mercier), Dom Pérignon (Moët & Chandon), Crystal, in der hellen Flasche (Roederer), Florens Louis (Piper-Heidsieck), Cuvée Grand Siècle (Laurent-Perrier), Comptes de Champagne (Taittinger). Ein wirklich guter Champagner behält seine Qualität, auch wenn die halbe Flasche geleert ist. »Das dritte Glas muß genauso gut sein wie das erste«, sagt Prinz Guy de Polignac, der Präsident von Pommery.

Blanc de Blancs heißt ein Champagner, der nur aus weißen Chardonnay-Trauben gemacht wird. Ein besonders feiner Wein dieser Art ist ein Champagner *de Crus*, der aus einem bestimmten Ort kommt und *complet*, vollkommen, ist. Solche Champagner kommen aus Cramant und Avize, von 100prozentigen Lagen der Côte des Blancs, südlich von Epernay. Bei Pommery macht man jährlich etwa 2000 Flaschen eines Avize, ein Super-*brut*, der gar keinen Zucker enthält, das reine Naturprodukt der Champagne ist. Avize kann man nicht kaufen, man bekommt ihn, wenn man ein Mitglied oder einen Freund der Familie Polignac kennt oder zufällig Mitglied des Verwaltungsrates von Pommery ist.

Champagner soll kühl gelagert werden, aber nicht auf Eis. Er soll nicht plötzlich gekühlt werden, das schadet dem Wein, schockt ihn gewissermaßen. Man stellt ihn in den Kühlschrank, bei milder Kühltemperatur, oder in einen Behälter mit Wasser und Eis, was mehr Eindruck macht. Am besten schmeckt Champagner bei einer Temperatur von 5 bis 10 Grad Celsius. Wenn er zu kalt ist, geht viel von der Feinheit und dem Bouquet verloren. Wenn er zu warm ist, wirkt er manchmal »schwer«. Die Flasche wird vorsichtig geöffnet, damit der kostbare Schaum nicht verlorengeht. Der Korken soll nicht, wie es auf der Bühne und in manchen Filmen geschieht, mit einem lauten Knall durch das Zimmer fliegen, auch zu Silvester nicht, wenn die Stimmung sehr ausgelassen ist. Man löst den Drahtkorb und hält die Flasche schräg in der Hand. Man darf ruhig eine (saubere) Serviette um den Flaschenhals legen. Dann wird die Flasche langsam vom Korken weggedreht. Meist wird es umgekehrt gemacht, was falsch ist.

Ist der Champagner richtig gekühlt, hört man einen diskreten Laut, und dann kommt der Schaum mit den Perlen sofort ins Glas, nicht auf den Teppich. Man säubert den Flaschenrand mit der Serviette und kostet den Champagner, um sicher zu sein, daß er so ist, wie er sein soll. Es kommt sehr selten vor, daß eine Flasche schal ist. Beim Einschenken hält man die Flasche unten und gießt vorsichtig ein. Die Gläser stehen bereits vorbereitet. Beim Einschenken dreht man die Flasche, so daß der letzte Tropfen am Flaschenhals hängen bleibt, nicht auf dem Tischtuch landet. Beim Champagner soll alles möglichst perfekt sein, sogar das Einschenken. Man hält das Glas nicht schräg, wie es manche Leute beim Einschenken von Bier tun.

Die Form des Glases ist wichtig. Die flachen Schalen, die einmal so modisch waren, sind ein Unsinn, denn die Perlen verteilen sich darin – und die Perlen sind ja der Grund, warum man den teuren Champagner trinkt. Auch Gläser, die wie umgekehrte Pyramiden aussehen, sind ungeeignet, denn die Perlen entweichen daraus.

Das richtige Champagnerglas ist, wie jedes richtige Weinglas, eine Art Kamin. Der Glasrand sollte leicht nach innen gebogen sein und sich nach oben verengen, so daß sich die Perlen auf dem Boden sammeln und dort zurückgehalten werden. Ein solches Glas fängt auch das Bouquet auf und bewahrt es eine lange Zeit. Das Glas sollte so hoch sein, daß man es bequem am Stiel halten kann, und auch groß genug. Es sollte kühl sein, aber nicht geeist, wie es in gewissen Lokalen geschieht, und immer nur zur Hälfte gefüllt. Ich beschreibe das so genau, weil ein feiner Champagner, kostbar und delikat, oft ruiniert wird, wenn man schlecht einschüttet oder in den falschen Gläsern serviert. Moderne Häuser haben oft keine kühlen Keller. Ein kühler, dunkler Raum ohne große Temperaturschwankungen sollte genügen. Die Flaschen müssen horizontal liegen, der Korken muß von der Flüssigkeit bedeckt sein.

In vielen Ländern der Erde werden Schaumweine gemacht. Manche benutzen das Wort »champagne« (mit einem kleinen »c«) in Verbindung mit dem Land. In Amerika gibt es einen New York State champagne und California champagne. Im Staat New York machen die Firmen Gold Seal, Great Western und Taylor gute Schaumweine; in Kalifornien sind Korbel und Almaden wichtige Produzenten. Im Staat Ohio sind es die Firmen Meier's und Bellows. Die Schaumweine halten keinen Vergleich mit Champagner aus, aber sie sind auch bedeutend billiger. In Amerika werden alle moussierenden Weine »champagne« genannt. Die Franzosen ärgern sich darüber, und mit Recht. Champagner kommt immer aus der Champagne.

In Frankreich produzieren viele Weingegenden Schaumweine, aber niemand würde sie »champagne« nennen, auch nicht mit einem kleinen »c«. Die besten kommen aus Vouvray, Anjou und Saumur, alle an der Loire gelegen, und werden nach der Champagner-Methode gemacht. Sie sind allerdings süßer und passen daher als Dessertweine mit Melonen und Süßigkeiten. Manche Leute servieren solche Weine in Gläsern, ohne Flaschen, um vorzutäuschen, es sei Champagner. Mit solchen Leuten wäre ich nicht befreundet. Die Loire-Gegend macht auch eine Art von Blanc de Blancs aus weißen Trauben, aber mit dem richtigen Artikel haben auch sie nichts zu tun.

Burgund macht Schaumwein in Beaune und Savigny. Die weißen moussierenden Weine von Rully sind angenehm, aber die Franzosen trinken sie kaum, und die Weine werden exportiert. In Bordeaux gibt es einen Schaumwein, der Royal Médoc Mousseux heißt. Aber wenn man in Frankreich ist, soll man es wie die Franzosen machen, die einen guten Champagner trinken, wenn sie einen Anlaß oder Lust darauf haben.

Die Italiener sind stolz auf ihren Asti Spumante aus Piedmont, aus Muskatreben gemacht. Fast jeder Distrikt in Italien macht einen *spumante* oder einen *frizzante* Wein, der leicht spritzig ist: der Prosecco aus Venetien und der Gragnano. Unter den Asti-Weinen sind M&R, Fontanafredda und Calissano beliebt. Die Italiener trinken diese süßen Schaumweine, die wenig Alkohol enthalten, bei fröhlichen Familienfesten und reichen *panettone* dazu. Oder sie trinken den süßen Nebbiolo *spumante,* der nach Veilchen schmeckt, oder schäumenden Barbera, Brachetto und Lambrusco.

In Spanien gilt Cavas Codorniu als »der größte Produzent von Schaumwein in der Welt«, nach der *methode champénoise* gemacht. Auch ein Nonplusultra-*brut* wird dort gemacht. Aus der Rioja-Gegend kommen die Royal Carlton-Schaumweine, ein *»brut nature«* und ein süßerer »extra secco«. Winston Churchill soll den Royal Carlton sehr geschätzt haben, aber das kann auch Legende sein. Portugal produziert einen rosé Schaumwein, Lancer's, der in Steinguttöpfen verkauft wird. Deutschland macht jetzt 270 Millionen Flaschen Sekt pro Jahr, mehr Schaumweine als alle anderen Länder. Sekt wird in einem separaten Kapitel später behandelt.

Guter Champagner kann getrunken werden, wenn die Firmen ihn verkaufen, sollte aber nach dem

Einkauf einige Tage ruhen. Jahrgangs-Champagner ist am besten sieben bis zehn Jahre nach der *cuvée*, und ein solcher Champagner lebt oft noch ein paar Jahre länger, aber wenn er zu lange liegt, verliert er manchmal die Frische, die beim Champagner so wichtig ist. Bei Pommery wurde mir einmal ein Champagner aus dem Jahre 1906 angeboten, der ausgezeichnet war, aber das war eine Rarität; die alten Flaschen werden mit großer Liebe gelagert, immer in derselben Kellertemperatur. Man sollte den Champagner einer renommierten Firma kaufen, die ihre Flaschen erst in den Handel bringt, wenn der Champagner ausgereift ist und getrunken werden kann. Kleinere Firmen verkaufen ihre Weine oft zu früh, um das investierte Geld schneller zurückzubekommen. Die leichteren Blancs de Blancs können früher getrunken werden als die schwereren Champagner-Sorten.

Die Franzosen haben moderne Etiketten gern, die Engländer bevorzugen klassische. Champagner wird meist in Standardflaschen verkauft, auch in halben Flaschen und Viertelflaschen (Splits, vor allem in Flugzeugen), in Magnumflaschen (zwei gewöhnliche Flaschen) und im Jerobam, einer Doppel-Magnumflasche. Der Methusalem enthält acht Flaschen. Für große Bankette gibt es die riesigen Nebukadnezar-Flaschen mit einem Inhalt von zwanzig Standardflaschen. Starke Männer müssen eine solche Flasche heben und eingießen.

Leute, die glauben, es sich leisten zu können, kaufen nur Jahrgangs-Champagner einer besonders bekannten Marke. Im Prinzip ist der gewöhnliche *brut* (ohne Datum) eines guten Hauses besser als der Jahrgangs-Champagner eines unbekannten Hauses. Guter Champagner ist leicht und erfrischend, perlend und hell, verursacht keine Kopfschmerzen am nächsten Morgen und macht selbst einem Pessimisten an trüben Tagen etwas vor. Ich habe eine Vorliebe für gewisse Marken, aber die Erwähnung der Namen würde zu weit führen. Mein Rat: Kosten Sie verschiedene Sorten von Champagner, und bleiben Sie bei der Marke, die Ihnen am besten schmeckt.

### Andere französische Weine

Von Reims im Norden, woher der unnachahmliche Champagner kommt, bis Banyuls im Süden, nahe an der spanischen Grenze, werden in vielen Gegenden Frankreichs Weine gemacht. Sie sind so verschieden wie der Boden, in dem sie wachsen, manche ausgezeichnet, einige gut und viele mittelmäßig. Nicht einmal Fachleute kennen sie alle, und eine Aufzählung wäre zwecklos, denn was bedeutet der Name eines Weines, wenn es kein großer Name ist? Keine der vielen französischen Weingegenden erreicht den Ruhm von Bordeaux, Burgund, der Champagne. Aber in den vergangenen Jahren, als die großen Weine aus diesen Gegenden fast unerschwinglich wurden, hat man auch weniger bekannte Weine in Frankreich »entdeckt«. Die Winzer in diesen Gebieten hören das nicht gern. Sie haben seit Jahrhunderten ihre Weine gemacht und getrunken. Für sie ist es keine Entdekkung, nur die Bestätigung, daß ihre Weine gut sind – was sie längst wußten – und daß sie jetzt mehr Geld dafür bekommen.

Zwei große Weinbaugebiete werden nach den Flüssen genannt, an denen sie liegen: die Rhône und die Loire.

Die Weine von der Rhône waren lang unterschätzt. Die Weinberge beginnen südlich von Lyon und reichen bis südlich von Avignon, entlang der Route zur Riviera. Die ersten wichtigen Weinberge liegen gegenüber von Vienne, einst eine bedeutende römische Garnison, berühmt für seine alten Tempel, das römische Amphitheater, und seit einem halben Jahrhundert für das Restaurant *de la Pyramide,* in dem einst Fernand Point waltete. Heute wird es von seiner Witwe, Mado Point, in seinem Stil weiter geführt. Die meisten der großen Köche Frankreichs, die – mit Recht – dort so verehrt werden wie in anderen Ländern Filmstars und Rennfahrer, haben bei Point gelernt, unter ihnen Bocuse, die Brüder Troisgros, Chapel, Thivard, Outhier, Bise, Peyrot, Haeberlin. Viele haben wieder ihre eigenen Schüler. Viele der Dreistern- und Zweistern-Restaurants in Frankreich haben heute einen direkten Zusammenhang mit der Schule Point. Und hier, in der *Pyramide,* hat es begonnen.

In dem Weinkeller des Restaurants liegen Schätze alter und ältester Jahrgänge, aber Louis Tomasi, der erfahrene Weinkellner, empfiehlt oft die guten Weine aus der Umgebung, die immer zum Essen passen. Die Weißweine von Condrieu und der staubtrockene, frische Château Grillet wachsen drüben, am anderen Ufer der Rhône. Die Rotweine kommen von der Côte Rôtie, schräg gegenüber; die »geröstete Küste«, wo die Sonne schon südliche Wärme hat. Die Hänge sind steil, und die Weinberge sind in Terrassen angelegt. Die Côte Rôtie hat nur etwa 125 Morgen, so viel Land wie der Clos de Vougeot; es gibt eine Côte Blonde und eine Côte Brune und natürlich auch eine Legende dazu: Der Edelmann Maugiron hinterließ seinen Weinberg seinen beiden Töchtern. Die blonde Tochter war lustig und ausgelassen, hatte eine Liebesaffäre mit einem Prinzen und verschwand. Die brünette Tochter war sanft und zärtlich, heiratete einen König und war glücklich mit ihm. Die Legende hat angeblich eine Analogie in den Weinen. Die

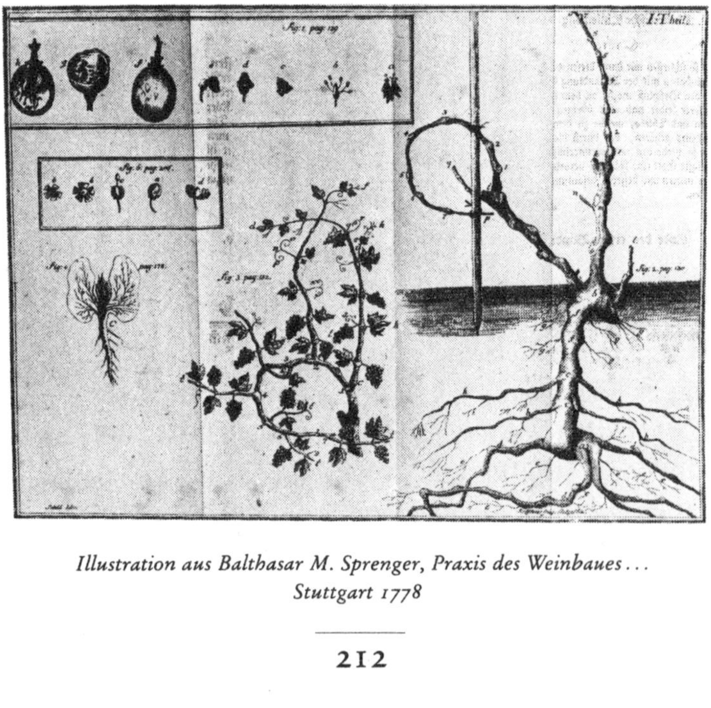

*Illustration aus Balthasar M. Sprenger, Praxis des Weinbaues ... Stuttgart 1778*

tiefroten Weine der Côte Rôtie reifen langsam und leben manchmal fünfzig Jahre und länger. Sie schmecken nach Trüffeln oder Himbeeren. Die *Pyramide* hat diese Weine, und auch immer einen sehr guten Beaujolais aus der weiteren Umgebung.

Dreißig Kilometer südlich, oberhalb der Stadt Tain, ist ein steiler Weinberg, l'Hermitage, einer der ältesten in Frankreich, nach einem legendären Einsiedler benannt. L'Hermitage heißt »Einsiedelei«. Der Weinberg gehört mehr als sechzig Besitzern: zwei Drittel der Weine sind rot, ein Drittel sind weiß. Die Weine sind robust und langlebig, der weiße Hermitage reift erst nach fünf Jahren und lebt manchmal zwanzig Jahre. Er ist wohl der langlebigste trockene Weißwein der Welt.

Nahe Avignon, der ehemaligen Residenz der französischen Gegenpäpste, sind die Weinberge von Châteauneuf-du-Pape, nach einem Schloß benannt, das Papst Clemens V., ein Weinkenner aus Bordeaux, als Sommerresidenz bauen ließ. Dreizehn verschiedene Rebsorten wachsen auf den Hängen und ergeben verschiedene Weine. In guten Jahren haben sie einen Alkoholgehalt von 13 oder 14 Prozent, große Fülle und eine tiefrote Farbe und können manchmal nach drei, vier Jahren getrunken werden. Die Weine von Châteauneuf-du-Pape gelten als die besten Rotweine der Côtes du Rhône. Acht Kilometer weiter ist die Gemeinde Tavel, wo die bekanntesten rosé Weine der Welt gemacht werden. Sie haben bis 12 Prozent Alkohol und sollten bald getrunken werden, nach einem Jahr, spätestens nach fünf Jahren. Gute Weine

– rot, weiß, rosé – werden in Gigondas gemacht. Die Côtes du Rhône-Weine sind oft preiswert. Viele Händler empfehlen sie jetzt anstelle eines weniger prominenten Bordeaux oder Burgunder.

Die Loire, die aus dem Süden kommt und tausend Kilometer weiter bei Saint-Nazaire in den Atlantischen Ozean mündet, ist auch berühmt für ihre Weine. Die Weinberge beginnen bei Nevers, wo der Fluß sich nach Westen dreht. Dort liegen die Weingüter von Pouilly-sur-Loire und Pouilly-Fumé, Weine, die erfrischend, leicht und trocken sind, den Weinen von Pouilly-Fuissé (Mâconnais) ähneln und oft mit ihnen verwechselt werden. Gegenüber, in Sancerre, macht man trockene grünliche Weißweine, die jetzt besonders beliebt sind. Die Sauvignon-Reben und der kalksteinhaltige Boden geben diesen Weinen den typischen Geschmack. Auch die Weine von Reuilly und Quincy werden gern getrunken.

Vouvray ist der bekannte Wein aus der Touraine, manchmal Stillwein, oft *mousseux* und manchmal *pétillant* (spritzig): leichte, trockene Weine, die in guten Jahren etwas Süße haben und auch im Ausland gern getrunken werden. Vouvray hat sogar Jahrgänge: 1961, 1964, 1966, 1967, 1969, 1970 und 1973 sind besonders gut. Was Vouvray für Weißweine bedeutet, ist Chinon für Rotweine; auch sie erfreuen sich steigender Beliebtheit. Chinon, westlich von Tours an dem Fluß Vienne gelegen, war der Geburtsort des großen Humanisten und Arztes François Rabelais, als Autor von *Gargantua* und *Pantagruel* berühmt. Er hatte das Weingut La Devinière nahe Chinon, wo er

Weine machte, die wie »Taft« schmecken. Die Weine von Vouvray und Chinon werden nicht gekostet, sondern getrunken, die Chinon-Weine schmecken manchmal nach Veilchen und Trüffeln und werden mit den Weinen der Côte Rôtie verglichen, manchmal sogar mit einem Corton. Chinon wird aus Cabernet-Trauben gemacht, die in Bordeaux die großen Clarets produzieren, aber Chinon-Weine schmecken natürlich nicht wie die feinen Bordeauxweine. Rabelais trank viel von dem Wein, und auch Balzac, der in Tours lebte, soll ihn gern gehabt haben. Im Hotel *Gargantua* in Chinon treffen sich die lokalen Weinliebhaber, die sich »Chantepleure« nennen und den Wein aus Gläsern trinken, die das Motto von Rabelais *»Toujours buvez, mourir jamais«* (»Immer trinken, niemals sterben«) tragen.

Flußabwärts liegt Saumur, die Heimat der Anjou-Weine. Sie sind besonders beliebt in Belgien, Holland, der Bundesrepublik und in Amerika. Drei Fünftel aller Anjou-Weine sind weiß und leicht süß, fast alle anderen sind Rosés, an letzter Stelle stehen die Rotweine. Auch moussierende Weine *(vins mousseux)* gibt es in Anjou, die vor allem in England beliebt sind. Manchmal kosten sie soviel wie die weniger bekannten Namen in der Champagne, mit denen sie nicht konkurrieren können. Anjou-Weine haben einen geringen Alkoholgehalt, 10 bis 11 Prozent, man kann viel davon trinken, aber sie vertragen Transporte nicht gut.

Auch die Muscadetweine aus Nantes – trockene, angenehme Weißweine – werden jetzt oft zu Fischen und Meeresfrüchten empfohlen. Früher wurden sie unter dem Namen »Chablis« in die Welt geschickt. Im 18. Jahrhundert destillierten die Engländer den Muscadet sogar als sogenannten »Nancy Brandy«, da er aus Nantes verschifft wurde. Der Muscadet hat seine *appellation contrôlée*, vor allem die Weine von Sèvres-et-Maine. Touristen, die die schönen Schlösser an der Loire besuchen und die Loire-Weine trinken, sind oft begeistert von diesen Weinen.

Zwischen dem Rhein und den Pyrenäen werden viele Weine hergestellt, die »den Durst stillen«, was in Frankreich kein Kompliment ist. Die Weinberge im Elsaß waren oft Schlachtfelder, die Zerstörungen waren gewaltig. Die besten Weinbaugebiete, vor allem zwischen Colmar und Sélestat, sind heute wieder in guter Verfassung. Die sogenannten Haut-Rhin-Weine kommen aus den Weinbergen von Ammerschwihr, Kaysersberg, Kientzheim, Mittelwihr, Riquewihr, Ribeauvillé und Bergheim. Die schönen Weinstädte wurden während des letzten Krieges schwer beschädigt. Während der Besetzung pflanzten einige Elsässer rote, weiße und blaue Blumen in den zerstörten Weinbergen. Es war offiziell verboten, die Farben der Trikolore zu zeigen. Aber wie überall haben auch hier die Reben die Waffen überlebt. Die Städte wurden neu aufgebaut. Riquewihr ist ein wahres Juwel mit alten Häusern, stillen Plätzen, schönen Weinstuben. Auch Kaysersberg ist eine alte, schöne Stadt mit einem kleinen Fluß, der durch die malerischen Stadtviertel fließt. Das Elsaß ist eines der lieblichsten Weinbaugebiete der Welt.

Die wichtigsten Rebsorten sind die Chasselas-Traube, der Riesling, der Traminer und Gewürztraminer und zwei Arten von Pinot-Reben. Der Graue Pinot wird hier »Tokajer« genannt, weil die Reben angeblich aus Ungarn kamen, aber Beweise dafür gibt es nicht. Man pflanzte auch Pinot Blanc-Trauben an, um besonders gute Weine zu machen, aber sie sind nicht sehr gut gelungen. In den Weinbaugebieten des Bas-Rhin, südlich von Sélestat, wachsen Sylvaner-Trauben, die einen leichten Wein machen.

Die Franzosen nennen die Weine aus dem Elsaß »die französischen Rheinweine«, was sie nicht tun sollten. Es wäre falsch, die Weine aus dem Elsaß mit denen aus dem Rheingau (oder von der Mosel) zu vergleichen. Auch im Elsaß sind die Rieslingweine die besten, aber ein Riesling aus dem Elsaß ist kein Riesling aus Deutschland. Der Boden ist anders, vielleicht auch das Klima und die Menschen. Die Winzer im Elsaß arbeiten nach deutschen Methoden. Sie benutzen schöne Eichenfässer mit kunstvoll geschnitzten Dekorationen. Aber im Elsaß gibt es keine Spätlese und Auslese und schon gar keine Beeren- und Trockenbeerenauslesen. Man sollte aufhören, die Weine aus dem Elsaß mit den deutschen Weinen zu vergleichen. Sie sind eben anders. Ein Riesling aus dem Elsaß kann leicht und duftig sein, blumiger und weniger trocken sind der Traminer und Gewürztraminer. Es ist nicht wahr, daß der Gewürztraminer »prinzipiell« besser ist als ein Traminer. In beiden Weinen spürt man den Duft von Blumen, stärker als in anderen französischen Weinen. Die besseren Weine werden manchmal verschnitten und als Edelzwicker verkauft, die weniger guten als Zwicker. Wenn ein Händler empfiehlt, statt eines teuren Chablis einen Zwicker zu nehmen, so spricht er Unsinn. Vielleicht weiß er es.

Die Weinkeller im Elsaß sind besonders schön, mit ihren alten Eichenfässern, in die man jetzt den jungen Wein gibt, weil man hofft, er werde darin besonders gut werden. Die Winzer sind stolz auf ihre Weine und sehr gastfreundlich und freuen sich, wenn man die Weine kostet. In den meisten Kellern in Frankreich spuckt man die jungen Weine aus, im Elsaß schluckt man sie. Das kann Folgen haben, wenn man zu viele Weine kostet, denn die jungen Weine sind oft schwer. Die fertigen Weine sollten getrunken werden, wenn sie zwei bis fünf Jahre alt sind, sonst könnten sie oxydieren. Weine aus dem Elsaß haben jetzt einen Weltmarkt – Deutschland, Belgien, Luxemburg, England, die Schweiz, die Vereinigten Staaten, Holland, Italien, Skandinavien –, aber am besten schmecken sie im Elsaß. Sie sind frisch und angenehm und passen in die schöne Landschaft.

Südlich vom Elsaß, durch eine Ebene von den Burgundern getrennt, sind die Weindistrikte des Jura – Arbois, Château-Chalon, L'Etoile. Der Arbois-Distrikt ist historisch interessant. Dort machte Louis Pasteur, der aus der Gegend stammte, seine Experimente. Er wollte wissen, warum viele Weine eine weite Reise nicht überstanden. Er hatte Erfolg, aber die Milchwirtschaft schuldet ihm mehr Dank als die Weinbauern.

Pasteur entdeckte, daß junger Wein, der oft stark nach Säure schmeckt, weicher gemacht werden kann, wenn er mit Sauerstoff behandelt wird. Solche Weine werden in große Behälter geleitet und gekühlt, bevor man sie in die Fässer zurückleitet. Pasteur entdeckte auch, daß man Weine »kochen« kann, um die Bakterien zu töten, die die Gärung erzeugen. Pasteurisierung nimmt dem Wein die Frische, kann aber Weine retten, die zuwenig Alkohol enthalten und schlecht werden können. Um den Wein zu pasteurisieren, erhitzt man ihn bis zu einer Temperatur von 60 bis 66 Grad Celsius. Es darf keine Luft dazu kommen.

Arbois hat große Weinberge und erzeugt leichte Weine. Die besten sind weiß, aber die rosé Weine werden von vielen Leuten mit den Weinen von Tavel verglichen. Die weißen Arbois-Weine kommen aus Arbois, einer schönen Stadt am Fuß des Jura. Südlich davon ist Château Chalon, berühmt für seinen einzigartigen »gelben Wein«, *vin jaune.* Die aus den Savagnin-Trauben gemachten weißen Weine bleiben bis sechs Jahre im Faß, werden dann in *clavelins,* weite, fast rechteckige Flaschen, abgefüllt und jahrzehntelang gelagert, bis sie goldgelb und völlig maderisiert sind. Der Wein schmeckt wie ein leichter Sherry. Im Distrikt von L'Etoile wird »Strohwein«, *vin de paille,* gemacht. Die frisch gepflückten Reben werden auf Strohmatten ausgebreitet, um in der Sonne zu trocknen und süßer zu werden. Solche Weine können bis sechzig Jahre lang leben.

Allmählich gehen die Hügel des Jura in die Berge Savoyens über. Vom französischen Ufer des Genfer

Sees kommt der Crépy. In der Nähe sind die Weine aus Seyssel, angenehme weiße *vins de pays*, die meist in der Gegend getrunken werden.

Die Weine aus der Provence gehören zu den ältesten in Frankreich. Offiziell gibt es keine »Provence«, so wie es kein »Burgund« gibt, nur die Departements von Bouches-du-Rhône, Var, Vaucluse, Basses-Alpes und Alpes-Maritimes. Aber die traditionsbewußten Franzosen (und Touristen aus der ganzen Welt) sprechen immer von der Provence, einer Gegend mit alter Geschichte und schönen Schlössern. Eine liebliche und dabei unheimliche Gegend mit Sonne und einem tiefblauen Himmel. Wenn der Mistral aus dem Norden weht, drei oder sechs oder neun Tage, kann das Wetter sehr unangenehm sein. Die besten Provence-Weine sind Rosés; sie gehören zu den besten rosé Weinen Frankreichs.

In Marseille trinkt man Weine aus Bandol und Cassis, rosé und weiß und manchmal rot. Cassis exportiert rosé Weine, die stark, trocken und robust sind und in den Kopf steigen. Cassis- und Bandol-Weine werden meist an Ort und Stelle getrunken oder in einigen Pariser Restaurants. Rosé Weine werden auch auf den Porquerolles-Inseln gemacht und weiter südlich auf Korsika. Patrimonio Rosé wird in Südfrankreich getrunken, wo Bouillabaisse-Spezialisten behaupten, man müßte einen starken, schweren Wein dazu trinken. Es ist nicht leicht, einen Wein zu finden, der zu einer Bouillabaisse paßt.

Fast die Hälfte *aller* französischen Weine kommt aus dem Languédoc, einer großen Ebene in Südfrankreich mit den Departements von Gard, Herault, Aude und Pyrenées-Orientales. Eine spezielle Distinktion haben diese Weine nicht, aber sie sind billig, und Millionen von Franzosen trinken sie täglich. Sie sind dunkelrot, schwer und *corsé;* wenn sie alt werden, nehmen sie eine schlechte braune Farbe an *(pelure d'oignon)*, wie Zwiebelschalen. Die Weine werden in Tankwagen in den Norden gebracht und verschwinden in den »Küchen« der großen Weinhändler. Manchmal werden sie mit besseren Weinen verschnitten und unter verschiedenen Namen verkauft. Die südlichsten Weine kommen aus Banyuls im Roussillon-Distrikt, im Grenzgebiet zwischen Frankreich und Spanien, wo man einen süßen *vin de liqueur* macht. Es ist ein *vin doux naturel*, süß, aus zuckerreichen Trauben gemacht (Muscats, Malvoisie, Clairettes) und als Dessertwein beliebt, vor allem in England.

Süß sind auch die aus Muskateller- und Sauvignon-Trauben gemachten Weine aus Monbazillac, die »Sauternes der Dordogne« genannt werden: eine falsche Bezeichnung. Sauternes-Weine kommen nur aus dem Sauternes-Distrikt von Bordeaux. Manchmal nennt man die Monbazillac-Weine »die Sauternes des armen Mannes«. Das ist schon richtiger. Die Trauben werden an den Rebstöcken gelassen, bis sie das Stadium der Edelfäule haben. Bergerac wird weiterhin besser bekannt für Cyrano sein als für die Weine, die man dort macht.

Die Weine von Algerien wurden bisher zu den Weinen von Frankreich gerechnet. Viele von ihnen gingen ursprünglich nach Frankreich, wo sie, wie viele *Midi*-Weine, dann verschnitten wurden oder als billigere algerische Weine in den Handel kamen. 1962 wurde Algerien unabhängig. Heute gehen 6 Millionen Hektoliter algerische Weine in die Sowjetunion. Die meisten sind sehr dunkel, schwer, mit einem Alkoholgehalt von 11 bis 15 Prozent. Die Sonne scheint immer dort. Die besten Weine kommen von den Côteaux de Mascara in Oran. Sie sind fruchtig und voll, und viele davon bleiben im Land. In Algerien macht man die Weine nach modernen Methoden. Die mit Glas ausgelegten Behälter sind oft so groß wie ganze Häuser. Die meisten dieser Weine haben keine eigene Identität. Es gibt gute algerische Flaschenweine, aber sie sind schwer zu finden.

*Entwurf für einen Schwertgriff, Detail*
*Antoine Jacquard, Poitiers 17. Jahrhundert*

*»Oktober«*
*Reinier van Persyn nach Joachim Sandrart, 1651*

## Cognac

In vielen Ländern werden Schaumwein und Branntwein hergestellt, aber nur in Frankreich Champagner und Cognac. Ein alter Cognac, weich und samtig, voll von Duft und Erinnerungen, ist vielleicht das edelste Getränk auf Erden, die destillierte Essenz von Aroma und Eleganz. Ich habe noch zwei Flaschen, Geschenke längst dahingegangener Freunde. Solche Flaschen bekommt man geschenkt, wenn man Glück hat; kaufen kann man sie kaum. Eine Flasche ist aus dem vorigen Jahrhundert. Manchmal biete ich einem Freund einen Schluck an – aber nur einem, der wirklich etwas davon versteht. Er atmet ihn ein, schließt die Augen, kostet, und sein Gesicht verklärt sich. Dann weiß ich, daß beide richtig sind, er und der Cognac, und freue mich an seiner Freude.

In Frankreich werden die Brandies *eau-de-vie* genannt, »Lebenswasser«. Die Alchimisten vergangener Zeiten forschten vergeblich nach *aqua vitae*, dem Elixier der ewigen Jugend. Die besten französischen Brandies sind destillierte Weine aus Cognac und Armagnac. In vielen Weingebieten destilliert man die ausgepreßten Trauben und Stämme und macht daraus Marc. Junge Marcs haben oft einen rauhen Geschmack. Zu den besten Sorten gehören die Marcs aus Burgund, vor allem die nach einem wichtigen Weingut oder einer Stadt benannten. Kenner schätzen den Marc der Hospices de Beaune. Einige Fässer davon werden bei der alljährlichen Auktion verkauft. An der Rhône macht man den Marc de l'Hermitage. In

Bordeaux haben die besten Marcs den Namen des Château, von dem sie stammen. In der Champagne gibt es den leichten, eleganten Marc de Champagne. (In Italien heißt der Marc *grappa.*) Ein guter Marc sollte zwanzig bis dreißig Jahre im Faß reifen, bis er die Härte verliert.

Übrigens: Calvados (Apfel-Branntwein) oder die aus Früchten gemachten *alcools blancs,* wie Framboise (Himbeeren), Fraise (Erdbeeren), Mirabelle (gelbe Pflaumen), Prunelle oder Quetsch (rote Pflaumen), Kirsch (Kirschen), bosnischer Slivovica (Pozegapflaumen), gehören nicht in dieses Buch, das sich nur mit den Produkten der Rebe befaßt.

Brandy, holländisch *Brandewijn,* zu deutsch Branntwein oder Weinbrand, ist gekochter (destillierter) Wein. Die Kunst der Destillation war schon im Altertum bekannt. Marcus Graecus schrieb die älteste Abhandlung über die Destillation des Weines. Im 13. Jahrhundert entwickelten zwei Franzosen, Raymond Lulli und Arnold de Villeneuve, die Kunst des Destillierens. Man nannte das Produkt *eau-de-vie,* und viele Menschen glaubten, es sei das »Wasser des ewigen Lebens«. Die Destillation wurde verlängert, um einen »feurigen« Branntwein herzustellen. Später verfeinerte man die Herstellung in Deutschland und Frankreich. Viele Ärzte empfahlen Weinbrand als Heilmittel gegen alle möglichen Krankheiten, aber er war immer teuer und daher unerschwinglich für die meisten Leute. Viele Brandies hatten einen scharfen, schlechten Geschmack und wurden mit Kräutern und Früchten »verbessert«.

In Cognac, einer Provinzstadt in der Charente, 113 Kilometer nördlich von Bordeaux, erzählt man von einem Richter namens Croix-Maron, der im 17. Jahrhundert den Einfall hatte, die harten, fast untrinkbaren Weißweine der Gegend zu destillieren. Das Destillat war leicht zu befördern – man braucht zehn Flaschen Wein, um eine Flasche Cognac zu machen – und überlebte sogar lange Reisen im Segelschiff. Das Geschäft florierte, und Croix-Maron soll gesagt haben: »Ich habe meine Weine gekocht und dabei ihre Seele entdeckt.« Das klingt gut und kann sogar wahr sein.

Französische Romantiker nennen Cognac *l'âme ardente,* die glühende Seele des Weines. Das klingt gut und *ist* wahr. Es gibt auch die Geschichte des Bischofs von Angoulême (40 Kilometer östlich von Cognac), der keinen besonderen Eindruck in Rom machte, bis er sich als Bischof von Angoulême und Cognac vorstellte. Die Gesichter der kirchlichen Würdenträger verklärten sich. Ein Kardinal sagte: »Ah, Cognac!« und atmete tief. Victor Hugo, ein echter Romantiker, nannte Cognac den Göttertrunk.

Fast dreihundert Jahre wurden die meisten Typen von Weinbrand »Cognac« genannt. Einige waren gut, und einige waren schrecklich. In Kalifornien produzierte man bis 1930 einen »Cognac«, in Europa heißt er »Kognak« oder »Koniak« und in Südamerika »Coñac«. Das ärgert die *Cognaçais,* die Bewohner von Cognac, so wie es die *Champenois* ärgert, wenn die Amerikaner einen »New York State champagne« machen. Wie würden die Amerikaner reagieren, wenn die Franzosen einen »Kadillak« machen würden? In und um Cognac macht man nicht nur den besten Weinbrand der Welt. Sogar die Fässer, in denen er lagert, werden aus einem Eichenholz gemacht, das aus der benachbarten Provinz von Limousin kommt, wo die Bäume, wie die Weine in Bordeaux, in *crus* (Lagen) eingestuft sind. Die Fachleute in Cognac sind nicht sicher, ob der Wein oder das Holz wichtiger ist. In einem Hektoliter Brandy, der fünfundzwanzig Jahre im Faß reift, ist ein Pfund Holzextrakt enthalten, der dem Cognac sein feines Bouquet gibt. Neue Fässer sind sehr teuer, denn das Holz muß an der Luft vier bis fünf Jahre trocknen.

Napoleon bleibt der Schutzpatron von Cognac. Er führte Cognac in großen Eichenfässern auf seinen Feldzügen mit. Während der *belle époque*, um 1890, tranken Personen von Stand nur Cognac, den Napoleon angeblich auf seinem traurigen Rückzug von Rußland bei sich gehabt hatte. Die Dummen sterben nicht aus. Sogar heute gibt es welche, die glauben, der sogenannte »Napoleon Cognac«, den einige Firmen verkaufen, stamme aus den Fässern des Ex-Korporals. Solchen Cognac gibt es nicht mehr. Cognac altert nur im Faß, in dem er höchstens fünfzig bis sechzig Jahre bleiben darf. Sobald Cognac in Flaschen abgefüllt wird, verändert er sich nicht mehr, dank seines hohen Alkoholgehaltes. Der Jahrgang eines Cognacs ist das Jahr, als er ins Faß kam. Ein 1870er Cognac, der 1910 in Flaschen gefüllt wurde, und ein 1910er Cognac, der 1950 abgefüllt wurde, sind gleich alt, vierzig Jahre.

Der einzige Weinbrand, der den Namen »Cognac« führen darf, wird in der *région delimitée* um Cognac gemacht und nur aus Cognac-Reben. Innerhalb des gesetzlich festgelegten Distrikts gibt es über 50000 Hektar Weinberge, die fast 60000 Weinbauern gehören. Der Boden ist besonders kalkhaltig, wie in den Weißweingebieten der Champagne, von Chablis und Pouilly-Fuissé. Die Rebsorte war einst Folle Blanche, heute ist es meist die Saint-Emilion-Rebe, eine Abart von Ugni Blanc, die spät blüht und gegen Frühlingsfrost verhältnismäßig geschützt ist. Die besten Trauben kommen aus der Grande Champagne und der Petite Champagne im Süden von Cognac. Das Wort »Champagne« hat keinen Zusammenhang mit der Champagne zwischen Reims und Epernay; es heißt »offenes Land«, im Gegensatz zu den anderen »Zonen« (Borderies, Fins Bois, Bons Bois, Bois Ordinaires), die bewaldet sind.

Die Weinberge wurden von der Phylloxera in den 1870er Jahren fast völlig zerstört, und die neuen amerikanischen Rebstöcke fielen der grünen Krankheit zum Opfer. Heute wachsen in Cognac nur ein Fünftel der Trauben, die man früher ernten konnte. Außerdem haben die Leute in Cognac Absatzsorgen. Der Whisky ist eine große Konkurrenz geworden.

Die Trauben werden im September geerntet. Der dünne, weiße Saft gärt in vier bis sechs Wochen. Er schmeckt hart und sauer und läßt nicht das köstliche Elixier ahnen, das einmal daraus entstehen wird. In Cognac sagt man: »Der Wein, der am schlechtesten schmeckt, wird einmal der beste Cognac sein.« Etwa

1000 Liter des vergorenen Saftes werden in den alten *alambics,* birnenförmigen Kupferkesseln, über Ziegelöfen oder Gasbrennern gekocht. Es sind Maschinen, die seit Jahrhunderten benutzt werden. Man hat moderne »Verbesserungen« ausprobiert und kehrt immer wieder zu den bewährten Methoden der Tradition zurück.

Nach etwa drei Stunden verdampft der Alkohol, wird im Kondensator gekühlt und als Flüssigkeit wieder zurückgeleitet. Es bleiben etwa 400 Liter *brouillis,* der 25 Prozent Alkohol enthält. Die Flüssigkeit schmeckt noch nicht nach Cognac. Der Anfang *(tête)* und das Ende *(queue)* werden abgezogen, nur das »Herz« des Destillates bleibt. Nach einer zweiten Destillation, die etwas länger dauert – *la bonne chauffe,* zum Unterschied von der *première chauffe* –, bleibt 70prozentiger Weinalkohol, der einmal Cognac werden wird. Die Temperaturen der Destillation gelten als »Geheimnis«, da sie die Qualität des späteren Produkts bestimmen. Die Produzenten sind mißtrauisch und sprechen nicht gern über technische Details. Manchmal wird der Weinalkohol mit einem schwachen Cognac und destilliertem Wasser verdünnt.

Dieser rohe Alkohol, noch farb- und geschmacklos, wird von den Produzenten (auch *shippers,* Verschiffer, genannt) aufgekauft. Manche haben ihre eigenen Weingüter, aber nie genug für ihren Bedarf. Die Firmen lagern den rohen Alkohol in Eichenfässern. Früher mindestens acht Jahre, heute gibt es bereits drei Jahre alten (richtiger gesagt, »jungen«)

Cognac, der auch dementsprechend schmeckt, hart und alkoholisch.

Früher ließen die guten Firmen den Cognac fünfzig Jahre lang in den Fässern, in denen sich der Weinalkohol allmählich mit dem Tanningehalt des Holzes »vermählt«. Durch die Poren der Fässer dringt Luft (Sauerstoff) ein, und das Resultat des geheimnisvollen Vorgangs, den niemand erklären kann, ist der feine Cognac. Die Flüssigkeit verliert jedes Jahr etwa ein Prozent Alkohol, der verdunstet: mehr in den frühen, weniger in den späten Jahren. In Cognac sagt man, die Engel im Himmel wären die besten Kunden. An heißen Sommerabenden müssen sie ziemlich beschwipst sein. Im heißen Klima der Charente entweicht der Cognac schneller, als wenn die Fässer in einem kühlen, feuchten Klima gelagert werden. Man versuchte, Fässer mit dem Destillat in englischen Kellern reifen zu lassen. Der Cognac wurde leichter, hinsichtlich Alkoholgehalt, Geschmack und Farbe, als Cognac, der in Cognac gelagert hatte.

Nach etwa einem halben Jahrhundert hat der Cognac die ideale Balance. Ihn länger im Faß zu lassen, würde ihn schwächen und ihm einen holzigen Geschmack geben. Die lange Lagerung des Cognacs bildet für die Produzenten einen bedeutenden Kapitalverlust. Alter Cognac ist deshalb immer teuer. Heute sind auch die jüngeren Cognacs teuer, wegen der Inflation. Trotzdem rate ich, mehr auszugeben und einen älteren Cognac zu kaufen. Heute glaubt man allgemein, dreißig Jahre im Faß wären gerade genug; nachher werden die meisten Cognacs nicht besser. Aber dreißig Jahre sind eine lange Zeit bei den heutigen Zinssätzen.

Cognac ist fast immer eine Mischung von Alkoholarten verschiedener Jahrgänge und verschiedener Gegenden des Distrikts. Ein guter Cognac enthält etwa 40 Prozent Alkohol (fast soviel wie Whisky und Wodka) und hat ein ausgeprägtes Bouquet. Weine aus der Grande Champagne sind schwerer und altern langsamer als die leichteren Weine aus der Petite Champagne. Manche Firmen nennen ihren besten Cognac »Fine (wie *Finn* ausgesprochen) Champagne«. In französischen Restaurants nennt man den feinen Cognac, der nach dem Essen gereicht wird, *une fine.* Er war etwa zwanzig bis dreißig Jahre im Faß. Die meisten Cognacs, die man im Handel findet, sind *»blends«,* Mischungen.

In der Stadt Cognac werden die Fässer ins Obergeschoß der Anlagen gebracht und in Tanks gefüllt, die durch Rohre miteinander verbunden sind. Dann werden die verschiedenen Cognacs kunstvoll gemischt, in kleinere Tanks, ein Stockwerk tiefer, geleitet und bleiben noch einige Monate zusammen, um sich aneinander zu gewöhnen. Wenn die Mischungen fertig sind, kommen sie in die Fässer. Später werden sie in Flaschen abgefüllt und etikettiert.

Einen guten Cognac zu mischen, ist so schwer wie die Mischung einer Champagner-*cuvée.* Die verschiedenen Absatzgebiete haben verschiedene Geschmackswünsche. (In England will man einen alten, fast modrigen Geschmack.) Die sehr alten Cognacs sind jetzt nahezu unerschwinglich, und fast alle Häuser mischen ihre Grande Champagne-Cognacs mit weniger feinen Sorten. »Junge« Cognacs sind gut für gemischte Drinks und für ambitiöse Oberkellner, die gern bei Tisch flambieren und sich bestaunen lassen.

Bei Hennessy, einer großen alten Firma – Richard Hennessy kam nach der Schlacht von Fontenoy (1745) aus Irland nach Cognac, und die Firma gehört heute der sechsten Generation – traf ich M. Maurice Fillioux. Seine Familie hat seit sechs Generationen für die Hennessys gearbeitet. Er ist der *Chef-Dégustateur* (Chef-Koster) und hat die Aufgabe, jedes Jahr einen Cognac zu mischen, der genau nach Hennessy-Cognac schmeckt. Er hat bereits seinen Neffen Yann bei sich, der einmal sein Nachfolger werden wird.

M. Fillioux, der Onkel, arbeitet in einem geräumigen, hellen Laboratorium. Kleine Musterflaschen mit winzigen Etiketten stehen überall herum. Jede enthält etwas Cognac, manchmal sehr alten. Listen und Dokumente vervollständigen das Inventar. Ich war gerade in dem alten Keller gewesen, den die Hennessy-Leute *Le Paradis* (das Paradies) nennen, weil dort die Fässer mit den ganz alten Cognacs stehen. Auf einem stand »1888« und »J. Fillioux«.

M. Fillioux nickt. »Ein Bruder meines Großvaters. Ich kenne jedes der alten Fässer, ich muß ja unser gesamtes Inventar kennen. Wir beginnen unsere *dégustation* meist um zehn Uhr morgens. Zum Frühstück haben wir nur einen schwarzen Kaffee. Man muß sich auf seine Geruchs- und Geschmacksnerven verlassen können. Oft genügt es, einen Brandy zu riechen, vor allem, wenn er nicht sehr gut ist. Nötigenfalls nimmt man einen Tropfen auf die Zunge. *Einen* Tropfen, nicht mehr. Ich kann nicht erklären, was in meinem Kopf vorgeht, ich fühle instinktiv, ob der Weinbrand gut ist. Ich spucke – man darf niemals schlucken – und mache eine Notiz.«

Manchmal ist M. Fillioux nicht sicher, dann wartet er und beginnt wieder. Manchmal kostet er den Weinbrand einige Wochen später und schaut dann auf seine frühere Notiz. Meist sieht er keinen Grund, sie zu ändern. Die ersten sechs bis acht Sorten sind einfach, aber an manchen Tagen muß er bis zu vierzig Sorten kosten: rohe Sorten, die einen harten Geschmack haben. Wie wird dieser Brandy in zwanzig Jahren schmecken, wenn er richtig behandelt wurde? Soll man einige Fässer davon kaufen? Oft schmeckt ein junger Brandy schlecht, aber M. Fillioux fühlt, er werde sich im Faß entwickeln. Und oft geschieht das Gegenteil, eine vielversprechende Sorte wird enttäuschend. Manchmal kostet er zwei Sorten, die denselben Geschmack haben, aber das heißt nicht, daß sie sich ähnlich entwickeln werden. Die eine wird vielleicht so gut, daß sie eine Komponente von EXTRA wird, dem feinsten Cognac der Firma. Die andere wird mittelmäßig.

Jedes Jahr werden die ältesten Sorten gekostet. Manche Cognacs sind schon so gebrechlich, daß man sie mit einem jüngeren Cognac verjüngt, aber *doucement,* vorsichtig. Die verschiedenen Cognacs von Hennessy müssen Jahr für Jahr dieselben Eigenschaften haben, deshalb kaufen die Leute ja Hennessy, sie wollen dabei bleiben. Cognac-Trinker sind meist konservativ, wenn sie »ihre« Marke entdeckt haben.

»Es ist wie die Komposition eines Musikstücks. Wenn man ein Stück zum ersten Mal hört, hört man es als Ganzes. Man hört noch nicht die einzelnen Stimmen. Das kommt später, wenn man das Stück analysiert. Man liest die einzelnen Stimmen in der Partitur. Jedes Instrument hat seine Aufgabe, aber erst alle zusammen ergeben den Gesamteindruck. Genau das ist es, was wir hier machen. Wir setzen die Partitur eines bestimmten Cognacs aus Einzelkomponenten zusammen. Wir kennen Tausende von Mustern, wir haben das Inventar der einzelnen Stimmen im Kopf. Man muß sich eben an die richtige Stimme erinnern, und man muß die richtige Dosierung finden. Manchmal fügt man bewußt eine Dissonanz dazu, wie in der Musik. Wir haben es vielleicht schwerer, denn wir arbeiten mit ›Stimmen‹, die leben und sich ständig verändern. Wir dürfen keine argen Fehler machen, denn unsere Formula wird in großen Mengen gemischt, und Brandies sind teuer.«

Ich kostete zwei alte Brandies, die M. Fillioux für »fast perfekt« hielt. Der eine war von 1830, der andere von 1900. Der 1900er Cognac war elegant und hatte eine gewisse Kraft, die dem sehr alten 1830er Cognac abging. M. Fillioux gab mir recht.

»Jeder lernt bald, einen guten von einem schlechten Cognac zu unterscheiden. Aber zwischen zwei großen Cognacs zu wählen und die richtige Wahl zu treffen ...« M. Fillioux sah mich bedeutungsvoll an.

M. Fillioux benutzt nicht die ballonförmigen Gläser, die heute so beliebt sind. Er kostet aus kleinen tulpenförmigen Gläsern. Manchmal kostet er aus einem blauen Glas, um nicht von der Farbe abgelenkt zu werden. Er ist der Ansicht, man sollte sein Geld nicht für teure Gläser ausgeben, sondern für teure Cognacs.

Gewissenlose Produzenten mischen etwas Vanille-Extrakt in den Cognac, um ihn künstlich zu altern. Man spürt den leichten Nachgeschmack von Vanille. Das nächste Mal ignoriert man diesen Cognac. Die großen Flaschen, die im Geschäft so schön aussehen, sind nicht zu empfehlen, denn der Cognac lüftet aus und verliert an Geschmack. Am besten sind Normalflaschen oder noch kleinere; sie müssen gut verkorkt sein.

Die Buchstaben und Sterne auf vielen Etiketten verwirren den Käufer, was natürlich der Zweck ist. Drei-Sterne-Cognac (***) ist meist eine mittlere Sorte, kaum drei Jahre alt. Das französische Gesetz gestattet die Ausfuhr eines ***-Cognacs, der nur zwölf Monate gelagert war. 90 Prozent aller verkauften Cognacs gehören dazu. »Réserve« bedeutet, daß der Cognac bis fünf Jahre im Faß war. Um 1850 begann man in Cognac, englische Ausdrücke zu verwenden, die bis heute in Abkürzungen erhalten geblieben sind. (80 Prozent aller Cognacs gehen nach Großbritannien und in die Vereinigten Staaten.) Heute nennt man einen Cognac, der zehn Jahre oder älter ist, V.O. (»very old«) oder V.E. (»very extra«). Andere Cognacs sind V.S.O. (»very superior old«)

oder V.S.O.P. (»very superior old pale«). Es gibt sogar Flaschen mit dem Zeichen V.V.S.O.P. (»very very superior old pale«). Im allgemeinen war ein V.S.O.P.-Cognac wenigstens zwanzig Jahre im Faß, aber auch das ist von Firma zu Firma verschieden. Auf jeden Fall ist ein V.S.O.P. Cognac besser als einer mit drei Sternen.

Viele Cognacs werden »pale« (bleich) genannt, obwohl alte Cognacs oft dunkel sind. Ich habe eine Flasche, deren Etikett sagt: »Grande Fine Champagne, 1906, Gaston Briand, propriétaire-vigneron à Ambleville, Charente.« Darunter steht: »Mise au domaine«, auf dem eigenen Weingut abgefüllt, und: »46 Prozent«. Das Etikett sagt alles, was man wissen will.

Wer nicht ein ausgesprochener Kenner ist, sollte den Cognac einer alten, gutbekannten Firma kaufen, die Tradition und Prestige hat. Martell, Hennessy, Rémy-Martin, Bisquit-Dubouché, Otard und Courvoisier gehören dazu. Kleinere Firmen mit großer Tradition sind Monnet, Hine, Gaston la Grange. Vor allem entscheidet der Preis. Teure Cognacs sind meist besser als billige.

In Cognac sagt man: »Cognac ist ein Brandy, aber nicht alle Brandies sind Cognac.« Das ärgert die Leute in der Armagnac-Gegend, südlich von Bordeaux, in der Nähe der Pyrenäen und an der baskischen Küste, das noch nicht völlig entdeckte Land der »Drei Musketiere«, der französischen Heldensagen und dreihundert Schlösser. Armagnac sollte ebenso wenig mit Cognac verglichen werden wie eine

Blonde mit einer Brünetten. *Chacun à son goût.* Armagnac ist schärfer, robuster im Geschmack, mit einem ausgeprägten *goût de terroir,* aus Armagnac-(Folle Blanche-)Reben gemacht. Die Destillation ist verschieden von der des Cognacs.

Armagnac wird nur einmal gebrannt, aber das Brennverfahren dauert länger und gestattet eine genaue Steuerung des Vorgangs. Armagnac wird meist in fahrbaren Destillationsanlagen gemacht. Der Alkoholgehalt erreicht 63 Prozent, und das Destillat enthält Bestandteile des Mostes und daher einen starken Geschmack. Armagnac wird acht bis zwanzig Jahre in den Fässern gelagert, selten länger. Ein feiner Armagnac – die Qualitätsunterschiede sind noch ausgeprägter als beim Cognac – hat eine samtene Weichheit und immer einen individuellen Charakter.

Der Traubenalkohol wird in schwarzen Eichenfässern gelagert. Die Eichen wachsen in Armagnac. Die besten Trauben kommen aus Bas-Armagnac, die nächstbesten aus Ténarèze und Haut-Armagnac. Der berühmteste der Drei Musketiere, d'Artagnan, ist der Schutzpatron des Armagnac. Ein direkter Nachkomme von d'Artagnan, der Marquis de Montesquiou, ist der wichtigste Mann in der Region. Er lebt in einem Zauberschloß, dem Château de Marsan. Armagnac galt viele Jahre in Frankreich als »eine Art billiger Brandy«. Heute verkauft man den Armagnac in niedrigen Flaschen mit runden langen Hälsen *(basquaises),* die aus dem Baskenland kommen. Angeblich hat Armagnac eine aphrodisierende Wirkung. Gäste im Schloß des Marquis de Montesquiou fanden eine

Karaffe mit Armagnac neben ihrem Bett. Wenn die Karaffe am Morgen nicht leer war, wurde das als Beleidigung angesehen – was im Land der Drei Musketiere böse Folgen haben könnte.

Cognac wird in nicht zu kleinen, aber auch nicht übertrieben großen Ballon- oder Tulpen-Gläsern serviert. Das Glas soll nur zu einem Viertel voll sein. Man wärmt das Glas zwischen den Handflächen und schwenkt es ein wenig, um das volle Aroma des Cognacs einzufangen. Vielleicht atmet man den Cognac ein, bevor man ihn trinkt, und wenn er wirklich alt und mild ist, freut man sich und schließt die Augen. Das ist nicht Angabe – falls der Cognac wirklich gut ist.

Das Diktat der Mode beherrscht jetzt auch die Trinkgewohnheiten. Früher servierten Leute, die Wein gern haben, nach einem guten Essen mit einem guten Wein vielleicht einen alten Cognac mit einer guten Zigarre. Heute sind die alten Cognacs nicht mehr »chic«, und die Leute trinken ein Glas Armagnac, einen Marc, eine *grappa.* Aber ein feiner Cognac ist am besten und ein großer Luxus. Cognac wird vor allem von der Zeit gemacht, und es gibt noch keine Möglichkeit, die Zeit zu verkürzen. Cognac wird immer etwas Einmaliges bleiben, ein Geschenk der Zeit.

Das Bureau National de Cognac verkündete einmal das Dogma von Cognac: »Was vollkommen ist, kann nicht verbessert werden.«

Arrogant – aber manchmal stimmt es.

*Szenen aus dem Leben des hl. Denis – La vie de St. Denis (MSfr. 2090–2092, III, f 14v, 16v, 24v, 28r, 33v, 42r), frühes 14. Jahrhundert*

28
s. eleut. s. rust
s. dyon
hunc seruat ihus ne flammarum foret esus
non clibanus lesit quia xpo semper adhesit
Seuit flamma foris. premit illam feruor amoris
Tollitur hinc iustus splendens ut sol et iniustus

*Kapitel VI*

# Deutschland: die Weinkünstler

Manche deutschen Weine kommen aus den nördlichsten Weingebieten der Welt. Die Reben wachsen in einem unfreundlichen Klima, verlangen viel Arbeit und hohe Kosten, aber die Natur revanchiert sich für alle Mühen. Auf Breitengraden wie Labrador wachsen Rieslingreben, aus denen deutsche Weinbauern Weine machen, die wie flüssiges Gold aussehen und auch so schmecken. In Nordafrika, Südkalifornien und anderen Gegenden, wo die Sonne fast immer scheint, gibt es keine Weine, die sich mit den besten deutschen Weinen messen können. Die Natur ist auch dankbar.

Alle großen Weine und 85 Prozent aller Weine in Deutschland sind weiß. Die besten werden aus Rieslingtrauben gemacht, die an den Ufern des Rheins und seiner Nebenflüsse wachsen. Der Weinbau ist streng kontrolliert, aber die große Zahl der Weingutbesitzer – eine Tatsache, die historische Gründe hat – macht die Kenntnis der deutschen Weine zu einer Wissenschaft. Etwa 300000 Menschen arbeiten auf

90000 Hektar Land, aber in Deutschland leben eine Million Menschen direkt oder indirekt vom Wein. Wenn in diesem Kapitel von Deutschland die Rede ist, meine ich immer die Bundesrepublik. Dort ist der jährliche Weinkonsum etwa 20 Liter pro Person. (Der Franzose trinkt durchschnittlich 115 Liter, der Italiener 110 Liter, aber der Amerikaner nur 8 Liter.) Deutschland produziert 7,5 Millionen Hektoliter Wein und exportiert 525000 Hektoliter, darunter einige der besten Weine, nach den Vereinigten Staaten und England. (Die Deutsche Demokratische Republik produziert nur 50000 Hektoliter, und keine wichtigen Weine.)

Die Winzer kämpfen nicht nur gegen das rauhe Klima, auch gegen viele Weinkrankheiten, gegen Reben- und Traubenschädlinge. Die Wissenschaftler helfen den Winzern, aber die Reblaus ist noch immer nicht besiegt und bleibt eine Gefahr für die Reben. Die wichtigen Weinbaugebiete Deutschlands gehen auf die frühen Jahre der christlichen Zeitrechnung zurück. Die Römer kamen und gingen; ihre Steinbauten sind noch immer am Rhein und an der Mosel zu sehen. Die römischen Erbschaftsgesetze verboten die Übertragung eines Weingutes an einen Haupterben und befahlen die Aufteilung des Bodens in gleichgroße Stücke an alle Nachkommen. Seither gibt es in Deutschland eine Unzahl von kleinen und kleinsten Weingütern, wo jeder Besitzer seinen eigenen Wein machte. Erst die neuen deutschen Weingesetze von 1971 versuchten, etwas Ordnung in das Chaos zu bringen.

Die römische Epoche endete zu Beginn des fünften Jahrhunderts. Später wurde der Weinbau das Privileg der feudalen Landesherren. Die Winzer waren unfrei. Wein wurde zu einem beliebten Tausch- und Zahlungsmittel. Die Grundherren verlangten die Bezahlung vieler Lasten in Wein. Seit dieser Zeit gab es den Gültwein (Geldwein), den Fronwein, den Bedwein (von bitten), den Drittelwein. Der Grundherr erhob jeden Herbst den Anspruch auf ein Drittel der Reben. Er wählte die besten aus. Der Winzer, der die ganze Arbeit geleistet hatte und viel von dem Risiko auf sich nahm, mußte sich mit den minderwertigen Sorten begnügen.

Der Winzer zahlte auch andere Abgaben: den Zehntwein an die Kirche, den Rauchwein für den Besitz eines Rauchfangs, den Bußwein für Übertretungen. Die Weine waren damals von zweifelhafter Qualität. Studenten sangen im 16. Jahrhundert, daß der Wein aus der Mark Brandenburg »die Kehle wie eine Säge durchfahre«. Um den Wein besser zu machen, wurden ihm Honig und Lebkuchen beigegeben, aber auch Wacholder, Holunder, Eibisch, Flieder, Zimt und andere Zutaten. Man mischte Wermutkräuter und andere Gewürze in den Wein und machte Wermut.

Daß der Weinbau diese traurigen Zeiten überlebte, ist das Verdienst der Kirche. In den Klöstern bauten die Mönche Wein an, der als Meßwein bestimmt war und als Medizin für alte und kranke Leute. Vor allem die Benediktiner und Zisterzienser kultivierten den Weinbau. Wenn man ihrem Kloster einen Berg schenkte, so kam zuerst der Wein. Die Klöster hatten keine Erbschaftsteilungen, zahlten keine Steuern und Abgaben. Noch heute gibt es an der Mosel, im Rheinland und in der Pfalz große Weingüter, die einst den Klöstern gehörten. In den Kellern stehen noch die Weinpressen, mit denen die fleißigen Väter ihren Traubensaft machten. Im Zisterzienserkloster Eberbach, oberhalb des Rheins, erzählt man die Geschichte von dem Kellermeister, der in einem Faß Wein den Geschmack von Eisen entdeckte. Er rief den Koch, der den Geschmack von Leder feststellte. Der Prior, den sie riefen, kostete den Wein und sagte, er schmecke nach Holz. Die frommen Männer begannen zu streiten und tranken unterdessen das Faß allmählich aus; vielleicht war es ein kleines Faß. Am Grunde lag ein eiserner Schlüssel, der mit einem Lederband an einem Stück Holz befestigt war.

Zu Beginn der Reformation gab es im damaligen Deutschland mehr Weingebiete als vorher und nachher. (Heute werden auf kleineren Anbauflächen mehr und bessere Weine gemacht als damals. Man hat in den letzten Jahrhunderten in Deutschland viel dazugelernt.) Im Norden und Osten bedeckten die Weingüter große Anbauflächen. Die Weinfälschung blühte, und man versuchte mit allen Mitteln, den Wein zu »verbessern«. Melanchthon, der Freund Martin Luthers, schreibt über den Wein von Thüringen: »wo die Berge den einheimischen Essig weinen«. Die Aufhebung der Klöster zerstörte viele Mustergüter. Es gab schlimme Frostjahre. Die bereits prekäre Lage der

Diuinum vinum donũ eſt; ſed ut ebrius Aethnam
Impleat ardentem, vina venena facit.
Qui ſapis, ingluviem fugias: nam pocula pleno
Ieiunoq; ſimul noxia damna ferunt.

Gotts gab iſt Wein/ vnd nutzung vil
Dem Menſchen bringt ohn maß vnd zil:
Ein voller Zapff Gotts Gaben gut
Den Wein in gifft verkehren thut.
Wilſtu für klug gehalten ſein/
Fleuch Füllerey/ vnd trinck den Wein
Meſſiglich/ Dann die trunckenheit
Vollen vnd lehren ſchaden geit.

*Spielkarten, Jost Amman, Charta curiosa, Nürnberg 1588*

Et noſtras inter graſſatur flamma medullas,
Et totum aſsiduo corpus ab igne flagrat.
Quod medias inter flammas interq; labores
Seruor, id auſpicijs debeo, Bacche, tuis.

Jn meinem dienſt ich groß vnruhe/
Groß plag vom fewr erleyden thue/
Daß ich nicht mitten in der hitz/
Darinn ich täglich prat vnd ſchwitz/
Gäntzlich verlier all ſterck vnd krafft/
Danck ich dir edler Rebenſafft.

Pocula lætitiam mortalibus addere norunt,'
Cum biberit, triſtis deſinet eſſe, Cato.
Qui Bacchi exoſus bona, pocula reſpuit, hic nil
Germanæ in toto corpore mentis habet.

Der Wein ergetzt des Menſchen hertz/
Erweckt darinn/frewd ſchimpff vnd ſchertz
Wer nicht mag Sauffen jeder friſt/
Derſelb kein rechter Teutſcher iſt. K ij

*Spielkarte*
*Jost Amman, Charta curiosa, Nürnberg 1588*

deutschen Winzer wurde durch die unsicheren Zeiten und die bürokratische Drangsalierung noch weiter verschlechtert. In den Städten wuchs der Wohlstand, und die Bürger wollten bessere Weine. Sie wurden aus dem Ausland eingeführt, oft durch die Hanse. Die verzweifelten Winzer machten billige Konsumweine, die scharf und unvergoren waren (Feuerweine), oder der Gärung wurde Schwefel beigefügt, und man machte »stummen Wein«. Wenn der Wein zuwenig Farbe und Geschmack hatte, ließ man ihn über abgeraspelte Buchenspäne laufen; das war der geraspelte Wein.

Noch ärger trieben es manche Wirte, die den Wein mit Senf, Speck, Bleiweiß, sogar mit Quecksilber und Vitriol versetzten. Die Weingesetze wurden ignoriert. Es gab Bücher, in denen die Kellerchemiker ihre Künste genau beschrieben. Es gab sogar einen »Kunstwein«, der ganz ohne Trauben gemacht wurde. (Selbst während der amerikanischen Prohibition versuchte man solche »Künste« nicht.) Und das alles, um die Weine besser zu verkaufen.

Allmählich erfolgte die Renaissance des deutschen Weines. Die klimatisch ungünstigen Weingebiete im Osten und Norden des Landes wurden aufgegeben. Ohne Sonne kein Wein – da halfen auch die dunklen Kellerkünste nichts. Die Weinbauern zogen sich auf die natürlichen Grenzen zurück, wo Reben wuchsen und die Trauben genügend Sonne hatten. In den Städten begannen ein paar Kenner, die alten Weine den jüngeren vorzuziehen. Früher war es umgekehrt gewesen. Man begann, die Edelfäule zu studieren, die man als »Weinkrankheit« gehaßt hatte. Man verschob die Lese und versuchte, natursüße Weine zu bereiten, die heute Meisterwerke der deutschen Weinkunst sind.

Die Französische Revolution hatte nach den ersten unruhigen Jahren einen erstaunlichen Einfluß auf den deutschen Weinbau. Die feudalen Weingüter wurden aufgegeben, dem Adel und den Klöstern gehörende Weinberge wurden unter den Weinbauern aufgeteilt. Der Weinbau links des Rheins war zu Frankreich gekommen, wo man bereits seit Jahrhunderten gute Weine machte. Der Markt für den linksrheinischen »Konsumwein«, der in großen Mengen gemacht wurde, begann zu schrumpfen. Die früheren deutschen Winzer lernten Qualitätsweine zu machen, die sie zollfrei nach Deutschland exportierten und gegen normale Zölle nach Böhmen, England, Rußland. Die Vereinigung mit Frankreich dauerte nicht lange, aber sie trug viel zur Verbesserung der deutschen Weine bei. Die Nachkommen der weinfrohen Gallier erwiesen sich auch zu Beginn des 19. Jahrhunderts als Apostel des guten Weines.

Napoleon säkularisierte 1803 die deutschen Klöster. Einige große Weingüter, deren Besitzer gute Beziehungen zu allerhöchsten Kreisen hatten, blieben intakt. Heute werden die meisten von ihnen vom Staat betrieben. Die Winzer schlossen sich in Verbänden zusammen, gründeten Weinbauvereine, Gesellschaften zur Weinbauverbesserung und zur Förderung des Weinbaus. 1825 konstituierte sich in Trier der Verein »zur Förderung der Weinculture« an Mosel und Saar.

1874 wurde der deutsche Weinbauverein gegründet, aus dem 1913 der Deutsche Weinbauverband hervorging. Es war die Zeit der Gründungen; überall gab es neue Winzervereine und -genossenschaften. Der kleine Winzer, bisher von Händlern übervorteilt, brachte seine Trauben zur Genossenschaft, wo man sie kelterte und den Winzer gerecht bezahlte.

Das 19. Jahrhundert brachte in Deutschland auch die Mitarbeit der Wissenschaft. Die Bekämpfung der Reblaus in der zweiten Hälfte des Jahrhunderts war manchmal grotesk und oft wirkungslos, aber allmählich begann man, gegen die Seuche energisch vorzugehen. In den Friedensverträgen von Versailles und Saint-Germain-en-Laye wurde die Internationale Reblauskonvention offiziell bestätigt.

Für viele deutsche Weinliebhaber und die meisten Ausländer war es bis 1971 sehr schwer, ein deutsches Wein-Etikett zu lesen und verstehen. Der Käufer wußte, daß die braune Flasche ein Rheinwein war und die grüne ein Mosel, daß Frankenweine meist im Bocksbeutel verkauft wurden. Er hatte vielleicht besondere Vorlieben – für Weine von Mosel, Saar und Ruwer, für Rheinweine, für Weine aus der Pfalz. Aber selten kannte er die Unterschiede zwischen Wachstum, Kreszenz, Naturwein, Korkbrand, Originalabfüllung, Originalabzug, Kellerabzug, Schloßabzug, Eigengewächs, Originalwein – und das war nur der Anfang. Alle diese Ausdrücke waren auf dem Etikett, und alle bestätigten, daß der Wein in der Flasche das natürliche Produkt der Traube war, womöglich ohne Zucker und Zusätze, daß er vom Weinbauern oder vom Besitzer des Weingutes abgefüllt worden war. Manchmal zeigte das Etikett auch die Faßnummer (bei Rheinweinen) oder die Fudernummer (bei Moselweinen). Die Nummern bezogen sich auf bestimmte Fässer, von denen die Flaschen abgezogen waren. Die guten deutschen Weine werden niemals equalisiert wie die Weine in Frankreich. Jedes Faß hat seine Nummer. Der Inhalt der Fässer wird niemals miteinander vermischt. Auf neueren Etiketten erscheinen diese Nummern nicht mehr.

In klimatisch schlechten Jahren, wenn die Reben in vielen Gebieten von Deutschland nicht genug Sonne haben, müssen vor allem die weniger kapitalkräftigen Weinbauern dem gärenden Most etwas Zucker beigeben, um den Alkoholgehalt des Weines zu erhöhen. Man nennt das »Verbesserung« oder »Gallisation« (nach dem deutschen Erfinder Dr. Gall). Die Methode ist, wie wir wissen, weit verbreitet in Burgund. In Bordeaux muß die Regierung dazu spezielle Erlaubnis geben. Immer muß der Zucker dem Most beigegeben werden, niemals dem fertigen Wein. Falls der Zusatz sehr vorsichtig durchgeführt wird, gibt er dem Alkohol eine bessere Balance. Falls zuviel Zucker beigegeben wird, kann der »Wein« das Produkt von Traubenschalen, Zucker und Säure werden: ein schlechter Wein. Es gibt Fachleute, die für einen geringen Zusatz von Zucker plädieren, da dies nicht nur den Alkoholgehalt erhöht, sondern auch andere Beiprodukte schafft wie Glyzerol, die dem Wein helfen. Es gibt auch Fachleute, die gegen jede Beigabe von Zucker sind.

In den Ländern des Gemeinsamen Marktes ist die Beigabe von Zucker gesetzlich geregelt. »Zucker darf dem Traubenmost beigegeben werden ... falls dies geschieht, um den natürlichen Mangel an Zucker oder Alkohol auszugleichen oder ein natürliches Übermaß von Säure zu verhindern. Aber nur so weit, um (in schlechten Jahren) dem Wein die gleiche Zusammensetzung zu geben, wie er in guten Jahren von denselben Trauben hat. Der Zucker muß dem Most vor der Gärung beigefügt werden.«

Offensichtlich ist das Gesetz so formuliert, daß es den Weinbauern gewisse Möglichkeiten gibt. Die neuen deutschen Weingesetze sind strenger. Sie besagen, daß Qualitätsweine mit Prädikat nur unter ganz besonderen, gesetzlich bestimmten Voraussetzungen »verbessert« werden dürfen.

Deutsche Weine sind meist leicht süßlich, selbst wenn sie »trocken« genannt werden. Der Trend begann nach dem Zweiten Weltkrieg, als die Käufer nach den mageren, zuckerlosen Jahren süßere Weine verlangten. In der letzten Zeit scheint sich eine Umkehr anzubahnen. Mutige Erzeuger machen wieder Weine, die fast trocken sind. Aber selbst einer der besten deutschen Sekte, Deinhards »Lila Imperial Brut«, ist nicht so trocken wie ein Champagner *brut*. Ein Wein wie der Champagner *nature*, der überhaupt keinen Zucker enthält und einem richtig den Mund austrocknet, wäre nach Ansicht der Produzenten heute nicht möglich. Deutsche Weinkenner nennen einen echten Chablis oft »sauer«. Er ist nicht sauer, aber er ist wirklich trocken.

*Weinverrechnung, Hans Weiditz, kolorierte Zeichnung, ca. 1530*

In den frühen Jahren des 19. Jahrhunderts war es die Beigabe von Zucker, die viele Winzer rettete, später waren es die Spätlese-Weine. Wer die glückliche Idee der späten Lese zuerst hatte, ist umstritten; möglicherweise war es der Bischof von Fulda, damals Besitzer eines Weingutes am Johannisberg. Eines Tages wurde sein Bote, der den Beginn der Lese ankündigen sollte, von Straßenräubern überfallen und einige Wochen gefangengehalten. Als er schließlich am Rhein eintraf, waren die kostbaren Rieslingtrauben vertrocknet und wurden den Winzern geschenkt, die daraus einen herrlich-süßen Wein machten.

Seither verdanken wir der Edelfäule die feinsten Sauternes-Weine und die deutschen Spätlesen. Die Spätlese und Auslese finden auf dem Weinberg statt: Die Pflücker gehen von Rebe zu Rebe. Die besten und reifsten Trauben werden in den Weinkeller gebracht und auf großen Tischen ausgebreitet. Spezialisten suchen die einzelnen Trauben aus: das sind die Beerenauslesen. Beeren, die an der Rebe fast bis zur Rosine vertrocknet sind, werden für die Trockenbeerenauslese bestimmt.

Das Pflücken und Aussuchen der fast vertrockneten Trauben verursacht besondere Kosten. Und im Herbst ist die Frostgefahr groß. Ein einziger Frost kann die ganze Ernte vernichten. An der Mosel geschieht das zweimal in drei guten Jahren. Schließlich wird aus den vertrockneten Beeren mit großer Mühe und viel Kunst der Wein gemacht. Selbst in den besten Jahren macht ein sehr gutes Weingut selten mehr als 400 Flaschen Trockenbeerenauslese. Solche Flaschen sind daher sehr teuer.

Spätlese-Weine sind nicht immer süß. In weniger guten Jahren, wenn die Trauben nicht genug Sonne hatten, garantiert auch die späte Lese keine besondere Süße. In solchen Jahren werden keine Auslesen gemacht. Für den Käufer besteht die Schwierigkeit darin, daß in guten Jahren fast jeder Weingutbesitzer einen trockenen Wein macht und einen süßen. In sehr guten Jahren versucht er, außerdem einige besonders süße Weine zu machen. Aber die trockenen deutschen Weine sind nicht nur trocken, sondern auch blumig und fruchtig. Sie haben Frische und eine feine Balance, sie sind harmonisch. Und die süßen Weine sind nicht nur süß, sondern auch reif und duftig. Man schmeckt nicht so sehr die Süße, sondern die elegante Fülle und fast immer die Würze der Rieslingrebe. Auch die feinen süßen Weine sind immer harmonisch.

In manchen Jahren macht man, vor allem an der Mosel und am Rhein, den sogenannten »Eiswein«, eine deutsche Spezialität. Die Trauben gefrieren an den Rebstöcken, und wenn sie gepreßt werden – leicht gepreßt – kommt etwas von dem sirupähnlichen Saft heraus, aus dem sehr feine, sehr leichte, sehr süße Weine gemacht werden – eine Rarität. 1950 machte Schloß Johannisberg ein einziges Faß.

Offensichtlich gibt es für die deutschen Winzer keine Schwierigkeiten, die sie abschrecken könnten. Sogar in weniger guten Lagen und in mittelmäßigen Jahren bemühen sie sich, ihren Weinen den blumigen Geschmack zu geben, den so viele deutsche Weine haben. Die meisten Weine werden im Frühjahr nach der Lese in Flaschen gefüllt. Nur sehr süße Weine bleiben länger im Faß. Die trockenen Weine können einige Monate nach der Flaschenabfüllung getrunken werden. Die Auslesen läßt man mindestens zwei Jahre liegen, aber nach fünf Jahren sollten auch sie getrunken werden. Die ganz süßen Weine können zehn Jahre und viel länger liegen, wenn sie vor Erschütterung und Temperaturunterschieden geschützt sind. Kenner bevorzugen die älteren Weine, die Edelfirne, in welchen die Öle bereits leicht maderisiert sind. Diese feinen alten Weine haben große Balance und verursachen bestimmt keine Kopfschmerzen am nächsten Tag. Aber sehr viele Leute wollen nicht lange warten und trinken die Weine, wenn sie noch jung sind.

Außerhalb der Bundesrepublik sind die Vereinigten Staaten und England die größten Abnehmer für die guten deutschen Weine. Die Engländer verstehen ebenfalls sehr viel von den deutschen Weinen. Aber die Weineinfuhr nach Deutschland übersteigt die Ausfuhr um das Zwanzigfache. Es gibt nie genug Wein in Deutschland, das nur ein Zehntel der französischen Weinproduktion erreicht.

Die meisten Weine in Deutschland kommen aus der Rheinpfalz, zehnmal soviel wie aus dem Rheingau. Nach der Pfalz kommt, was die Quantität betrifft, Rheinhessen, dann das Anbaugebiet Mosel–Saar–Ruwer. Diese drei Flüsse werden meist zusammen genannt. Dann folgen Baden, Württemberg, Franken, der Rheingau und die Ahr.

Einige Rotweine werden im Rheingau, in der Pfalz, in Rheinhessen, Franken, Baden und Württemberg gemacht. Die bekanntesten Rotweine sind der Aßmannshauser aus dem Rheingau, der Ahrweiler und Walporzheimer von der Ahr, nördlich der Mosel, wo einige der ältesten deutschen Weinberge liegen. Von deutschen Kennern geschätzt sind auch die Weine vom Kaiserstuhl (Baden) und einige Weine aus Bad Dürkheim und der Pfalz. Kein deutscher Rotwein hat internationale Berühmtheit erlangt wie die großen Weißweine.

Bis zum 17. Jahrhundert waren im Ausland, vor allem in England, alle deutschen Weißweine als »Rhenish« bekannt, auch wenn sie nicht vom Rhein kamen. Man sprach von dem »Backrag« (Bacharach); im Mittelalter galten die Weine aus Bacharach als die besten in ganz Deutschland. Mit angelsächsischer Unbekümmertheit sprach man von einem »Hock«, auch wenn der Wein nicht aus Hochheim kam. Noch heute sprechen viele Engländer von »Hock«, wenn sie einen Rheinwein meinen.

Aber so einfach ist das nicht. Die Geographie der großen deutschen Weine ist so schwierig wie die von Burgund. Sie kann nicht mit einem System, wie dem der konzentrischen Kreise in Bordeaux, erklärt werden. Man muß die Anbaugebiete kennen und innerhalb der einzelnen Gebiete die besten Lagen. Oft sind es Stücke, wo nach einem frischen Schneefall, wenn die Sonne wieder scheint, der Schnee zuerst weggeschmolzen ist, doch kennt auch diese Regel Ausnahmen. In der Vergangenheit wurde der Gast in einem deutschen Restaurant gefragt: »Mosel oder Rhein?« Dann brachte der Kellner eine grüne oder eine braune Flasche. Heute ist das schon komplizierter. Die guten Restaurants haben genaue Weinkarten, und der Gast hat spezifische Wünsche.

Fast alle deutschen Weine wachsen auf einem Boden, der normalerweise landwirtschaftlich ungeeignet ist. Gäbe es dort keine Reben, so wären es Brachland und Wälder. Die Weinberge sind niemals mit anderen Kulturen vermischt, wie zum Beispiel in Italien. Der Geschmack der Traube ist in den deutschen Weinen mit dem Geschmack des Bodens abgestimmt, und die Weine sind in ihrem Gehalt an Zucker und Säure ausgewogen. Deutsche Weine haben oft keinen hohen Alkoholgehalt, aber sie haben Charakter, Charme und Rasse und fast immer ein ausgeprägtes Bouquet. Die besten Weinberge liegen gegen Süden, wo die Sonne am längsten scheint, oder gegen Westen. Die Nachmittagssonne ist stärker als die Frühsonne aus dem Osten. Der Boden ist vorsichtig terrassiert, so daß ein Teil des Weinberges den anderen nicht beschattet. Das kann zu großen Lageunterschieden führen. Der deutsche Winzer macht daher auf seinem Weingebiet in einem Jahr verschiedene Weine. Er spricht oft von seinem besten Faß. Der unerfreuliche Hang zur Standardisierung scheint in Deutschland langsamer zu sein als in anderen Weinländern.

Die besten deutschen Weine sind Rieslingweine. Der Riesling, die edelste Traube des Landes, ist fast die einzige Sorte an Mosel, Saar, Ruwer und im

Rheingau – und dort werden auch die besten Weine gemacht. Die Traube wächst auch in den besseren Lagen der weniger guten Anbaugebiete. Alle großen Spätlesen, Auslesen und Trockenbeerenauslesen sind Rieslings, obwohl sie auch aus anderen Sorten hergestellt werden könnten. Ein guter Wein ist meist ein Riesling, auch wenn die Traubensorte nicht auf dem Etikett steht. Aber Qualität wird mit geringerer Quantität erkauft. Der Riesling ergibt nur halb soviel Wein pro Pflanze wie der Silvaner in Rheinhessen, Nahe, Pfalz und Franken. Selbst der beste Silvaner in Franken erreicht fast niemals die historische Ausgeglichenheit des Rieslings.

Die Rieslingtraube ist problematisch wie alle großen Geschenke der Natur. Sie wird für ihre »stählerne Aristokratie« gerühmt – vor allem, wenn sie im Schieferboden an der Mosel wächst –, für ihre Kraft und ihr faszinierendes Bouquet. Sie reift verhältnismäßig spät und übersteht geringere Fröste. Aber sie liefert eben weniger Wein als andere Sorten. Und wenn man sie von der Mosel und vom Rhein (und vielleicht vom nahe gelegenen Elsaß) in andere Länder verpflanzt, ist sie Riesling nur noch dem Namen nach. Die Natur läßt sich nicht zwingen.

Das deutsche Weingesetz von 1971 gibt keine *appellation contrôlée* verschiedener Gebiete wie in Frankreich. Theoretisch kann jedes Weingut in Deutschland einen Spitzenwein machen. In Frankreich kommen die *Premiers Grands Crus Classes* (Bordeaux) oder die *Grands Crus* (Burgund) aus gesetzlich genau begrenzten Gebieten. Statt dessen verlangt das deutsche Weingesetz einen bestimmten Zuckergehalt des Mostes für jede Qualitätsstufe. Alle deutschen Weine werden in drei »Grundqualitätsklassen« eingeteilt:

1. *Tafelwein:* Der einfache Wein, der keine besondere Qualität, Herkunft oder Rebsorte nachweisen muß. Eine Lagenangabe ist in diesem Fall nicht gestattet.

2. *Qualitätswein:* Er stammt aus bestimmten »Gebieten« und hat ein bestimmtes Mostgewicht. Darunter versteht man das Grammgewicht, um das ein Liter Most schwerer ist als ein Liter destilliertes Wasser. Ein Qualitätswein von 65 Grad Öchsle meint: der Most ist 65 Gramm schwerer als die gleiche Menge destillierten Wassers. (Öchsle war der Erfinder des Aräometers, die Waage, mit welcher der Zuckergehalt im Most festgestellt wird.) 65 Grad Öchsle entspricht etwa 8,5 Prozent Alkohol vor der Beigabe von Zucker. Der Wein muß eine amtliche Prüfungsnummer haben.

3. *Qualitätswein mit Prädikat:* Spitzenweine, denen kein Zucker beigegeben wird, die also nur in sonnenreichen Jahren gemacht werden können. Sie müssen wenigstens ein Mostgewicht von 75 Grad Öchsle erreichen (was einem Alkoholgehalt von 10 Prozent entspricht), aus bestimmten Traubensorten gemacht sein und aus bestimmten Bereichen stammen. Hier erinnert das deutsche Gesetz an das französische. Die Weine müssen eine Prüfungsnummer haben.

Die Qualitätsweine mit Prädikat haben eine genaue Rangfolge:

a) *Kabinett,* Weine aus völlig ausgereiften Trauben mit einem Mindestmostgewicht von 75 Grad Öchsle. In kälteren Gegenden (wie der Mosel) genügen 72 Grad.
b) *Spätlese,* mindestens 80 Grad Öchsle.
c) *Auslese,* mindestens 90 Grad Öchsle. (Auslese ist feiner und süßer als Spätlese, was im Ausland oft nicht verstanden wird.)
d) *Beerenauslese,* mindestens 125 Grad Öchsle.
e) *Trockenbeerenauslese,* mindestens 150 Grad Öchsle.

Außerdem kodifiziert das Gesetz die Begriffe »Gebiet«, »Bereich« und »Großlage«. Die sogenannten 30000 früheren Einzellagen wurden abgeschafft. Nur die allerbesten Erzeuger dürfen für ihre besten Weine auch weiterhin Einzellagen auf den Etiketten angeben.

Das Gesetz kennt die folgenden Gebiete (Weinbaugebiete, bestimmte Anbaugebiete): Ahr, Baden, Hessische Bergstraße, Franken, Mittelrhein, Mosel–Saar–Ruwer, Nahe, Rheingau, Rheinhessen, Rheinpfalz, Württemberg. Innerhalb dieser *Gebiete* befinden sich kleinere Teilbezirke, die *Bereiche* genannt werden. Die Bereiche sind in *Großlagen* eingeteilt. Areale mit einer Reihe von benachbarten Lagen, die in verschiedenen Gemeinden liegen, werden nach einer bestimmten Lage benannt.

Ein Beispiel: Im *Gebiet* Mosel–Saar–Ruwer befindet sich der *Bereich* Bernkastel mit den *Großlagen* Badstube, Beerenlay, Kurfürstlay, Michelsberg, Münzlay, Nacktarsch usw. Das Gebiet hat zehn Großlagen. Innerhalb der Großlage Badstube befindet sich der Weinbauort Bernkastel-Kues mit den folgenden *Einzellagen:* Bratenhöfchen, Doctor, Graben, Lay und Matheisbildchen.

Ein Bernkasteler Doctor (oder Doktor) ist eine Einzellage; er ist auch einer der berühmtesten Moselweine. Nur die Besitzer des Bernkasteler Doktorberges dürfen auf ihren Etiketten diese Einzellage angeben. Der Bernkasteler Graben, der Nachbar, ist fast ebenso berühmt. Wirkliche Kenner in der Gegend, die imstande sind, die subtilen Nuancen zu unterscheiden, sagen, der Graben sei oft besser als der Doctor. Neuere Etiketten sagen »Bernkasteler Doctor und Graben«.

Soweit die bürokratische Einteilung des Gesetzgebers. Sie ist logisch, aber der Weinliebhaber orientiert sich oft an anderen Gesichtspunkten. Er kennt die Geographie, er weiß, was er will, und wenn er nicht das Geld hat, die besten Weine zu kaufen, erwirbt er die zweit- oder drittbesten. Deutsche Weine werden bei Auktionen oder durch Makler »freihand« verkauft. Weine aus dem Rheingau werden im *Halbstück* angeboten: ein halbes Faß, das 600 Liter (828 Flaschen) enthält. Die besten Weine werden in Flaschen verkauft. Moselweine werden im *Fuder* gehandelt (1000 Liter, 1370 Flaschen), Rheinhessenweine im *Stück* (1200 Liter, 1656 Flaschen).

Auch in diesen Fällen werden die besten Weine in Flaschen verkauft.

Die Frage »Mosel oder Rhein?« hat – so wie »Bordeaux oder Burgund?« – nichts mit Qualität zu tun. Es ist eine Sache des persönlichen Geschmacks. Es soll Weintrinker geben, die beide Arten von Wein lieben, aber vielleicht scheuen sie die schwere Entscheidung. Ich habe mich als Bordeaux-Mann deklariert und bin, wahrscheinlich aus ähnlichen Gründen, ein Mosel–Saar–Ruwer-Mann. Es sind die leichtesten, elegantesten, delikatesten deutschen Weine. Es muß das kühle Klima sein, der Schiefer- oder Kieselboden und die Rieslingtrauben – eine herrliche Kombination, die für den großen Reiz dieser Weine ausschlaggebend ist.

Gern gebe ich zu, daß die besten Rheingauweine unter Umständen die besten deutschen Weine sein können. »Die lieblichsten Moselweine erreichen niemals völlig den Charakter und die Rasse der größten Rheingauweine«, schreibt Alexis Lichine, ein objektiver Kenner. Die Spitzenweine aus dem Rheingau sind schwerer, fruchtiger, voller in der Blume. Wenn man von einem großen Rheinwein spricht, meint man fast immer einen Wein aus dem Rheingau.

Der Rheingau und Mosel–Saar–Ruwer sind die wichtigsten deutschen Weinbaugebiete. Andere Weine erreichen diese Weine in Ausnahmefällen, aber sie sind nie besser. Die Weine aus Rheinhessen, südlich des Rheingaus, sind milder und haben weniger Charakter, aber sie können fruchtig und elegant sein. Südlich von Rheinhessen ist die Rheinpfalz.

Dort macht man die leichtesten Rheinweine. Sie sind angenehm, haben nicht zuviel Alkohol, man kostet sie nicht lange, man trinkt sie und freut sich damit. Die besten Weine aus der Pfalz sind voll und süß und haben ein Bouquet, den pfälzischen Weincharakter. Man macht viel Wein dort, und die Qualität wird immer besser. Die Weine vom Mittelrhein sind eher leicht, verglichen mit den Rheingauweinen. Der Mittelrhein liegt nördlich vom Rheingau, aber die Weine sind völlig verschieden.

Die Weine aus Franken sind schwer und sollten bald getrunken werden. Die bekanntesten von ihnen sind die Steinweine vom Würzburger Stein, einem Abhang oberhalb der Stadt, der einen Lehmboden hat und nach Süden schaut. Die echten Steinweine sind grüngolden und haben einen tiefen Geschmack, aber nicht alle Weine aus Franken sind Steinweine. Die Weine aus Baden und Württemberg erinnern manchmal an die Weine aus Franken, vor allem wenn die gleichen Rebsorten verwendet werden, und manche ähneln den Weinen aus dem nahe gelegenen Elsaß. Sie können recht schwer sein, vor allem die aus der Ruländer-Rebe gemachten, die zur Pinot Gris-Rebe gehört. Um 1860 hatte Baden die größten Weingebiete in Deutschland, aber die Phylloxera reduzierte sie auf die Hälfte. Später pflanzte man verschiedene Rebsorten an – Ruländer, Silvaner, Traminer, Müller-Thurgau und etwas Riesling. Gute Rotweine werden aus Spätburgundertrauben gemacht. Die Markgräfler-Weine kommen aus Gutedeltrauben, die 1870 aus der Schweiz eingeführt wurden.

An der Nahe, einem Nebenfluß des Rheins, südlich der Mosel, macht man Weine aus Riesling- und Silvanertrauben und aus Müller-Thurgau, einer Kreuzung von Riesling und Silvaner mit einem würzigen Geschmack. Die besten Naheweine kommen aus dem Tal zwischen Bad Kreuznach und Schloß Böckelheim. (Nicht zu verwechseln mit den *Bereichen* Kreuznach und Schloß Böckelheim.) Die Nahe mündet bei Bingen in den Rhein. Die Weine von der oberen Nahe ähneln den Saarweinen, die Weine aus Bad Kreuznach denen vom Rheingau. Es ist eben eine Sache der Geographie.

Man müßte noch die Weine von der Ahr erwähnen, die sehr weit nördlich wachsen und meist innerhalb des Gebietes getrunken werden; und die Weine von der hessischen Bergstraße aus den Bereichen Starkenburg und Umstadt. Sie sind populär bei den Touristen und Studenten von Heidelberg. Manche Leute sind überzeugt, sie schmecken »wie weniger gute Moselweine«, und andere sagen, das sei Unsinn, sie erinnern an die Rheinhessenweine. Die Freude am Wein ist wahrscheinlich auch die Freude, darüber streiten zu können, wobei niemand oder alle recht haben.

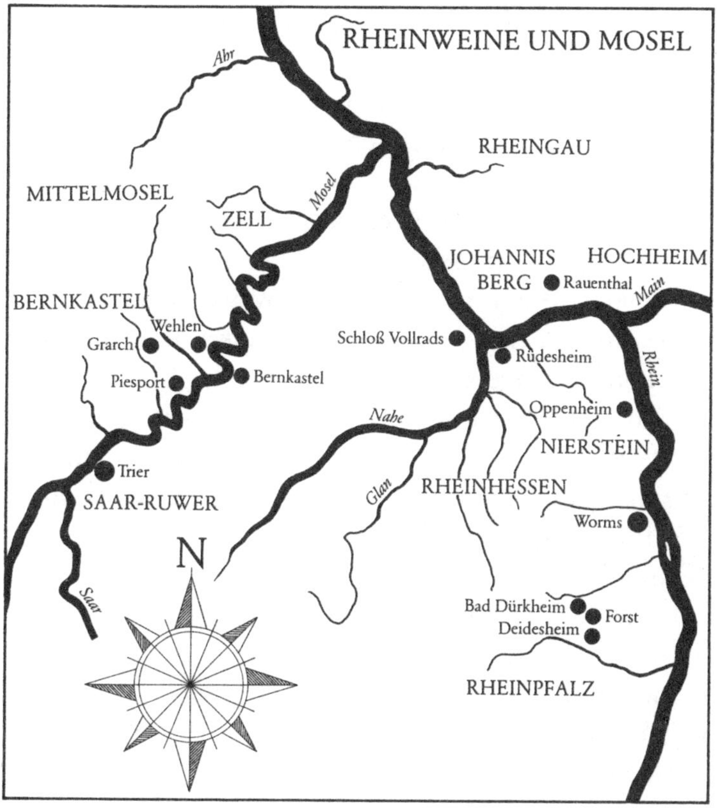


## Mosel–Saar–Ruwer

Der Umfang dieses Buches gestattet mir nicht, alle deutschen Qualitätsweine zu erwähnen, nicht einmal die vom Gesetz anerkannten 3000 Einzellagen. Eine Stadt und ihre Weinberge können zu verschiedenen Großlagen gehören. Die meisten Einzellagen gehören zu Weinbauorten. Es gibt genaue Nachschlagwerke darüber.

Das Tal der Mosel gehört zu den schönsten Weinlandschaften der Welt. Von Trier bis Koblenz windet sich die Mosel zwischen steilen Weinbergen durch, rechts und links liegen verträumte Dörfer und alte Burgen. Manchmal sind die Berge so steil, daß man sich fragt, wie sie bebaut werden können. An der Mosel sagt man: »Wo der Pflug noch hinkommt, sollte kein Wein wachsen.« Die Winzer, die oft keine Maschinen benutzen können, tragen alles auf dem Rücken: die Beeren nach der Lese, das Land, das der Regen wegschwemmt. Sie sind schweigsam, konservativ, fleißig und leben nur für den Wein. Sie sind ein Grund dafür, daß in diesen Weinbergen, die so hoch nördlich liegen wie Neufundland, einige der besten Weine der Welt gemacht werden.

Die Menschen, der Schieferboden und die Rieslingtrauben sind das Geheimnis der Moselweine. An manchen Stellen auch die Schieferdächer der Häuser, welche die Sonnenstrahlen gegen die Weinberge zurückstrahlen. (Der Fluß kommt aus Frankreich, wo er Moselle heißt. In England und Amerika gebraucht man den französischen Namen.)

Die Rieslingtrauben wuchsen nicht immer an der Mosel. Erst 1787 machte Fürstbischof Clemens Wenzeslaus von Trier das Pflanzen der Rieslingreben zur Pflicht. Aber die Verschiedenheit, die den Moselweinen Überraschung und Attraktion gibt, kommt nicht von der Traubensorte, sondern von dem Schieferboden und dem Sonneneinfall. Der Schiefer reflektiert die Sonnenstrahlen und wärmt den Boden. Die berühmtesten Orte an der Mosel – Piesport, Bernkastel, Graach, Wehlen (die Weinberge, nicht die Häuser), Zeltingen, Ürzig – liegen an der Innenseite der Flußbiegungen. Die meisten Weinberge schauen nach Süden. Die unvermeidliche Ausnahme ist der Bernkasteler Doctorberg, angeblich der teuerste Weinberg in Deutschland (und vielleicht auf der Welt), der mehr nach Westen als Süden schaut. Genaue Zahlen gibt es nicht, da die Eigentümer nicht daran denken, ihr Land zu verkaufen.

Moselweine sind nicht billig, dafür sorgen schon das nördliche Klima, die kostspielige Vorsorge gegen Weinkrankheiten, die Schwierigkeiten des Anbaus. Es gibt etwa 20000 Weingüter, die zu 180 Weinbauorten gehören. Die meisten Winzer besitzen weniger als einen Hektar Land; nur ein Prozent hat fünf Hektar. Die kleinen Winzer gehören zu Genossenschaften, die in Verbänden organisiert sind, in Bernkastel, Wiltingen, Cochem, Zell. Weingeographisch unterscheidet man die obere Mosel bis Trier, die mittlere Mosel bis Zell, die untere Mosel bis Koblenz. Die berühmtesten Weine kommen von der Mittelmosel, aus Piesport, Brauneberg, Bernkastel, Graach, Wehlen, Zeltingen, Ürzig, Erden und aus anderen Orten. Manche Abschnitte des Landes an der Mittelmosel sind zweihundertmal soviel wert als das Land an der Obermosel.

Wenn Saint-Emilion in Bordeaux das Traum-Weindorf ist, so ist Bernkastel-Kues die Traum-Weinstadt, mittelalterlich, mit malerischen Fachwerkhäusern, alten Brunnen, schmiedeeisernen Wappen – eine Stadt zum Photographieren, immer voll von Touristen mit Kameras. Bernkastel wurde 1291 gegründet, das schöne Renaissance-Rathaus steht seit 1608. Gleich hinter der Stadt liegt der Doktorberg. Seinen Namen hat er von Fürstbischof Boemund II. von Trier, dem sein Doktor im 14. Jahrhundert den Wein von Bernkastel verschrieb und ihn damit von einer schweren Krankheit kurierte. Als Konrad Adenauer dem amerikanischen Präsidenten Eisenhower den feinsten Wein von Deutschland schenken wollte, wählte er 50 Flaschen »Bernkasteler Doctor Feinste Auslese«. Der unschätzbare Weinberg gehört jetzt hauptsächlich den Erben von Hugo Thanisch, Lauerburg, und Deinhard & Co. in Koblenz. 1900 erwarb Geheimrat Karl Wegeler die Hälfte des Doktorbergs für den damals unglaublichen Preis von 100 Mark in Gold pro Quadratmeter. Bei Deinhard macht man aus den Rieslingtrauben die feinsten Still- und Schaumweine.

Südlich von Bernkastel, seit 1905 mit dem gegenüberliegenden Kues verbunden, liegen die Weinberge von Piesport, bekannt für volle, rassige Weine; der bekannteste ist das Goldtröpfchen. Brauneberg ist berühmt für elegante, weibliche, blumige Weine (Juffer), die 1806 als die besten Moselweine klassifiziert wurden. Nördlich von Bernkastel ist Graach, das zur Großlage Münzlay gehört. In Deutschland ist Himmelreich als bester Wein von Graach bekannt, im Ausland der Josephshöfer. Berühmt sind auch die Weingüter von Domprobst und Abtsberg. Gegenüber dem kleinen Ort Wehlen liegt ein weltberühmter Weinberg, Wehlener Sonnenuhr.

*»Davids Gastmahl für Abner« aus l'Histoire de David (MS 638, f 37v),*
*13. Jahrhundert*

Viele deutsche Kenner halten ihn für den feinsten Moselwein. Die Weine sind unerreicht in ihrer Eleganz und Finesse, in ihrem Bouquet. Die besten Lagen der Sonnenuhr (die es wirklich gibt, mitten im Weinberg) gehören der Familie Prüm, Mosel-Aristokraten seit Generationen. Ganz nahe liegt Zeltingen-Rachtig, wo verschiedene Qualitäten, von leichten blumigen bis zu eher schweren, erzeugt werden. Die besten sind sehr geschätzt, sie heißen Sonnenuhr und Schloßberg.

Auf der linken Seite der Mosel liegt Erden, mit fruchtigen, rassigen Weinen, in denen man förmlich den harten Schieferboden schmeckt. An der Mosel sagt man, die Weine aus Erden seien eher bubenhaft, während die Weine aus Wehlen an Mädchen erinnern. Die besten Weingüter in Erden sind Prälat und Treppchen, eine Anspielung auf den steilen, in Terrassen angelegten Weinberg.

Sehr feine Weine kommen aus Ürzig, wo die Weinberge unwahrscheinlich steil sind, in geschützten Südlagen. Der Boden dort enthält Schiefer und Sandstein und gibt den Weinen einen würzigen, fruchtigen Geschmack. Manche Kenner ziehen die Ürzig-Weine, vor allem den berühmten Würzgarten, den Weinen aus Bernkastel vor. Auch darüber wird endlos diskutiert.

Viele Namen müßten erwähnt werden, die dem Liebhaber und Kenner etwas bedeuten: Wintrich, Wittlich, Detzem, Enkirch, Leiwen, Neumagen-Dhron (wohl Deutschlands ältester Weinort, viele Ausstellungsstücke im Weinmuseum Trier kommen von dort), Traben-Trarbach mit »stählernen« Weinen und Trittenheim mit zwei berühmten Weinen, Altärchen und Apotheke, die man nicht überall findet. Die Aufzählung ist nicht vollständig, und viele besondere Weine sind nicht erwähnt. Kröv ist bekannt für den Nacktarsch – so heißt auch die Großlage. Der Name ist eine Verballhornung der ursprünglichen Bezeichnung »Kröver Nektar«. Im Bereich Zell-Mosel heißt die bekannteste Großlage »Schwarze Katz«. Vor 1971 wurde der Name auch für minderwertige Weine verwendet, die nicht die obligatorischen 75 Prozent der Großlage hatten.

Die Weine aus dem Bereich Saar–Ruwer, Nebenflüssen der Mosel, haben viele begeisterte Anhänger. Zu dem Bereich gehören jetzt viele Weinberge rings um Trier. In guten Jahren sind manche Saarweine besser als manche Moselweine, aber das hört man an der Mosel nicht gern. Die Weine von der Saar können leicht sein, mit einem zarten Geschmack von Johannisbeeren, und ihr Bouquet erinnert manchmal an Muskatellerreben, aber alle Saarweine werden aus Rieslingtrauben gemacht.

Die besten Weingüter liegen auf der rechten Seite des Flusses. Die Weine vom Scharzhofberg in Wiltingen gelten als die feinsten an der Saar. Der Weinberg liegt auf einem Hügel hinter dem Ort, blickt nach Süden und Westen und wurde vor zweihundert Jahren von den Mönchen von St. Maria von Trier bebaut. Nach der Säkularisierung beschützte ein Mönch namens Müller den Weinberg. Seinem Nachkommen, Egon Müller, gehört jetzt der größte Teil des berühmten Weinbergs. Auch dem Dom von Trier gehört ein Teil.

Berühmt sind auch die Weine von Ockfen, vor allem der Bockstein, den manche den Rivalen des Scharzhofbergs nennen. Die Weine von Ayl (Ayler Herrenberg, Ayler Kupp, Ayler Schneiderberg) sind Konkurrenten für die Weine aus Ockfen. Ausgezeichnete Weine kommen aus Kanzem, Kasel (der wichtigste Weinbauort an der Ruwer, mit dem Kaseler Nies'chen), Konz, Mertesdorf, Oberemmel, Serrig, Waldrach.

Trier hat als Weinbauort mehr Einzellagen als jede andere Stadt in Deutschland. Dazu gehören jetzt auch die ausgezeichneten Weine von Eitelsbach und Avelsbach an der Ruwer. Der Kartäuserhofberg in Eitelsbach, einer der größten Weinberge im gesamten Gebiet, gehört Werner Tyrell. Die besten Weingüter in Avelsbach gehören dem Dom von Trier. Unterhalb Triers, einer schönen Stadt mit römischen Ruinen, mündet die kleine Ruwer in die Mosel.

Die besten Ruwerweine sind die leichtesten deutschen Weine, in guten Jahren sehr zart und elegant. Manchmal entdecken Kenner einen leichten Zimtgeschmack in ihnen. Die besten kommen aus der Gegend zwischen Avelsbach und dem Ort Ruwer, aus den Kirchen-Weinbergen von Grünhaus und Kasel. Der Weinort Mertesdorf macht den ausgezeichneten Maximin Grünhaus. Vor der Säkularisation gehörte der Weinberg zu der Maximinabtei in Trier, daher der Name. Die Kirche bleibt ein wichtiger Weingutbesitzer in Trier. Die Hohe Domkirche, das Bischöfliche Konvikt und das Bischöfliche Priesterseminar besitzen hervorragende Lagen im ganzen Anbaugebiet und machen ausgezeichnete Weine.

Wer Freude an den Weinen des Anbaugebietes Mosel–Saar–Ruwer hat, an ihrer Vielfalt, Eleganz, Finesse, wird sich mit der Geschichte und Geographie der Gegend beschäftigen, mit den großen Lagen und den Besitzern der großen Güter. Eine faszinierende Wissenschaft: Man könnte ein Leben damit verbringen und würde noch immer nicht alle Weine kennen, die dort gemacht werden.

*»Bauern im Weinberg«*
*aus P. de Crescentiis, Liber ruralium commodorum, Speyer 1492*

## Rheinweine

Selbst Liebhaber von Rheinweinen müssen zugeben, daß das Tal des Rheins nicht so lieblich ist wie das der Mosel. Vielleicht ist es großartiger. Der Rhein ist ein mächtiger Strom, die Berge zu beiden Seiten sind hoch, oft von alten Burgen gekrönt, man kann fast Richard Wagners Musik hören. Es ist eine heroische Landschaft, und man kann verstehen, daß der Rhein ein Symbol von Deutschland geworden ist. Aber die zarte, romantische Stimmung, die man an einem Spätsommernachmittag an der Mosel findet, gibt es nicht am Rhein – außer man hat viel von den schönen Weinen getrunken, die dort gemacht werden.

Der Fluß ist sehr wichtig für den Wein. Der Rhein, der im Rheingau eine Breite von einem Kilometer hat, reflektiert die Sonnenstrahlen während des Tages und wärmt die Reben von unten. Nachts speichert er die Tageswärme. Im Frühjahr und spät im Herbst, wenn die Trauben an den Reben bleiben, während es immer kälter wird, kommen die Nebel über den Rhein, von Schiffern und Bewohnern gefürchtet, und halten den Frost fern.

Der Rheingau ist der Weingau. Wein ist das wichtigste Produkt der Gegend. Zwischen Eltville und Rüdesheim denkt man vor allem an die Reben. Manche Weine aus dem Rheingau werden an Ort und Stelle getrunken. Aber die großen Weine aus der Gegend sind weltberühmt – und mit Recht. Sie gehören – mit den besten Moselweinen und Weißweinen aus Bordeaux und Burgund – zu den feinsten weißen Weinen der Erde. Es ist schwer, zwischen einem Château d'Yquem und einer Trockenbeerenauslese des Rheingaus zu wählen.

Die großen Weinberge liegen am Nordufer des Flusses und blicken nach Süden und auf den Rhein. Die Waldberge des Taunus halten die kalten Nordwinde auf, und die Windungen des Stroms beschützen die Weinberge vor rauhen Ostwinden. Die Weinberge steigen bis zu 300 Meter ab, von Lorch bis Hochheim, wo der Main in den Rhein mündet.

Das Klima ist gut für den Anbau von Reben, und der Boden ist ideal. Unterhalb des Taunus, auf den hohen Rheinterrassen, ist oft Serizit- und Tonschiefer in der Erde. Im östlichen Rheingau findet man Lößboden, Ton, Sand und Kies. Weiter unten beim Ufer des Flusses sind es alluviale Schichten. Der Herbst ist oft trocken; Spätlesen finden manchmal bis in den Dezember statt.

Der Weinbau hat keine große Geschichte im Rheingau. Im 10. Jahrhundert begannen die Benediktiner und die Zisterzienser die schönen Weinberge anzulegen. Ursprünglich waren die Weinberge von Johannisberg, Eberbach, Gottestal und Marienthal in den Händen der Mönche. Später übernahmen der Staat und der Adel viele Mustergüter. Aber obwohl die ganze Weingegend nur 3100 Hektar Land hat, gibt es im Rheingau etwa dreitausend Weinbauern. Über tausend haben nur einen halben Hektar Land, weitere tausend haben weniger als zwei Hektar. Bisher war es üblich, kleine Bodenstücke in verschiedenen Gegenden zu besitzen, um gegen Frosteinbrüche geschützt zu sein. Jetzt beginnen die Weinbauern, ihre Güter zu konsolidieren, vor allem durch Tausch. Das neue Weingesetz fördert diesen Trend. In den gesetzlich anerkannten Lagen haben nur Güter, die mindestens fünf bis zehn Hektar groß sind, das Recht, ihren Namen auf das Etikett zu setzen.

In großen Weingütern wird die Produktion ständig vergrößert. Heute erzeugt man im Rheingau doppelt soviel Wein wie zu Beginn des Jahrhunderts. Man kennt neue Düngungsmethoden, man weiß mehr über die Reben und ihre Feinde. In Geisenheim befindet sich die Staatliche Lehr- und Forschungsanstalt, das führende deutsche Weininstitut. Die wichtigsten Rebsorten sind Riesling (78 Prozent), Müller-Thurgau (11 Prozent), Silvaner (8 Prozent). Die Tragrebe wird als Halbkreisbogen zwischen zwei Pfählen angebunden. Viele Reben werden an Drähten gezogen. Die Rieslingrebe im Rheingau ist klein, voller Duft, mit einer dicken Schale, welche die Reben widerstandsfähig macht. Wenn die Edelfäule die dicken Schalen durchdringt, beginnt der geheimnisvolle Prozeß, der die größten Weine entstehen läßt.

Manche Weinorte haben noch einen Hauch von Tradition, aber die moderne Zeit hinterläßt ihre Spuren. Der Rhein ist verschmutzt, ganze Flotten von Schleppern gleiten vorbei, an beiden Seiten des Flusses fahren Eisenbahnen und Autos; grelle Tankstellen und Zweckbauten machen auch vor der Romantik nicht halt. In den Namen ist noch ein Hauch von Vergangenheit. Aßmannshausen und seine Rotweine. Rüdesheim bleibt in Amerika *der* deutsche Weinort, an zweiter Stelle kommt Nierstein in Rheinhessen. Rüdesheimer Berg 1808 war der Wein, den Beethovens Verleger Schott dem todkranken Komponisten nach Wien schickte. Beethoven hatte um »einige Bouteillen sehr alten Rheinweins« gebeten. Die Sendung kam zu spät.

Etwas weiter nordöstlich liegt der Weinbauort Geisenheim mit dem alten Schloß, in dem ein Vorfahre des jetzigen Besitzers 1648 den Friedensvertrag entwarf, der den Dreißigjährigen Krieg beendete. Die Lehr- und Forschungsanstalt in Geisenheim, 1872 gegründet, ist eine unentbehrliche Hilfe für den deutschen Weinbau. Studenten können die Schule nur nach vierjähriger Praxis besuchen. Geisenheim hat im Kampf gegen den heimlich beigefügten Zucker im Wein gute Arbeit geleistet. Dann kommt Östrich mit Doosberg, Lenchen und Klosterberg. Hattenheim liefert große Weine: Steinberger, Hattenheimer Nußbrunnen, Hattenheimer Wisselbrunnen, Hattenheimer Mannberg. Ehrbach ist stolz auf den Marcobrunn (Markobrunn), einen der besten Rheingauweine. Thomas Jefferson, der etwas von Weinen verstand, hielt den Marcobrunn für den besten Rheingauwein, als er 1788 seine Rheinfahrt machte. Das beste Weingut gehört dem Grafen von Schönborn und dem Freiherrn Langwerth von Simmern. Gute Weine tragen das Etikett Hohenrain, Siegelsberg, Steinmorgen. Schließlich Eltville, das römische *alta villa*, einst der Sommersitz des Kurfürsten von Mainz, mit wichtigen Weingütern (Sonnenberg, Langenstück, Taubenberg).

Von diesen Uferweinen muß man die Weine höher oben unterscheiden. Die Uferweine sind weicher und geschmeidiger, aber sie haben weniger Rasse und Kraft als die Weine aus den Höhenlagen, die oft den fruchtigen Geschmack haben, welcher die besten Rheingauweine charakterisiert. Vor allem die Stadt Johannisberg, die ihren Ruhm dem großen Weinberg verdankt, der Schloß Johannisberg heißt. Von den 190 Hektar Weingebiet gehören 35 Hektar zum Schloß, das seit 1816 im Besitz der Familie Metternich ist. Einst als Mons Episcopi bekannt, wurde der Weinberg im 11. Jahrhundert vom Erzbischof von Mainz den Benediktinern gegeben, die ihr Kloster auf dem Hügel Johannes dem Täufer weihten. Nach 1803 kam der Weinberg in die Hände des Prinzen von Orange, Napoleons und des Kaisers von Österreich, der ihn Metternich für seine Verdienste beim Wiener Kongreß gab. Die Weine von Schloß Johannisberg sind weit geschätzt und gut bezahlt, aber es gibt Ketzer, die einige Nachbarweine vorziehen. Aber zweifellos ist Schloß Johannisberg, im letzten Krieg teilweise zerstört und wieder restauriert, der schönste Anblick weit und breit. Das Schloß macht einen Qualitätswein und verschiedene Qualitätsweine mit Prädikat. Die feinsten sind die Beeren- und Trockenbeerenauslesen mit einem goldenen Siegel, die in guten Jahren gemacht werden. »Fürst von Metternich Prädikats-Sekt« wird aus leichteren Rieslingweinen gemacht.

Ein anderes vornehmes Weingut in den Höhenlagen ist Schloß Vollrads oberhalb von Winkel am Rhein. Vollrads ist ein Märchenschloß mit Zugbrükke, Türmen, Schwänen im Burggraben und einem privaten Museum. Es befindet sich seit dem 14. Jahrhundert im Besitz der Familie Matuschka-Greiffenclau. Die Weine, aus Rieslingtrauben gemacht, sind voll, parfümiert und würzig. Wie in Schloß Johannisberg macht man auch in Vollrads einen Qualitätswein und verschiedene Qualitätsweine mit Prädikat, die Kapseln verschiedener Farben haben. Die Beeren- und Trockenbeerenauslesen haben goldgefärbte Kapseln. Der Sekt heißt Schloß Vollradser.

Nicht weit davon ist Schloß Eberbach, berühmt für den Steinberger, einen der besten und teuersten Weine in Deutschland. Der Wein wird in dem Kloster gemacht, das vor fast tausend Jahren von den Augustinern gegründet wurde. Der Steinberg existiert seit dem Jahre 1235. Die alte Kirche ist eine Art Museum, aber die Weinerzeugung ist ganz modern und wird allgemein bewundert. Früher einmal auch ein Irrenhaus und im Ersten Weltkrieg ein Militärspital, gehört Kloster Eberbach jetzt dem Staat. Dort werden nicht nur Steinberger, sondern auch Rüdesheimer Marcobrunn und einige Hattenheimer Weine hergestellt. Nach der Säkularisierung durch Napoleon kam der Weinberg in die Hände des Fürsten von Nassau, 1866 in den Besitz von Preußen und wurde 1945 von Hessen übernommen. Der frühere private Keller des Fürsten von Nassau kann besichtigt werden. Von diesem »Kabinett« kommt die Bezeichnung auf den Etiketten feiner deutscher Weine.

Die staatliche Domäne – der Staat – ist Deutschlands größter Weingutbesitzer. Unter den sieben

Weingütern befinden sich Rauenthal, Markobrunn, Hattenheim, Steinberg, Rüdesheim und Hochheim. Im Rheingau und an der Bergstraße nahe Heidelberg besitzt der Staat 200 Hektar Weinland und macht alljährlich bis 2000 Halbstücke Wein.

Hoch oben auf den Hügeln liegen die Weinberge von Kiedrich mit den berühmten Lagen Gräfenberg, Sandgrube, Wasserrose. Weiter östlich ist Rauenthal, dessen Weine zu den bestgemachten deutschen Weinen gehören und fast so teuer sind wie die Weine von Schloß Johannisberg. Sogar die kleineren Besitzer in Rauenthal sind bekannt für die Qualität ihrer Weine. Der Rauenthalerberg wurde seit sieben Jahrhunderten bebaut; die staatliche Domäne ist der größte Besitzer mit 24 Hektar Weinland. Die berühmten Lagen heißen Baiken, Gehrn, Rothenberg und Langenstück.

Etwas weiter entfernt, östlich vom Main und nicht am Rhein gelegen, ist Hochheim. Die Weine gehören zum Rheingau, obwohl sie manche Eigenschaften der Weine von Rheinhessen und Franken haben und manchmal sogar an Moselweine erinnern. Die besten Lagen heißen Domdechant, Kirchenstück, Stein, Hölle und Viktoriaberg, leicht und elegant, nach Königin Viktoria von England benannt, die den »Hock« besonders liebte. *»Good Hock keeps off the doc«*, soll sie gesagt haben. Ein guter Hock hält den Doktor fern. Kein sauberer Reim, aber ein wahrer.

Winzer und Weinliebhaber sind oft Lokalpatrioten, die *ihre* Weine – die Weine, die sie erzeugen und daheim trinken – für die besten halten. Es ist dann zwecklos, mit ihnen darüber zu diskutieren. Die größten deutschen Weine kommen aus den Anbaugebieten Mosel–Saar–Ruwer und Rheingau. Andere deutsche Weingebiete machen oft gute und manchmal sogar große Weine. Aber die Weine aus Rheinhessen über die Rheingauweine zu stellen, wie man in Rheinhessen oft hört, ist falsch.

Rheinhessen, das liebliche Land zwischen Mainz und Worms, ist eines der ältesten Weinbaugebiete in Deutschland. Die Römer haben dort schon im zweiten Jahrhundert der christlichen Zeitrechnung Weinberge angelegt. Im achten Jahrhundert kaufte das weit entfernte Kloster Fulda einen Weinberg in Rheinhessen. Heute sind die Weine aus Rheinhessen in Deutschland und im Ausland sehr beliebt, weil man sie »verstehen« kann und beim Kosten vielleicht errät, woher sie kommen. Das ist bei Mosel- und Rheingauweinen schwerer. Rheinhessenweine sind milder und weicher als die nördlicheren Weine, sie spiegeln gewissermaßen die milde Landschaft wider, sie sind oft fruchtig, und die besten von ihnen haben Eleganz. Die Sonne scheint oft, Fröste sind selten, und die Reben müssen nicht ums Überleben kämpfen wie an der Mosel. Aber die Natur ist gerecht. Die Reben in Rheinhessen haben niemals die charakteristischen Eigenschaften der feinen Reben weiter im Norden.

Etwa 40 Prozent des großen Gebietes – 1,5 Millionen Hektar, 92 Prozent Weißweine – sind mit Silvaner- und ebenso viele Hektar mit Müller-Thurgau-Reben bepflanzt. Nur 6 Prozent der Anbaufläche tragen Rieslingreben. Sie geben einigen Weinen Rasse und eine gewisse Qualität von »Stahl«, wie man in Rheinhessen sagt. (Weinleute kommen auf absurde Gedanken: Wer würde beim Wein an Metall denken?)

Der Boden ist sehr verschieden. Die Hügel haben Kalk und Mergel, manchmal auch Cyrenenmergel, der verwittert, was gut für die Reben ist. Um Bingen enthält der Boden Quarzschiefer. Von Nackenheim bis Nierstein hat der Boden eine rötliche Farbe und enthält Sandsteinablagerungen aus der Eiszeit. Dieser Boden läßt den Regen durch, und die Reben in diesen Gegenden überstehen die regenreichen Jahre besser als die in anderen Gegenden.

In Rheinhessen sagt man: »Wenn Sie kein Winzer sind, sind Sie nicht aus Rheinhessen.« In fast allen Städten sind Weinberge. Die meisten Winzer haben weniger als einen Hektar Boden, nur in Nierstein, Bingen und Oppenheim gibt es große Güter. Oft bauen die Weinbauern auch Getreide und Gemüse an, was ihnen in schlechten Jahren hilft. Genossenschaften arbeiten nach modernen Methoden und beherrschen oft den Verkauf. Die besten Lagen liegen an der Rheinfront und tragen oft Rieslingtrauben. Die ergiebigere, sanfte Silvanertraube macht den »vollmundigen« Rheinhessenwein, der beliebt zu Spargel und anderem Gemüse ist. Die Rheinhessen sind keine Hessen, eher den Pfälzern ähnlich; ursprünglich lebten hier die Kelten.

Die Weine von Bingen sind Rheinhessenweine, ganz verschieden von den Rheingauweinen in Rüdesheim, auf der anderen Seite des Rheins. Der Quarzschieferboden gibt ihnen einen »lebendigen« Geschmack. Die Weine von der Rheinfront schmecken oft leicht rauchig. Früher führte man das auf die Dampflokomotiven und die Schleppkähne zurück. Heute fahren die Züge elektrisch, die Kähne werden mit Dieselöl betrieben, und der Wein schmeckt noch immer leicht rauchig – es liegt also doch wohl am Boden, wie überall.

Die bekanntesten und besten Rheinhessenweine kommen aus Nierstein, wo fast alle Leute im Weingeschäft tätig sind. Die Weine, voll und weich und elegant, sind in der ganzen Welt bekannt; die besten werden aus Rieslingtrauben gemacht. »Nierstein« kommt von den heißen Quellen von Neri, von den Römern sehr geschätzt. Später nannte man den Ort Neri am Stein – der Grenzstein, der einst Deutschland von Frankreich trennte – und daraus wurde Nierstein. Die besten Weinberge sind Glöck, Heiligenbaum, Kranzberg, Ölberg, Orbel, Hipping, Pettenthal, Bildstock, Hölle und Paterberg, aber es gibt noch viele andere auf dem Weinbaugebiet von siebenhundertsechzig Hektar.

Einige Kilometer südlich liegt Oppenheim mit volleren, milderen Weinen, die in heißen Jahren manchmal besser sind als die Niersteiner. Der Boden von Oppenheim hält das Wasser, in Nierstein sind die Weinberge steiler, und das Wasser kann leichter abfließen. Die Anbaufläche ist ein Drittel von Nierstein. Keine der beiden Städte hat den Zauber einer Weinstadt – die Amerikaner fühlen sich dort wie in Pittsburgh, die Engländer wie in Newcastle. Aber die Weine sind gut. Zu den besten Lagen in Oppenheim gehören Daubhaus, Herrengarten, Paterhof, Herrenberg, Kreuz, Schloßberg, Sackträger.

Andere Weinorte sind Nackenheim mit Rothenberg und Engelsberg; Ingelheim, wo die aus Frühburgunder- und Spätburgunderreben gemachten Rotweine zu den besten deutschen Rotweinen gehören und – so sagen viele Kenner – mit den Rotweinen von Frankreich konkurrieren können; Dexheim, einst den Weinen aus Nierstein und Oppenheim gleichgestellt; Gau-Algesheim an der Rheinfront, wo alljährlich im Oktober ein Wein-Festival stattfindet; Guntersblum, mit 356 Hektar Weingebiet, wo man fruchtige Weine macht; Schwabsburg, ein schöner Ort mit einem von Friedrich Barbarossa gebauten Schloß und Weinbergen, die zu Nierstein gezählt werden.

Und natürlich Worms, einst eine weltbekannte Weinstadt, wo Martin Luther 1521 als Häretiker geächtet wurde. Vom Liebfrauenstift kommen gute Weine. Seit 1910 gibt es Weine mit dem Etikett »Liebfraumilch« oder »Liebfrauenmilch«, die sehr populär sind, vor allem in Amerika. Der Name war ursprünglich »Liebfrauenminch« – von »Minch« (Mönch) an der Stiftskirche abgeleitet. Meist sind es Qualitätsweine aus Rheinhessen, oft verschnitten, die dem Anbaugebiet wenig Ehre machen.

Die Rheinpfalz (englisch *Palatinate*, von Palatium, Königshof), südlich von Rheinhessen, hat das wärmste Klima aller deutschen Weingebiete, mit 1875 Sonnenstunden im Jahr. In den Obstgärten wachsen Zitronen und Feigen, Kirschen, Aprikosen, Pfirsiche, und die Trauben reifen bald und geben einen vollen, milden, »südlichen« Wein. Die Weingüter liegen nicht auf Hügeln und Abhängen, sondern in einer von Bergen geschützten Ebene. Die Pfalzweine haben ein schönes Bouquet. Ihr Geschmack kommt vom Boden, einer Mischung von Basalt, Kalk und Lehm. Man macht viele Beeren- und Trockenbeerenauslesen. Die Pfalz produziert ein Fünftel aller deutschen Weine, überwiegend werden sie an Ort und Stelle getrunken. Meist sind es leichtere Weine, aber die besten Pfalzweine sind voll und süß und alkoholreich, mit einem Bouquet, »dem pfälzischen Weincharakter«. Auch die Pfalz ist ein Land der kleinen Winzer; sie hat über 2500 Weingüter, die meisten kaum größer als ein Hektar. Das neue Weingesetz hat die Zahl auf 300 reduziert, aber es ist noch immer schwer, sich in der Rheinpfalz zurechtzufinden.

Die meisten Weine wachsen entlang der Weinstraße. Sie beginnt im Süden am Weintor, an der französischen Grenze, und geht nördlich bis zur Grenze von Rheinhessen. In den schönen, alten Dörfern gibt es Weingärten und Weinlokale, und alle reden vom Wein, wenn sie ihn nicht gerade trinken. 84 Prozent der Weine sind weiß; die besten roten kommen aus Bad Dürkheim. Pfalzweine sind im Ausland sehr populär, in England, Amerika, Belgien, Holland, der Schweiz, Skandinavien. Im mittleren Teil der Pfalz erzeugt man gute Weine aus Rieslingtrauben, aber die feinen Auslesen machen nur 15 Prozent aller Weißweine aus. Die Weine aus Silvanertrauben (31 Prozent) sind weniger elegant. Angebaut werden auch Gewürztraminer- und Müller-Thurgau-Reben, Muskateller, Ruländer, Burgunder sowie Grauer Burgunder. Die Weine haben viel Körper, weil sie viel Sonne bekommen. Manchmal werden sie mit Weinen aus dem Rheingau und von der Mosel verschnitten.

Die Rheinpfalz hat drei Weingebiete. In der Oberhaardt (oder Oberland), von der elsässischen Grenze bis Neustadt, leben über hundert Gemeinden vom Wein. Die Weine aus Maikammer und Edenkoben sind gut, die anderen selten von besonderer Qualität. Dafür ist die Quantität groß: bis zu 160 Hektoliter pro Hektar.

Die besten Pfalzweine kommen aus der Mittelhaardt zwischen Neustadt und Herxheim. Die Reben wachsen auf Kies und Sandboden, oft findet man auch Lehm, Kalk, Schiefer, Granit, Basalt. Auch hier ist die Rieslingtraube führend in der Qualität, dann kommen die Weine aus Traminer- und Silvanertrauben. Die feinsten Weine findet man in Forst und Deidesheim. Die Hügel westlich von Forst haben einen vulkanischen Basaltboden, der am Tag Hitze aufspeichert und in der Nacht Wärme abgibt. Die Trauben reifen langsam und gleichmäßig. Das Forster Kirchenstück ist einer der wertvollsten deutschen Weinberge. Hier läßt man sogar in weniger guten Jahren die Trauben lange an den Rebstöcken. In guten Jahren haben die Trockenbeerenauslesen bis zu 200 Grad Öchsle. Andere große Lagen: Jesuitengarten, Ungeheuer, Musenhang, Pechstein. Die Wärme in Forst ist manchmal subtropisch.

Deidesheim, der große Konkurrent, ist ein schöner alter Ort mit dreitausend Einwohnern und ähnlichen Böden wie in Forst. Auch hier wird der Boden von der Sonne gewärmt, es gibt kaum unreife Jahrgänge, dafür Beerenauslesen und Trockenbeerenauslesen, für die Spitzenpreise bezahlt werden. 60 Prozent der Trauben sind Riesling, 30 Prozent Silvaner. Die feinsten Lagen sind Hohenmorgen, Herrgottsacker, Leinhöhle, Kalkofen. Die zwei großen Güter von Bassermann-Jordan und Reichsrat von Buhl sind in Deidesheim.

Gute Weine werden auch in Ruppertsberg gemacht, einer alten Weinstadt, vor der christlichen Zeitrechnung gegründet; in Königsbach, woher die Steine kommen, aus denen der Reichstag in Berlin erbaut wurde; in Wachenheim, seit dem achten Jahrhundert bekannt, wo Dr. Bürklin-Wolf für hohe Qualität sorgt; in Bad Dürkheim mit fast 800 Hektar Anbaufläche, wo man den besten Pfälzer Rotwein macht und wo seit Jahrhunderten im September der »Dürkheimer Wurstmarkt« stattfindet, der auch das größte Weinfest in Deutschland ist; und in Ungstein, wo schwere Weine gemacht werden, die angeblich die Toten aufwecken.

Entlang der ganzen Weinstraße gibt es viele gute Weine in den verschiedensten Schattierungen und Geschmacksvariationen. Die Weine sind nicht so teuer wie die aus dem Norden. Kein Wunder, daß sie sehr populär sind.

*»Trinität«*
*aus dem Stundenbuch der Catharina von Clèves (MS 917, G–f 86v). holländisch, 15. Jahrhundert*

## Andere deutsche Weine

Frankenweine sind leicht zu erkennen, weil sie im Bocksbeutel verkauft werden. Aber sie sind untereinander so verschieden, daß sie immer wieder überraschen. Im Ausland nennt man sie oft »Steinweine«, aber gesetzlich dürfen nur Weine vom Stein, dem berühmten Weinberg in Würzburg, so genannt werden. Der Boden besteht dort aus verwittertem Muschelkalk. Der Steinwein aus Riesling- und Silvanertrauben hat ein starkes Bouquet, eine schöne grüngoldene Farbe und ist einer der besten deutschen Weine. Goethe liebte die Würzburger Weine. 1806 bat er seine spätere Frau Christiane aus Karlsbad um einige Flaschen seines »Lieblingstranks«.

Am Stein haben die Winzer ein Denkmal errichtet, das eine Rebsorte ehrt. Nicht den Riesling, wie man annehmen würde, sondern die Silvanertraube. Der Frankensilvaner, in Franken oft »Österreicher« genannt, hat viel Bouquet und eine milde Süße und wird oft mit Riesling verwechselt. Man kennt gelbe und grüne Silvanertrauben. In Würzburg gibt es zwei Spitäler, das Juliusspital und das Bürgerspital, die ihr Einkommen vom eigenen Wein haben, ähnlich den Hospices de Beaune in Burgund. Gute Weine kommen auch aus Escherndorf und Randersacker, aus Klingenberg und Hörstein. Auch in Castell, Iphofen, Rödelsee, Abstwind, Homburg und Sommerach werden gute Weine gemacht.

Die Weine von der Nahe, die bei Bingen in den Rhein mündet, ähneln manchmal den Weinen von der

Saar und Rheinhessen. Wenn sie aus Gegenden nahe der Flußmündung kommen, erinnern sie an Weine aus dem Rheingau. An der Nahe wird der Weinbau nach modernen Methoden betrieben. Viele Weingüter liegen in Ebenen, wie in der Pfalz, und man kommt mit Geräten an die Trauben heran. Die besseren Weine werden aus Riesling- und Silvanertrauben gemacht; die Spitzenweine haben einen sehr eigenen Geschmack. 90 Prozent aller Naheweine sind weiß. Oft haben sie einen leichten Pfirsichgeschmack, sind vollmundig, haben eine originelle Süße. Die besten Naheweine kommen vom Schloß Böckelheim (Bökkelheimer Kupfergrube), aus Niederhausen (Herrmannshöhle, ein eleganter Wein, Rosenheck, Rosenberg) und aus Bad Kreuznach (Narrenkappe, Krötenpfuhl, Kahlenberg). Rüdesheim-Nahe, nicht zu verwechseln mit Rüdesheim im Rheingau, macht den sehr guten Rosengarten. Maifröste können sehr gefährlich an der Nahe sein.

Der Mittelrhein zwischen Bingen und Koblenz ist berühmt für seine landschaftlichen Schönheiten, das Land der Lorelei und alten Burgen; aber die Weine vertragen keinen Vergleich mit dem weniger schönen Rheingau im Süden. Am Mittelrhein gibt es Weinberge auf beiden Ufern des Flusses, zwischen Lorchhausen und Niederdollendorf im Siebengebirge, auf dem linken Ufer zwischen Bingen und Koblenz. Aus manchen Gegenden, wo die Reben auf Ton und Schiefer stehen, kommen Qualitätsweine aus Rieslingtrauben, die an Pfählen gezogen sind. Zu den guten Weinen aus der Gegend gehören Boppard,

Wolfshöhle in Bacharach, Langgarten und Mönchwingert in Manubach, Fürstenberg und Bischofshub in Oberdiebach, Sieben Jungfrauen und Goldemund in Oberwesel.

Die Weine aus Baden, im weiteren Ausland fast unbekannt, ähneln manchmal den Weinen aus dem nahe gelegenen Elsaß. Viele Weine, die zwischen dem Bodensee und der Gegend von Heidelberg wachsen, wurden in den letzten Jahren dank moderner Methoden verbessert. Man macht jetzt weiße und rote Weine und hat verschiedene Traubensorten eingeführt. Gute Rotweine ergibt die Spätburgunderrebe (die in Burgund als die vornehme Pinot Noir-Rebe bekannt ist) und ihre Abart, die Blaue Spätburgunderrebe. Aus der Gutedeltraube macht man die Markgräfler-Weine südlich von Freiburg. Die Ruländertraube (Pinot Gris) gibt einen vollen, fruchtigen, goldgefärbten Wein. Nur 15 Prozent des Weinlandes tragen die Rieslingtrauben, aber am Kaiserstuhl und in der Ortenau macht man daraus die besten badischen Weine. Ein sehr spezieller Wein ist der Weißherbst, mit einem sehr feinen Bouquet, der aus dem Glottertal nahe Freiburg kommt. In Neuweier füllt man die besten Rieslingweine in Bocksbeutelflaschen ab, während sonst die badischen Weine in grünen Schlegelflaschen verkauft werden.

In Württemberg überwiegen die Rotweine. Viele kommen aus dem Tal des Neckars, der bei Mannheim in den Rhein mündet: eine schöne Landschaft, oft von Dichtern besungen. Friedrich Hölderlin, der aus dem Neckartal kam, dichtete: »Seliges Land! Kein

Hügel in dir ohne Weinstock!« Für die Rotweine werden Trollinger und Spätburgunder, für die Weißweine Riesling, Silvaner, Traminer und Ruländer verwendet. Der bekannteste Wein aus der Gegend ist der Schillerwein, nicht nach Friedrich von Schiller benannt, sondern weil er zwischen Weiß und Rot »schillert«. In Frankreich würde er »rosé« genannt. Entweder werden weiße und rote Trauben zusammen gekeltert, oder die roten Trauben werden leicht ausgepreßt, und der helle Saft wird bald von den dunklen Schalen separiert. Manche Schillerweine bereitete man früher aus roten Weinen, die durch Kohle »erhellt« wurden, was jetzt verboten ist. Echte Schillerweine sind sehr beliebt in Deutschland.

Schließlich müssen auch die roten und weißen Weine von der Ahr erwähnt werden. Vor allem die Rotweine sind in Deutschland sehr beliebt: der Ahrweiler, der Walporzheimer, die Weine von Bad Neuenahr. Sie werden meist an Ort und Stelle getrunken. Die Weinberge zählen zu den ältesten in Deutschland, und einige davon gehören zu den nördlichsten.

## Sekt

Sekt ist ein deutsches Phänomen. Kein Land macht mehr Schaumweine als die Bundesrepublik. 1976 verkauften die achtzig Sektkellereien Deutschlands über 270 Millionen Flaschen. Zwei Drittel der deutschen Bevölkerung trinken Sekt, viele mindestens einmal im Monat, manche, ohne einen besonderen Anlaß zu haben. In der Champagne erzeugte man 1976 etwa 153 Millionen Flaschen, vor allem für Frankreich, und für 180 andere Länder der Welt. Man müßte eigentlich fast annehmen, die Deutschen ertrinken im Sekt.

Champagner und Sekt sind völlig verschieden. Champagner darf nur aus Trauben gemacht werden, die in der Champagne wachsen, einem gesetzlich strengbegrenzten Gebiet. Die Produktion ist daher durch den Anbau der Reben beschränkt. Sekt wird aus deutschen Weinen gemacht. Der Name kommt von der englischen Bezeichnung *sack* für den spanischen *vino secco.* Angeblich war es der große deutsche Schauspieler Ludwig Devrient, der ausrief: »Eine Flasche Sekt, Bube!« Er wollte Falstaff paraphrasieren, der in der Schenke »a cup of sack« verlangte. Falstaff wollte einen *vino secco.* Devrient verlangte Champagner, denn Sekt gab es damals noch nicht. Die älteste Champagnerfirma, Ruinart in Reims, machte seit 1729 Champagner. Die erste Produktion von Sekt aus deutschen Weinen gelang 1833 bei Deinhard in Koblenz. Ein Jahr zuvor war Devrient gestorben.

Seither sind die deutschen Sekthersteller mit einem Champagnerkomplex belastet. Sie sind nicht sehr glücklich über den ständig ansteigenden Verkauf von Champagner in der Bundesrepublik. Selbst ein zweitklassiger Champagner kostet mehr als ein teurer Sekt, und die Leute, die jetzt mehr Geld haben, gehen vom Sekt zu Champagner über.

Man hat in vielen Ländern versucht, Champagner zu imitieren, aber es ist niemals gelungen. Die deutschen Sekterzeuger sind vernünftig: anstatt einer Champagner-Imitation produzieren sie den besten deutschen Sekt, den sie machen können; er kann sehr gut sein. Aber der Marktanteil der feinen Sekte ist nur 20 Prozent. Die meisten Sektkellereien kaufen Weine überall in Deutschland, nicht immer die besten, und verarbeiten sie möglichst schnell zu Sekt. Aber guter Sekt braucht Zeit, und die Zeit kann man nicht ersetzen. Nur wenige Firmen haben ihre eigenen Weinberge, machen guten Sekt aus guten Trauben und verwenden Zeit und Mühe darauf.

Deinhard & Co. beispielsweise besteht seit 1794 in Koblenz. Die Firma besitzt an der Mittelmosel und im Rheingau über 500000 Quadratmeter an eigenen Weinbergen in den besten Lagen, darunter fast die Hälfte des Bernkasteler Doktorbergs. Das Haus hat die Napoleonischen Kriege, Revolutionen, Inflationen und zwei Weltkriege überstanden. 1919 und 1945 mußte man wieder von vorn anfangen. 1976 verkaufte die Firma fast 10 Millionen Flaschen Sekt, vor allem in Deutschland, und exportierte 5 Millionen Flaschen von guten und sehr guten deutschen Weißweinen nach neunzig Ländern. Der feinste Sekt des Hauses, »Deinhard Lila Brut 1975«, ist eine Jahrgangs-*cuvée*, nur aus Riesling vom Rhein und von der Saar gemacht. Es ist schwer, aus Riesling einen Sekt zu machen, der fast trocken ist und doch nicht nach Säure schmeckt. So trocken wie ein Champagner *brut* ist er nicht, kann er auch nicht sein, denn die Deutschen würden ihn dann nicht trinken. Deinhard importiert Pommery aus der Champagne und verkauft 800 000 Flaschen jährlich. Aber nur 100 000 Flaschen davon sind Pommery *brut*. 700 000 Flaschen sind der süßere »Drapeau Sec«.

Bis vor zehn Jahren machte man bei Deinhard den Sekt nach der *méthode Champénoise*. Heute sieht man Andenken dieser Zeit nur im Hausmuseum. Der steigende Absatz, der Mangel an Spezialisten und der sogenannte technische Fortschritt zwangen auch Deinhard, von der traditionellen »romantischen« Herstellung in alten Kellern abzugehen. Im Museum steht die alte Maschine, die gleichzeitig sechs Flaschen füllte. Moderne Maschinen füllen automatisch Tausende Flaschen pro Tag. Es war keine leichte Entscheidung. Man wartete länger als die anderen großen Firmen, bevor man die Umstellung vornahm. Auf einem Gelände außerhalb der Stadt baute man eine Sektbereitungsanlage, wo jetzt Sekt nach dem modernen Großraumpräzisionsverfahren hergestellt wird.

Für Leute, die in der Champagne waren, ist die moderne Fabrikationsanlage ein Schock. Oft habe ich die alten *remueurs* und *dégorgeurs* in den dunklen Kellern der großen Firmen bewundert, die bei künstlichem Licht ihre monotone Präzisionsarbeit verrichten. Bei Deinhard werden die *cuvées* in riesigen Edelstahlbehältern (245 000 Liter) vereint und mittels großer Rührwerke »harmonisiert«. Der Zusatz von Reinzuchthefe und Rohrzucker erfolgt »vollautomatisch« und ist »elektronisch gesteuert«. Die zweite Gärung erfolgt nicht in Flaschen, wie in der Champagne, sondern in glasemaillierten Riesenflaschen (Tanks), die bis zu 120 000 Liter fassen. Überall sind Kühl- und Klimaanlagen. Es gibt keinen Staub, keine Spinnweben, die Herstellung ist hygienisch, man könnte auch sagen: steril. Eingebaute elektrische Rührwerke bewegen die *cuvées* und verrichten die Arbeit der früheren Rüttler. Keine menschliche Hand berührt die Flüssigkeit. Kann in diesen technischen Anlagen ein köstlicher Schaumwein entstehen? Die Käufer geben die Antwort.

Besucher aus der Champagne sind meist schweigsam, wenn sie die Fabrikationsanlagen beobachten. Die Hersteller sagen, sie hatten keine Wahl. Die Zeit hätte sie überrannt, wenn sie bei den traditionellen Methoden geblieben wären. Eine Flasche Champagner kann noch immer ein Kunstwerk sein. Eine Flasche Sekt ist unter Umständen eine technische Großtat. In Italien, Kalifornien, Algerien und anderen Ländern werden jetzt auch Stillweine in großen Tanks gemacht. Anscheinend ist es unmöglich, den »Fortschritt« aufzuhalten.

Bei Deinhard wird der Rohsekt nach sechs Monaten filtriert, bis er so trocken ist, wie er bei der Verwendung von Rieslingtrauben sein kann. Ohne in

Berührung mit der Luft zu kommen, wird er in andere Großbehälter geleitet. Die *Dosage* des klaren Weines erfolgt wieder vollautomatisch und elektronisch. Das deutsche Gesetz gestattet Dosagen von *brut* (rauh, weniger als 1 Prozent Zucker) zu extra trocken (bis 2 Prozent), trocken (bis 5 Prozent) und zu süßeren Mischungen. Je trockener der Sekt, um so feiner, da man dann kleine Unvollkommenheiten bemerkt; in dieser Hinsicht ist es derselbe Effekt wie beim Champagner.

Die meisten Sekttrinker haben *brut* noch nicht entdeckt. In Norddeutschland bevorzugt man süßere *cuvées* als im Süden. Nach der vollautomatischen Dosage bleibt der Sekt noch einige Monate im Großbehälter. Unter ständiger Kontrolle wird er dann auf null Grad Celsius gekühlt, um die Kohlensäure eng an den Wein zu binden. Schließlich wird der Sekt über besondere Schichtenfilter in Flaschen gefüllt, die mehrere Monate (nicht Jahre) gelagert werden.

Das alles klingt für die Leute aus der Champagne absurd, aber bei Deinhard behauptet man, das moderne Verfahren sei »präziser, hygienischer und wissenschaftlich richtiger« als die »romantische« Erzeugung in den alten Kellern. Romantik gibt es allerdings nicht in den modernen Anlagen. Man sieht meist Maschinen, kaum Menschen: Ein paar Männer, welche die Maschinen betreuen, Frauen, die die automatischen Fließbänder überwachen. Die Qualität wird ständig kontrolliert, und Mängel können schnell beseitigt werden.

Glücklicherweise gibt es noch immer bestimmte Dinge, die von Menschen gemacht werden müssen. Die Kunst, aus den harten rohen Weinen eine *cuvée* zu mischen, die einmal ein feiner Sekt werden soll, kann man noch keiner Maschine anvertrauen. Vorläufig kann die Elektronik noch nicht die menschlichen Geschmacksnerven ersetzen. Bei Deinhard fällt die schwierige Aufgabe Hanns Christof Wegeler zu, der mit zwei Mitarbeitern die *cuvée* »komponiert«.

Bei den riesigen Mengen Wein, die gemischt werden, könnte ein ernster Fehler katastrophal sein. Manchmal lautet das Votum zwei zu eins, dann wartet man einige Tage und versucht es wieder, bis man eine *cuvée* findet, die alle drei überzeugt. Der fertige Sekt soll Menschen in verschiedenen Ländern ansprechen. Er soll harmonisch sein wie ein guter Wein, bei dem der Gehalt von Traubenzucker und Säure ausgewogen ist. Er soll Leuten mit verschiedenen Geschmacksvorstellungen gefallen.

Eine faszinierende Aufgabe. Sekt soll froh und leicht sein, spritzig und hell. Sekt wird kürzer gelagert und jünger getrunken als Champagner, hat weniger Bouquet und weniger Farbe. Manche Spitzensekte werden nach zwei Jahren getrunken. Champagner, vor allem die weniger leichten Marken, trinkt man nach sechs bis sieben Jahren. Sektflaschen sind aus dünnerem Glas gemacht als die meisten Champagnerflaschen und wirken kleiner. Die neue deutsche Glastechnologie erzeugt jetzt dünnere Flaschen, die dem hohen Druck von innen (mindestens 3,5 Atü) standhalten. In Koblenz spricht man von einer

Blindprobe vor zwei Jahren, als einige Experten aus der Champagne sich auf einen Wein als den besten »Champagner« einigten. Es war ein »Deinhard »Lila«-Sekt. Auch Kenner sind nicht unfehlbar.

Die Zukunft wird zeigen, wer recht hat – die Leute in der Champagne, die von der Tradition nicht abgehen, oder die industriellen Sekthersteller in Deutschland, die sich dem technischen Fortschritt verschrieben haben.

# Italien, ein riesiges Weingut

In Italien gehört der Wein zum Leben – wie die Sonne, das Lachen, die Musik. Der Italiener trinkt immer Wein zum Essen, 110 Liter im Jahr, mehr als die Menschen in vielen anderen Ländern. Er redet nicht viel über seinen Wein, er trinkt ihn als *bianco* (weiß) oder *rosso* (rot). Der Wein wird in Karaffen oder offenen Flaschen serviert, ist oft schlampig gemacht, nicht völlig vergoren, dick, ohne Finesse. Das stört die Italiener nicht. Wein gehört zu *pasta*, und niemand ißt *pasta*, ohne Wein dazu zu trinken. Italienische Weine sind beliebt, weil sie keine besondere Kennerschaft voraussetzen.

Überall in Italien wächst Wein, in Weinbergen und auf Getreidefeldern, neben den Straßen und auf sonnigen Terrassen, zwischen Olivenbäumen und entlang von Hecken, an Scheunenwänden und in Obstfeldern. Italienische Weine sind meist regional so verschieden wie die Küche der einzelnen Regionen. Der Italiener spricht selten von »italienischer« Küche. Er kennt die Küche von Piemont, der Lombardei,

Venetien, der Toscana und so weiter. Bis auf gewisse überregionale Speisen sind die Küchen verschieden – eine der Freuden, wenn man durch Italien fährt. Das Essen und die Weine sind ganz anders in Turin, Mailand, Venedig, Florenz, Rom und Neapel. In Bologna behauptet man, die dortige Küche sei die beste, aber das behauptet man in allen anderen Gegenden auch. Italien ist erst seit über hundert Jahren ein geeinigtes Land.

Die Reben gehören dazu, oft bemerkt man sie gar nicht. Niemand scheint sich um sie zu kümmern, außer in ausgesprochenen Weingegenden. Fast jeder Bauer macht etwas Wein für sich und verkauft den Rest an die lokale Kooperative. Italien ist jetzt der größte Weinproduzent und Exporteur der westlichen Welt. Das Land erzeugt fast 70 Millionen Hektoliter Wein und exportiert davon über 14 Millionen – 20 Prozent der gesamten Produktion. Italien ist ein riesiges Weingut. Aber trotz der Fülle von eigenen Weinen importiert Italien 250000 Hektoliter Wein pro Jahr.

Gelegentlich macht ein Adeliger einen feinen Wein, vor allem für sich und seine Freunde, oder eine Kooperative macht gute Weine. Eine bessere Weinfirma wählt manchmal einige gute Fässer aus und füllt den Wein in Flaschen ab. Solche Weine können sehr gut sein. Viele italienische Weine, die man im Ausland bekommt, sind entweder *vini tipici* (Einzahl *vino tipico*), die typischen echten Weine aus der Landschaft, nach der sie benannt sind; oder, seltener, ist es ein *vino classico*. Nur die besten italienischen Weine tragen diese Bezeichnung, meist handelt es sich um Rotweine.

Italienische Weine sind selten teuer. Fast in allen Weindistrikten, das heißt in ganz Italien, macht man rote und weiße Weine, trockene und süße, stille Weine und Schaumweine. Es ist fast immer ein Vergnügen, sie zu trinken. Niemand spricht über besondere Jahrgänge. Die Sonne scheint immer, wozu die langen Reden? Die weißen Weine werden bald getrunken, die roten etwas später. Man lacht über die Gäste aus Frankreich und Deutschland, die prüfend auf den Wein schauen, seinen Duft ergründen und ihn langsam kosten. Die Engländer, die so gern nach Italien gehen, tun es schon längst nicht mehr.

Die Menschen in Italien sind bescheiden, aber sie verstehen zu leben. Oft sehe ich zwei arme Italiener in einer *trattoria.* Jeder hat einen Teller mit dampfenden Spaghetti, und dazwischen steht eine Karaffe mit Wein. Die Sonne scheint, und sie sind fröhlich. Viel fröhlicher als die gehetzten Generaldirektoren in den Nobelrestaurants von New York (oder Frankfurt oder Tokio), die zwischen den Gängen ihres Spesenkonto-Essens schnell ein paar Pillen einnehmen. Von Freude auch keine Spur.

In Italien, dem typischen Weinland, wird auch viel Unsinn über Wein geredet. »Der Chianti ist der beste italienische Wein.« Falsch. Der bekannteste, aber nicht der beste. Oft hat der sogenannte »Chianti« niemals die Chianti-Region gesehen. Viel mehr »Chianti« wird exportiert, als man in der Chianti-Region der Toscana erzeugen kann. Echter Chianti

*Mosaikgewölbe, Detail mit Pflanzenmotiven*

*Santa Constanza, Rom 324–326*

kommt aus einem relativ kleinen Gebiet in Mittelitalien, zwischen Florenz und Siena. Die Trauben wachsen auf den Weinbergen der Via Chiantigiano. Die Grenzen des Gebietes sind gesetzlich vorgezeichnet. Nur Chianti-Weine, die aus diesem Gebiet kommen, dürfen den Namen Chianti Classico führen. Die Erzeuger versuchen, sich gegen Nachahmungen zu schützen. Der Flaschenhals trägt die Seriennummer und das Zeichen der mittelalterlichen Chianti-Liga, einen schwarzen Hahn, umrahmt in Hellrot gegen einen goldenen Hintergrund. Aber Produzenten, deren Güter nahe den Grenzen der Chianti-Region liegen, führen ein Zeichen, das ziemlich ähnlich ist. Solche Weine, obwohl nicht Chianti Classico, können *tipo* (die Type) Chianti sein; manche, wie die aus Arezzo, sind gut. Einer der besten Chianti Classico-Weine ist der Chianti Brolio, nach dem Schloß genannt, in dem die Ricasoli-Familie seit 1141 gelebt hat. Wein wurde dort seit dem Jahre 1000 gemacht, aber während der Renaissance waren die Barone meist mit den Kriegen beschäftigt, die Florenz und Siena gegeneinander führten. Die Kriege endeten im 16. Jahrhundert. Seither macht die Familie Brolio Weine, die wirklich aristokratisch sind. Früher einmal war Chianti als »Florentiner Wein« bekannt. Er wurde schon damals in dem strohumhüllten *fiasco* (2 Liter) verkauft oder in dem *mezzo-fiasco* (1 Liter).

Chianti ist so bekannt, daß viele Leute ihn für *den* italienischen Wein halten. Es gibt verschiedene Chianti-Sorten von den Gegenden ringsum, und einige davon sind sehr gut, wie der Chianti aus Rufina (nicht Ruffino, der Name einer Firma). Wirkliche Chiantis sind der Chianti Colli Aretini, Chianti Colli Fiorentini, Chianti Colli Senesi, Chianti Colli Pisani, Chianti Montalbano, Chianti Rufina. (*Colli* heißt »Hügel«.) Wenn man einen solchen Chianti findet, so hat man den wahren Artikel.

Viele Firmen füllen ihre besten Weine in bordeauxähnliche Flaschen, nicht ins *fiasco*. Chianti – jetzt kommt ein Schock – ist niemals ein leichter, eleganter Wein, hat oft einen bitteren Nachgeschmack, der ihn allerdings für viele Leute sehr attraktiv macht. Sie wollen ihren Wein richtig »schmecken«. Junger Chianti ist manchmal etwas *frizzante* (leicht schäumend). Echter Chianti ist schön rubinrot, meist aus Sangiovese-Trauben gemacht. Er ist schwer zu finden und nie billig. Gute Restaurants in Italien führen manchmal einen Brolio mit dem Etikett »Riserva Ducale«, meist in Flaschen, der von den Brolio-Weingütern kommt. Er ist fruchtig, am besten nach fünf Jahren. Es gibt auch einen trockenen hellen Chianti, der die Farbe von Bernstein hat. Auch die Chiantis der Firmen Antinori, Melini, Ruffino, Serristori haben manchmal gute Qualität. Chianti, der nicht aus der Toscana kommt, sollte mit Vorsicht und Mißtrauen behandelt werden.

Die Toscana ist überhaupt bekannt für ihre guten Weine. Siena wird oft die Weinhauptstadt von Italien genannt. Dort befindet sich die Italienische Akademie für Wein und Reben. In den Kellern des Medici-Schlosses werden italienische Weine ausgestellt. Robuste Weine der Gegend sind der Aleatico aus Elba, der weiße Procanico, den manche Enthusiasten mit dem Chablis vergleichen, der Vino Santo, süß und goldfarben, wahrlich ein Wein für die Heiligen, den die Bauern in der Toscana in kleinen Mengen machen, und der Moscatello aus Montalcino, den die Italiener auch ihren Kindern geben, weil er angeblich so gesund ist. Der Wein in Italien ist oft von Legenden umgeben. Vom Vino Santo sagt man, er fördere das gute Eheleben und mache die Großeltern jünger. Hoffentlich. Leider ist er schwer zu bekommen. Man muß schon gute Beziehungen haben, um ein paar Flaschen zu kaufen.

»Es gibt keine besonderen Weine in Italien.« Falsch. Es gibt ausgezeichnete Weine, aber es ist schwer, sie zu finden. Die guten Hotels und führenden Restaurants haben manchmal erstaunliche Weinkarten mit schönen italienischen Flaschenweinen. Aber auch sie führen meist einfache Weine aus der Gegend, in Karaffen. Viele Italiener lieben die Weine der Region.

»Niemand in Italien versteht etwas vom Wein.« Wieder falsch. Es gibt Leute in Italien, die sehr viel vom Wein verstehen, aber sie reden nicht darüber, sie wissen, daß man es dort nicht tut. Der Wein gilt als Medizin, ist »blutbildend«, fördert die Verdauung, erhält jung, tut Eheleuten gut. Und so weiter. Unter solchen Umständen will man sich nicht als »Kenner« deklarieren, selbst wenn man es ist.

»Es gibt keine staatlichen Weinkontrollen.« Auch falsch. Die Kontrollen sind nicht so streng wie in Frankreich oder Deutschland; Italien bleibt eben das Land der Individualisten. Immerhin gibt es seit 1963 drei Gruppen von staatlich kontrollierten Weinen. Der gewöhnliche einfache *(semplice)* Landwein hat das Zeichen D.O.S. (Denominazione di Origine Semplice). Das ist zum Beispiel ein Rosso Piemontese, ein einfacher Rotwein aus Piemont. Besser ist schon ein Wein mit dem Zeichen D.O.C. (Denominazione di Origine Controllata): ein Barolo, der von dort kommt. Am besten ist ein D.O.C.G. (Denominazione di Origine Controllata e Garantita), ein echter Barolo in der verschlossenen Flasche mit dem Staatsetikett des Ministeriums für Landwirtschaft und Forstwirtschaft. Nur die besten italienischen Weine haben dieses Etikett.

Das Institut des Nationalkomitees zum Schutz der Denominazioni di Origine steht unter Aufsicht des Ministeriums für Landwirtschaft und Forstwirtschaft. Es kontrolliert die besseren und besten italienischen Weine, aber die Mitgliedschaft der Weinproduzenten ist noch immer freiwillig. Die besten Produzenten gehören dem Institut an, aber es kann geschehen, daß italienische Weine exportiert werden, die keiner Kontrolle unterlagen. Käufer von italienischen Weinen im Ausland sollten das Etikett studieren. Manche Weine stehen unter der Kontrolle von lokalen *consorzi,* Konsortien. Im Weinland Italien herrscht keine Anarchie mehr wie vor 1963, aber auch keine richtige Ordnung wie in Frankreich oder Deutschland.

Die wichtigsten italienischen Weine kommen aus dem Norden, aus Piemont (Turin), der Lombardei

(Mailand), Venetien und Südtirol. In der Mitte der Halbinsel macht man gute Weine in der Toscana (Florenz), Umbrien (Orvieto) und dem Latium (Rom). Die besten süßen Weine kommen aus dem Süden, aus Kampanien (Neapel), Kalabrien (Reggio), Capri, Ischia, Sizilien und Sardinien. Die bekannteste Traubensorte ist der Muskateller (Moscato), aus dem Dessertweine, Schaumweine und Wermut gemacht werden. Die meisten Wermuts sind aromatische Weißweine aus Muskatellertrauben, die auf den Monferrato-Hügeln wachsen. Orangenschalen, Kardamom, andere Kräuter und Gewürze werden beigemischt, aber man merkt immer den Geschmack der Trauben. Italienische Wermuts sind süß oder halbsüß (halbtrocken), weiß oder rot und werden meist von großen Firmen in der Gegend von Turin gemacht.

In Piemont reichen die Weinberge von den Ufern des Lago Maggiore bis zum Po. Die Nebbiolo-Traube ist weit verbreitet. Sie liefert feine Weine, den Barolo und etwas leichteren Barbaresco, den zarten Grignolino, den weichen Nebbiolo, den milden Dolcetto. Andere gute Weine kommen aus Gattinara, Carema und Freisa. Im 15. Jahrhundert ließ sich Aimone di Romagna, ein Bischof aus Turin, die Pacht für Länder der Kirche in Fässern mit Nebbiolo-Wein bezahlen.

Der Barolo und der Barbaresco sind robust, der Barolo manchmal fast schwarz, der Barbaresco dunkelrot. Die Gärung dauert lang; die Weine werden bis zu sieben Jahren in dunklen Eichenfässern gelassen. (Die besten Fässer kommen aus der Tschechoslowakei und von den dortigen schwarzen Eichenwäldern.)

Hervorragende Barolo-Weine haben ein Zeichen, einen goldenen Löwen in einem blauen Feld. Die Barbaresco-Weine zeigen einen alten Turm auf dem Etikett. Die Trauben wachsen in den Monferrato-Hügeln. Ich sage das alles so genau, weil es so viele Imitationen von guten Weinen gibt. In Piemont macht man in guten Jahren auch sehr feine süße Weine aus fast getrockneten Reben.

Der bekannteste Weißwein aus Piemont ist der Asti spumante, der schäumende Asti aus weißen Muskatellertrauben, in der Stadt Asti gemacht: viel Zucker, wenig Alkohol und der Geschmack der Muskatellertrauben. Jetzt ist Champagner sehr teuer, und manche Leute trinken Asti spumante »anstelle von Champagner«, aber es sind völlig verschiedene Weine. Der Asti spumante ist zu süß, um zum Essen serviert zu werden, er geht nur als Dessertwein.

In der Lombardei kommen die guten Weine aus dem Norden, vor allem aus dem Valtellina-Tal in der Nähe von Sondrio, wo Nebbiolo-Trauben wachsen. Die roten Valtellina-Weine heißen Grumello, Inferno, Sassella, Valgella. Gute Weißweine sind Cinque Terre und Valtellina Bianco. Alle haben ihre enthusiastischen Anhänger. Von den Weinbergen, die auf den Gardasee schauen, kommen der hellrote Rosato del Garda, der rosé Chiaretto und der weiße Vino della Riviera: Weine, die jung getrunken werden und froh machen.

Fast jede Gegend hat ihre Weine, und die bloße Aufzählung ist unmöglich. Ein großer Reiz dieser Gegenden besteht in einem guten Essen mit dem Wein aus der Landschaft. Jeder entdeckt seine eigenen Lieblingsweine in Italien. In Verona und Venedig trinkt man den trockenen weißen Soave zum Fisch. Er ist kein Chablis, aber er kostet auch weniger. Andere beliebte Weißweine sind der Prosecco und der Gambellara. Prosecco-Weine sind seit Jahrhunderten bei deutschen Touristen beliebt. 1606 notierte der Bürgermeister von Conegliano, daß die Deutschen die Weinfässer in ihren eigenen Wagen abholten. Die Reisenden kennen auch die Rotweine, den leicht prickelnden Valpolicella, den man auch in der Schweiz trinkt, den Bardolino und Valpantena. Wer süße Weine gern hat, trinkt in Verona den Recioto di Soave, aus getrockneten Trauben gemacht.

Bei den Weinen von Südtirol erkläre ich mich für befangen. Seit frühen Tagen fahre ich nach Meran (Merano), und je öfter ich dort bin, um so schöner erscheint mir Südtirol, wo man Palmen und Gletscher sieht, im blauen Dunst verhangene Hügel und Weinberge, ohne den Kopf wenden zu müssen. Es ist eine paradiesische Landschaft, mit alten römischen Burgen, den Dolomiten, meilenweiten Obstgärten, wo die Blüten ein leuchtendes Meer werden. Ein friedliches Land, würde man sagen, aber auch ein Grenzland, das nicht zur Ruhe kommt.

Überall ist der Wein da. In Meran sehe ich von dem Balkon meines Zimmers, fast im Stadtzentrum, auf ein altes Schloß mit einem Weinberg. In Obermais (Maia Alta) gibt es noch immer alte Bauern, die sich weigern, ihre Weinberge als Baugründe zu verkaufen. In Meran macht man einen guten hellroten Wein, den

Küchelberger. Die Trauben wachsen auf dem Küchelberg hinter der Pfarrkirche. Die roten Südtiroler Weine sind heller als die Weine aus Piemont und der Toscana. Sie sehen aus wie dunkle rosé Weine, haben einen starken *goût de terroir*, und die besten von ihnen haben Eleganz und Bouquet. Man trinkt sie jetzt in der Schweiz, in Bayern, sogar in Wien – aber am besten schmecken sie in Südtirol.

Der Wein vom Kalterer See (Lago di Caldaro) erleidet das Schicksal des sogenannten Chianti. So viel Kalterersee, wie überall verkauft wird, wächst nicht in den Hügeln um Kaltern. Ähnlich und doch verschieden sind der Santa Maddalena, der Santa Giustina, der schwerere Sandbichler, der leichte Lagarino Rosato (Lagreiner Kretzer, aus Lagrein-Trauben gemacht) und gute Weißweine, Traminer Aromatico del Trentino und der Terlano, aus Rieslingtrauben. Neuerdings beginnen auch die Italiener in Venedig und Triest und die Jugoslawen in Rijeka (Fiume), die einst zu Altösterreich gehörten, diese Weine wieder zu trinken.

In Bologna und anderen Orten in der Provinz Emilia, wo man gut und schwer ißt – denn Bologna kocht mit Butter und Rahm –, trinkt man den roten Lambrusco und Sangiovese, den weißen Albana und Trebbiano: angenehme Weine ohne Distinktion. In Umbrien kommen die besten Weine von den Weinbergen um Orvieto, sie sind trocken oder süß, aus reifen oder überreifen Trauben gemacht. Orvieto-Weine werden in ganz Italien getrunken. Papst Gregor XVI. verfügte in seinem Testament, seinen

Leichnam vor der Beisetzung mit Wein aus Orvieto zu waschen.

Unterhalb von Orvieto liegt das Dorf Montefiascone, berühmt für seinen süßen Muskatellerwein mit dem Namen »Est! Est! Est!!!« Ein frommer deutscher Bischof, auf dem Weg nach Rom, soll seinen Diener vorausgeschickt haben mit dem Auftrag, das Wort »Est!« an die Mauern von allen Wirtshäusern zu malen, wo es einen guten Wein gab. In Montefiascone war der Diener so berauscht von dem guten Wein, daß er dort das Wort »Est!« (es ist) dreimal anschrieb. Der Bischof kam an, kehrte ein und trank so viel Wein, daß er tot umfiel. In der Kirche ist sein Grab mit der Inschrift: »Est, est, est. Wegen zuviel est starb hier mein Herr, Johannes Duc.«

Gute Weine kommen auch von den Colli Albani (Albanerhügel) nördlich von Rom, aus den Dörfern Albano, Frascati, Velletri, Marino, Ariccia, Genzano, Rocca di Papa, Bracciano. Die meisten dieser Weine haben eine dunkel-goldene Farbe, und ihr starker Geschmack kommt von dem vulkanischen Boden. Manche sind trocken, andere eher süß; der beliebteste ist der Frascati, den schon Horaz besingt. In den Abruzzen, an der adriatischen Küste, trinkt man den roten Montepulciano di Abruzzo, den roten Cerasuolo d'Abruzzo, den weißen Trebbiano. Die Weine schmecken gut – in den Abruzzen.

Der bekannteste Wein von Kampanien, der Gegend um Neapel, ist Lacrima Christi, aber viele ziehen den Capri vor. Lacrima Christi, am besten weiß und trocken, kommt von den Weinbergen am

Vesuv, weniger gut sind die rosé und roten Arten. Die »Träne Christi« hat natürlich auch ihre Geschichte, und in Neapel verbürgt man sich für ihre Wahrheit. Luzifer fiel vom Himmel und landete, wo jetzt die Bucht von Neapel ist. Er erkannte, daß er nahe dem verlorenen Paradies war und schickte seine Dämonen in die Stadt. Neapel wurde verdorben, eine Stadt der Sünde. Christus blickte hinunter, sah, was dort vorging, und weinte. Seine Träne fiel auf den Vesuv. An der Stelle wuchs eine Rebe, später wurde daraus ein ganzer Weinberg, und heute wird die Träne Christi alljährlich im Faß wiedergeboren, um den anständigen Winzern das Heil zu verheißen, das sie einmal erwartet. Heute wachsen dort Greco- und Fiano-Trauben, aber die Geschichte wird noch immer erzählt. Lacrima Christi darf nicht mit Lagrima Christi, einem Wein aus Malaga, verwechselt werden, wo man eine ähnliche Geschichte erzählt.

Capri, ein beliebter Weißwein, wird jetzt auch in Neapel und auf der Insel Ischia gemacht; viele Neapolitaner behaupten, der beste komme aus Ischia. Es ist überall schwer, über lokale Weine zu diskutieren; in Neapel ist es unmöglich. Zu den Rotweinen gehören der Falerno, im kaiserlichen Rom der berühmteste aller Weine, von Dichtern gepriesen, und der Gragnano. Die Weine passen zur scharfen, gewürzten Küche von Neapel, den tiefroten Tomaten, den Spaghetti *alla zappatora,* der *pizzaiola*-Sauce, den gefüllten Pfefferschoten, *pepperoni imbottiti.*

Sizilien produziert über 9 Millionen Hektoliter jährlich, mehr als Deutschland, darunter Marsala, in

Italien sehr populär. Marsala wurde von John Woodhouse erfunden, der später im 18. Jahrhundert aus Liverpool nach Marsala, einer Stadt im nordwestli-

*Spielkarte*
*Jost Amman, Charta curiosa, Nürnberg 1588*

chen Sizilien, kam. In England trank man damals Sherries und Ports. Woodhouse erfand einen Wein, der bald den britischen Markt und Skandinavien eroberte. Er mischte einen Most vom Traubensaft aromatischer Weißweine mit *passito,* einem Saft von getrockneten Trauben und Traubensirup, und ließ die Mischung mit etwas Brandy gären. Der Wein blieb zwei bis fünf Jahre im Faß und nahm schließlich die satte Farbe von Bernstein an. Woodhouse verkaufte ihn unter den Zeichen LP (London Particular), OP (Old Particular) und SOM (Superior Old Marsala). Die Trauben kommen von einem vulkanischen Boden. Marsala schmeckt manchmal wie ein zweitklassiger Madeira, aber wenn er gut und fünf Jahre im Faß gereift ist, kann er ausgezeichnet sein. 1800 lieferte Woodhouse fünfhundert Fässer Marsala an die Mittelmeerflotte unter Admiral Nelson. Ein smarter Mann. Heute ist Marsala der beliebteste Dessertwein der Italiener. Im Winter trinken sie Marsaluovo *(marsala all'uovo),* Marsala, gemischt mit Eigelb und Alkohol. *Zabaglione (zabaione),* das beliebte italienische Dessert, wird aus Marsala, Zucker und Ei gemacht.

Im Süden ist es heiß, und die Leute trinken große Mengen der lokalen Weine, des roten robusten Aglianico des Vulture, Castel del Monte, Savuto, Ciro di Calabria. Auch süße Weißweine, aus Malvasia- und Moscato-Trauben gemacht, sind beliebt. In Kalabrien trinkt man den Greco di Gerace, stark, weiß und süß, fast 17 Prozent Alkohol, der nach Orangenblüten schmeckt.

Die Sizilianer lieben ihre trockenen weißen Weine, den Corvo, den Etna. In Sardinien macht man den Vernaccia del Campidano, der als Apéritif oder auch zum Essen getrunken wird. Leichter sind der Vermentino aus Gallura, verschiedene Muskatellerweine aus Giro und Monica und der Nepente di Oliena.

Das ist nur eine kleine Auswahl der zahllosen italienischen Weine. Viele kennt man nur in der Gegend, wo sie wachsen. Die Italiener machen nicht die besten Weine auf Erden, aber sie verstehen das Geheimnis des Weines.

*Kapitel VIII*

# Die Weine der Schweiz

Beim Wort Schweiz denkt man an Berge und Uhren, Hotels und Banken, Schokolade und Käse. An Wein denkt man kaum. Wein hat Poesie, er wird nicht nur des Geldes wegen gemacht, und von den Schweizern weiß man heute, daß sie mehr ans Geld als an die Poesie denken. Und doch wachsen fast in allen Kantonen der Schweiz Reben, und es gibt Weine aus der Schweiz, die sehr gut sind. Das Land produziert über eine Million Hektoliter Wein im Jahr, zu wenig für die oft weindurstigen Schweizer, und man importiert fast zwei Millionen Hektoliter, etwas weniger als die Vereinigten Staaten. Die ganze Schweiz hat weniger Einwohner als New York City.

Klimatisch ist die Schweiz kaum ein ideales Weinland, abgesehen von einigen Hügelketten am Genfer See, wo das Wetter oft mild und warm ist. Aber das schreckt die Weinbauern der Schweiz nicht ab. Im Wallis macht man sogar den Gletscherwein *(Glacier)*, einen harten Weißwein, in großen Höhen. Er liegt bis zu fünfzehn Jahre zum Reifen in den

Fässern. Die Weinberge zwischen Visp und Zermatt, nicht weit vom Matterhorn, liegen bis 1200 Meter hoch an den Berghängen und sind die höchsten in Europa. Dort wachsen Traminertrauben, »Heiden« genannt; aus ihnen macht man den sogenannten Heidenwein.

Die Weinberge werden mit schweizerischer Sorgfalt bebaut. »Präzision« ist fast die Staatsreligion in der Schweiz. Die Winzer arbeiten mit der Genauigkeit und Selbstdisziplin der Männer und Frauen, welche die berühmten Uhren machen. Oft sind die Weinberge terrassenförmig auf steilen Abhängen angelegt, wo man kaum Maschinen verwenden kann. Die Winzer müssen bei der Lese die vollen Körbe auf dem Rücken tragen. Wenn Regengüsse den Boden hinunterspülen, tragen sie die Erde auf dem Rücken wieder hinauf. An der Mosel wachsen in ähnlich exponierten Lagen einige der besten Weine. In der Schweiz ist es nicht anders, auch wenn die besten Schweizer Weine kaum die besten Weine der Mosel erreichen. Aber die Schweizer Weinbauern lieben ihre Reben, und die Menschen sind stolz auf ihre Weine und haben guten Grund dazu.

Die Weine sind mit größter Sorgfalt gemacht, niemals schlampig. Das Wort »schlampig« existiert nicht im Sprachgebrauch, dafür das Wort »preiswert«, und die Schweizer Weine sind oft preiswert. Manche haben einen starken *goût de terroir,* der den Fremden nicht schmeckt, aber es gibt kaum Weine, die nicht gut gemacht sind. Städte und Kantone besitzen Weinberge, und die Weine werden prominenten Gästen offeriert. In Lausanne sind es der Clos des Abbayes und der Clos des Moines. Die Schweiz ist eine wahre Wein-Demokratie.

Das kleine Land, in dem man offiziell vier Sprachen spricht, hat eine erstaunliche Vielfalt an Weinen. Reben wachsen an den Ufern der Seen und in den Bergen, in großen Höhen. Um die Schweizer Weine zu verstehen, muß man die Geographie der Schweiz kennen. Die wichtigsten Weine kommen aus der französischen Schweiz, aus den Kantonen Vaud, Valais, Neuchâtel. Vaud produziert fast 40 Prozent aller Schweizer Weine.

Geographisch kennt man drei wichtige Weingegenden: Die Suisse romande mit dem Rhône-Tal und der Gegend nahe Frankreich. Die Suisse orientale (Ostschweiz) nahe Deutschland. Und die italienische Schweiz, das Tessin, nahe der italienischen Grenze. Die meisten Reben, die in der Schweiz wachsen, sind französischen oder deutschen Ursprungs, und viele davon haben Schweizer Namen. Das Land macht etwa vier Flaschen Weißwein für jede Flasche Rotwein. Viele Weißweine werden aus den Fendant Vert-Trauben gemacht, einer Abart der guten französischen Chasselas-Trauben. Angeblich wurden sie von schweizerischen Söldnern aus Frankreich mitgebracht. Ein Schweizer General diente unter Ludwig XV. und führte die Trauben in der Schweiz ein. Auch einen königlichen Gärtner nahm er mit. Das behaupten jedenfalls französische Weinhistoriker. Ein Schweizer Oberst namens Dénéréaz soll weiße Hermitage-Trauben mitgebracht haben.

In Deutschland nennt man die Fendant Vert-Traube Gutedel. Sie hat ein delikates Bouquet, aber verhältnismäßig wenig Säure. In Genf und im Waadtland (Vaud) gibt es auch den Fendant rouge. Die Gros-Rhin-Traube entspricht dem Silvaner. Die französische Gamay, die Erfolgsrebe im Beaujolais, heißt in der Schweize Dôle. Der Pinot Noir heißt in der Schweiz Bourgogne, und der Pinot Gris in der Ostschweiz ist der Ruländer. Die Namen mancher Traubensorten wurden beibehalten: Riesling, Furmint, Malvoisie, Muskateller. Im Valais (Wallis) wachsen alte Reben, die Arvine, Amigne, Humagne und Rèze heißen. Die beste Sorte ist Arvine, sie gibt einen feinen, eleganten Wein.

Ganz hervorragende Weine kommen aus dem schmalen Landstück zwischen Lausanne und Montreux, dem Lavaux. Es ist kaum 16 Kilometer lang, mit Vevey in der Mitte. Die kunstvoll gepflegten Weinberge liegen auf terrassierten südlichen Abhängen und schauen auf den Genfer See, der die Sonnenstrahlen reflektiert. Sie waren schon den Römern bekannt. 1137 kümmerte sich ein Bischof von Lausanne um den Wein mit Hilfe der Zisterzienser. Die Weingegend beginnt in Pully, einem Vorort von Lausanne. Die Weindörfer heißen Lutry, Villette, Riex, Epesses, Rivaz, Saint-Saphorin. Bei Cully macht man Schweizer Johannisberger aus grünen Silvanertrauben. Etwas höher macht man den goldenen Dézaley, den viele Schweizer für den besten Wein des Landes halten. In Vevey findet alle zwanzig Jahre die *fête des vignerons* statt. Die Vorbereitungen zu diesem Super-Wein-Festival dauern Jahre. Bei den Aufführungen, die zwei Wochen dauern, wirken über 3000 Menschen mit. Täglich zählt man 15000 Zuschauer.

Westlich von Lausanne sind die Grande Côte, auch La Côte genannt, von Ouchy bis Féchy, Mont-sur-Rolle, Vinzel, Luins. Zwischen Coppet und Nyon liegt La Petite Côte. Die Côte-Weine gelten als besser, aber sie haben nicht das delikate Bouquet der Lavaux-Weine. In Cologny, Bernex und anderen Gegenden macht man angenehme Weine aus Fendant rouge-(oder roux-)Trauben. Rotweine und Weißweine kommen aus Bex, Ollon, Yvorne, Villeneuve; die meisten Weine sind weiß, haben Rasse und viel Säure. Vaudois Chablais wird auch in Aigle gemacht, am Fuß der Alpen.

Valais-Weine werden meist nach der Traubenart genannt, nicht nach dem Ort, wo sie wachsen. Man spricht vom Fendant de Sion und dem Dôle, den manche Leute für den besten Schweizer Rotwein halten. Er ist schwer und rubinrot und hat ein volles Bouquet. Dôle gibt es schon seit 1851, und er erinnert manchmal an einen schweren Burgunder. In Sierre macht man in guten Jahren einen süßen Dessertwein aus Muskatellertrauben und einen Soleil de Sierre, einen strohfarbenen *vin de paille* aus Malvasia- und Furmint-Trauben.

Gute Weine kommen auch vom Neuenburger See (Neuchâtel). Eine Stiftungsurkunde der Abtei von Cluny aus dem Jahre 987 erwähnt einen Weinberg bei Neuchâtel. Die Weine aus Neuchâtel werden oft exportiert; die Stadt ist von Weinbergen umgeben. Die Traubensorten sind Chasselas, Pinot Noir und Cortaillod; der rote Wein erinnert zuweilen an Beaujolais. Manchmal läßt man den Wein eine zweite Gärung in der Flasche machen. Ein guter Neuchâtel-Wein hat »Sterne« im Glas. Die besten Weinberge sind Auvernier, Cormondrèche, Cressier, Saint-Blaise. Alle haben ihre Anhänger. Die Weine von Neuchâtel werden meist jung getrunken. Die Weinberge setzen sich am Bieler See fort.

In der Innerschweiz und im Osten des Landes macht man mehr rote als weiße Weine, aber sie sind nicht so gut wie die Lavaux-Weine oder der rote Cortaillod aus Neuchâtel. In Zürich nennt man die Pinot Noir-Traube »Klevner«. Die Weinberge liegen am südlichen Ufer des Zürichsees in Herrliberg, Meilen und Erlenbach, und dort werden die meisten Weine auch getrunken. In der Gegend von Schaffhausen gibt es einfache Rotweine, den Hallauer, Osterfinger, Rheinhalder, Berrenberger. Aus Stein am Rhein kommt ein guter Klevner. Im Rheintal trinkt man die frischen Weine aus Maienfeld, die auch in Liechtenstein beliebt sind. In Liechtenstein gibt es hellrote Weine in und um Vaduz.

Seltsamerweise kommen aus dem Tessin (Ticino), dem südlichsten Kanton nahe der italienischen Grenze, wo es viel Sonne gibt, keine wichtigen Weine. Man pflanzt jetzt die Bordeaux-Merlot-Reben an, aber die weichen, fruchtigen Rotweine, unter dem Namen Viti verkauft, sind außerhalb des Tessins noch nicht sehr bekannt. Ein populärer Rotwein, der

Nostrano, schmeckt gut im Tessin, wenn die Sonne scheint und man im kühlen Schatten sitzt.

Viele Schweizer Weine haben die Qualität, die man *pétillant* nennt, sie sind leicht spritzig – Lavaux-Weine aus Lutry, Cully, Dézaley, manche Neuchâtel-Weine und Grande Côte-Weine. Die Schweizer lieben sie, aber sie kaufen auch viele Burgunderweine; in den Kellern von Schweizer Kennern lagern ausgezeichnete Burgunderjahrgänge. Eine vernünftige Zollgesetzgebung ermöglicht es den Schweizern, feine Weine aus Frankreich und Deutschland einzuführen, die in der Schweiz kaum teurer sind als in ihren Ursprungsländern. Die großen Hotels haben Weinkarten, die keinen Wunsch unerfüllt lassen. Die Schweiz produziert auch sehr gutes Bier, aber sie bleibt ein Weinland, eines der guten Weinländer in Europa, dank der harten Arbeit der Schweizer Winzer.

*Entwurf für eine Metallradierung, Peter Flötner, Zürich 1546*

»Ausputzen der Weinstöcke« (Donau?)
aus einem Stundenbuch Marias (MS 399, f 3v), flämischer Künstler des »Grimani Breviers« und des »Hortulus Animae«, Straßburg 16. Jahrhundert

*Kapitel IX*

# Österreich als Weinland

Bekannt für seine Musik und Skipisten, Apfelstrudel und das Wiener Schnitzel, die Operette und die Psychoanalyse ist Österreich; es ist auch ein Weinland, das in einem guten Jahr bis zu 3 Millionen Hektoliter Wein produziert, meist Weißweine, und in den Weinbergen über 80000 Menschen Arbeit gibt. Österreichs Weine werden im Inland oft überschätzt, im Ausland oft unterschätzt. 1976 konsumierte der Österreicher pro Kopf über 36 Liter Wein, wenn man den dürftigen Statistiken glauben kann. Die Österreicher behandeln den Wein wie das Leben, sie reden viel darüber, aber sie nehmen ihn nicht ernst. Dabei könnte Österreich ein wichtiges Weinland sein. Im pannonischen Raum gibt es viel Sonne und ausgezeichnete Böden. Daß die Weine nicht so gut sind, wie sie sein könnten, liegt wohl an der dritten Komponente – den Menschen.

Der österreichische Weinbau geht auf das Jahr 955 zurück, als Otto I. anordnete, die von den Römern angelegten Weinberge wieder zu bebauen.

Wie überall waren es die Mönche, die rund um ihre Klöster den »Osterwein« machten, der auf der Donau stromaufwärts bis nach Bayern verschifft wurde. Im 16. Jahrhundert, als die benachbarten Magyaren unter die türkische Herrschaft gerieten und als Konkurrenten ausschieden, baute man so viel Wein in Österreich an, daß die bebaute Fläche zehnmal so groß war wie heute. Viel Wein kam aus Oberösterreich, wo heute fast gar kein Wein mehr gemacht wird. Um 1580 schrieb Johannes Rasch ein wichtiges Buch über den Weinbau in Österreich, und 1673 veröffentlichte der *Landkompaß* das Ergebnis einer Wertung aus dem Jahre 1646, die alle Weine des Landes in drei Gruppen einteilte: gut, mittel und gewöhnlich. Die Klassifizierung ist überholt. Die Wachau, wo heute einige sehr gute Weine herkommen, war damals in der dritten Klasse. Geblieben ist der Spruch: »Sauer wie der Wachauer« – unwahr wie so viele Sprüche.

Die Winzer besitzen meist Bodenstücke von etwa 20 Hektar und machen ihre Weine selbst. In guten Jahren verkaufen sie einige Fässer an die Genossenschaften. Die guten Weißweine werden exportiert, vor allem nach Deutschland und England. Aus Spanien, Italien, Jugoslawien und den Balkanländern werden Rotweine importiert, da der inländische Bedarf nicht gedeckt werden kann.

Maria Theresia befreite 1780 den Adel und den höheren Klerus von der »Tranksteuer« und legte statt dessen neue Steuern auf den größten Teil der Bevölkerung, die keine Privilegien hatten. Die Winzer durften ihre Eigenbauweine ohne Steuerabzug verkaufen.

Auch gewisse Speisen durften sie in ihren Weinstuben verkaufen, wie Wiener Schnitzel und Backhendl, aber nicht andere. Das schafft heute noch immer Probleme bei den »Heurigen«, wo die Weinbauern den jungen Wein verkaufen, denn die alten Gesetze der Kaiserin Maria Theresia gelten nach wie vor.

Der »Heurige« ist in die österreichische Legende eingegangen. Selbst Österreicher, die nicht wissen, daß Marie-Antoinette eine österreichische Prinzessin war oder daß Metternich aus dem Rheinland kam, selbst sie wissen alles über den Heurigen: einen Platz, wo man den »heurigen« Wein ausschenkt. Eine Fahrt zum Heurigen gehört zu jedem Besuch von Wien. Der »Hauer« hängt einen Buschenzweig vor seine Türe – daher der Ausdruck »Buschenschenke« –; es bedeutet, daß er seinen eigenen jungen Wein verkauft, solange der Vorrat reicht. Heute verkaufen viele Wirte Weine, die sie gekauft haben, denn die eigenen reichen nicht lang.

Die Österreicher trinken ihre Weine gern, wenn sie jung sind. Zu Martini, am 11. November, findet die Weintaufe statt. Manche Leute bevorzugen den noch gärenden Wein, der »Sturm« heißt und manchmal recht stürmisch wirkt. Wo »ausg'steckt« ist, kann man den herben, harten jungen Wein erwarten, der wie Wasser die Kehle hinunterläuft, aber am nächsten Tag Kopfschmerzen verursacht. Viele österreichischen Weine haben diesen herben, harten Geschmack; man kann sie fast beißen, und viele Weinkenner nennen sich »Weinbeißer«. Wirte und Kellner fragen: »Wollen S' an Weißn oder an Rotn?« Im Hotel

Sacher fragte mich der Weinkellner einmal: »Welche Farben wollen Sie?« Beim Heurigen kann man auch einen »alten« Wein bekommen, der dann vielleicht zwei Jahre alt ist.

Das Etikett auf der Flasche sagt oft, ob der Wein naturbelassen und ob er gerebelt ist: die Reben mit den Händen gepflückt. Manchmal verrät das Etikett, aus welchen Reben der Wein gemacht ist und woher er kommt. Steiner Veltliner: aus grünen Veltliner-Trauben in Stein in der Wachau. Wichtige Weinorte werden auf dem Etikett genannt: Klosterneuburg, Krems, Gumpoldskirchen, Retz, Vöslau, Grinzing. Gute Rotweine kommen aus Rust, nahe der ungarischen Grenze, und aus Oggau.

Die wichtigsten Rebsorten Österreichs sind der Rheinriesling, der Wälschriesling und der grüne Veltliner, aus dem fast ein Viertel aller Weine gemacht werden. Der Veltliner gedeiht auf den Lößbergen in Niederösterreich und gibt fruchtige, kräftige Weine. Andere Sorten sind Traminer und Gewürztraminer, Müller-Thurgau, Neuberger, Zierfandler, Rotgipfler (aus dem der berühmte Gumpoldskirchner gemacht wird), der Blaufränkische (Gamay), der Blauburgunder (Pinot Noir), der Bouvier aus dem Burgenland, der Blaue Portugieser aus Niederösterreich, der St. Laurent, die Zweigelt-Rebe südlich von Wien. Die Namen sind oft seltsam. Der Blaufränkische, Blauburgunder und Blaue Portugieser sind Rotweine.

Weine werden jetzt in Wien, Niederösterreich, im Burgenland und in der Steiermark angebaut, in anderen Ländern nur sporadisch. Die Regierung ist nicht weinfreundlich. Steuertechnisch gilt Wein nicht als Lebensmittel, sondern als Genußmittel. In Niederösterreich liegen die besten Weinberge zu beiden Seiten der Donau, im hügeligen Weinviertel und im Wienerwald-Steinfeld-Gebiet. Im Weinviertel macht man Weißweine, oft »resch«, wie in Retz, wo sich die alten Keller tief unter der ganzen Stadt befinden. Andere Weinorte sind Pulkau, Haugsdorf, Mailberg, Hollabrunn, Poysdorf und Matzen, wo gute rote Weine herkommen. Der Gumpoldskirchner aus dem Wienerwald ist ein Spitzenwein, die süßen Trauben werden spät geerntet. Baden und Traiskirchen machen gute Weine. Aus Vöslau kommt ein beliebter Rotwein aus Blauen-Portugieser-Trauben.

Die Wachau und der Distrikt zwischen Stein und Krems, wo der Boden Gneis, Schiefer und Löß enthält, ist eine sehr schöne Weingegend. Krems hat eine Weinschule und ein Weinmuseum, Spitz und Dürnstein sind für gute Rieslingweine – auch im Ausland – bekannt. Auch Weissenkirchen und Loiben sollen erwähnt werden. Am rechten Ufer der Donau sind Weinberge zwischen Ober-Armsdorf und Traismauer, gegenüber das Kamptal mit Langenlois und das Weingebiet Am Wagram. Im Tullnerfeld liegt Klosterneuburg, ein Vorort von Wien, mit einer Weinschule, einem Museum und dem Keller des Chorherrenstiftes. Südlich von Wien wachsen Reben in Hainburg und im Distrikt von Bruck.

Das Burgenland, das bis 1919 zu Ungarn gehörte, hat Weingüter im Seegebiet, in Eisenstadt und Mattersburg und im Süden. Die Traubensorten sind Furmint (die Rebe des feinen Tokajers), Muskat-Ottonel, Pinot Blanc, Wälschriesling, Neuberger, Grüner Veltliner, Traminer, Bouvier, Rheinriesling, alle für Weißweine. Rotweine werden aus Blaufränkischen und Blauburgunder-Trauben gemacht.

Auf drei Seiten des Neusiedler Sees sind Weingüter, der See wirkt wie ein Spiegel für die Sonnenstrahlen. Wälschriesling- und Muskat-Ottonel-Trauben ergeben gute Weißweine und Blaufränkische gute Rotweine. Ruster Ausbruch wird aus Furmint-Trauben gemacht. Im sogenannten Seewinkel blieben die Reben von der Phylloxera verschont. Aus Oggau, Mörbisch, St. Margarethen und Rust kommen Weine von ungepfropften Rebstöcken. Sie sind gewissermaßen »historisch« und führen zu Diskussionen darüber, ob die Weine vor der Phylloxera besser waren. Im allgemeinen geben diese alten Reben Weine von besserer Qualität, aber geringerer Quantität. Aus Eisenstadt, wo der Boden sandig ist, kommen gute »Sandweine« von alten Reben. Aus dem Mattersburg-Gebiet im Süden kommen Rotweine, auch aus dem südlichen Burgenland, wo die Gegenden von Eisenberg und Rechnitz erwähnenswert sind.

In der schönen grünen Steiermark wachsen viele Rebsorten, darunter Wälschriesling, Ruländer, Traminer, eine Mischung von Muskateller und Silvaner, der Rheinriesling, der Blaue Wildbacher (eine lokal bekannte Sorte), aus dem man den Schilcherwein macht, tiefrot, frisch und angeblich sehr gesund für die Verdauung. Die Schilcherwein-Gegend liegt zwi-

Dormit herus, potat coniunx, canis impiger escæ
Relliquias avido vendicat ore sibi:
Et miraris adhuc bona maxima dissipari
Interdum: ut Dominus, sic etiam famuli.

Weil Herr vnd Fraw sein voll vnd blind
Vom Wein: schaw jr best Haußgesind
Der Hund/ so auch sein theil wil han/
Des braten Huns sich masset an.
Derwegen sich nur niemand wunder/
Daß groß Reichthumb offt gehet vnder:
Was jhm der Herr schetzt sein gerecht/
Dem will auch folgen nach der Knecht. M ij

Spielkarte
*Jost Amman, Charta curiosa, Nürnberg 1588*

schen Graz und Eibiswald. Andere steirische Weine kommen aus Stainz, Sausal-Leibnitz, Fürstenfeld, Feldmarkt, Leutschach-Ehrenhausen, der Klöch-Gegend zwischen Radkersburg und Mureck. Sie haben nur örtliche Bedeutung.

Geprüfte Qualitätsweine aus Österreich tragen ein kreisförmiges Weingütesiegel mit einem rot-weiß-roten Römerkelch auf goldenem Untergrund. Rot-weiß-rot sind die Farben von Österreich. Tafelweine tragen den Vermerk »Wein aus Österreich«. Im Ausland verkauft man einen Wein aus Österreich, »Schluck« genannt, den man im Land kaum findet, sowie Auslesen und einige Spätlesen.

Die besten österreichischen Weine können sehr gut sein, aber die Weinbeißer haben unrecht, wenn sie ihre Weine mit den flüssigen Wundern von der Mosel und dem Rhein vergleichen. An der Mosel und am Rhein beißt man die Weine nicht – man schlürft und genießt sie.

*Kapitel X*

# Ungarn: Tokajer und andere Weine

Alle Ungarn sind Patrioten, und sie sind überzeugt, daß man in Ungarn die besten Weine auf Erden macht. Tatsache ist, daß der ungarische Tokajer zu den besten weißen Dessertweinen der Welt gehört. Ein alter Tokajer ist ein Gottesgeschenk wie ein alter Château d'Yquem oder eine feine deutsche Trockenbeerenauslese. Der Tokajer ist der einzige weltberühmte Wein östlich vom Rhein und vielleicht der romantischste Wein der Welt. Károly Gundel, der größte ungarische Koch einer früheren Generation, nannte den Tokajer »den Wein der Könige und König der Weine«. Einst sagte er mir, er hätte Tokajer aus den Jahren 1815 und 1866 getrunken. »Ein sehr alter Tokajer schmeckt nach Schokolade.«

Tokajer ist der berühmteste Wein in Ungarn, aber das Land ist mit Recht stolz auf andere Weine. Die meisten Weingebiete wurden von der Phylloxera um 1875 und von anderen Weinkrankheiten um 1891 zerstört, aber die Ungarn importierten amerikanische Wurzeln und bauten ihre Weinberge mit modernsten

Methoden wieder auf. Ungarn produziert jetzt über 5 Millionen Hektoliter Wein: 70 Prozent Weißweine und ausgezeichnete Rotweine. Es gibt dort vier registrierte Weingebiete und vierzehn Distrikte. Einige Weißweine sind von besonderer Qualität: Tokaj-Hegyalja, Badacsony, Balatonfüred-Csopak, Somló.

Nicht nur die Weine, auch die Traubensorten haben romantische Namen. Kéknyelü heißt »blauer Stengel«, Szürkebarát ist der »graue Priester« (ähnlich den Pinot Gris-Trauben), Ezerjó heißt »Segen«, Leányka ist ein junges Mädchen, Mézesfehér ist »honig-weiß«, und Sárgamuskotály, »Gelber Muskat«, wird manchmal mit Tokajer verwechselt. Olaszrizling (Wälschriesling) findet man jetzt fast überall, wo Weißweine gemacht werden, auch Traminer, Pinot Blanc (Fehér-burgundi), Grüner Veltliner aus Österreich, Müller-Thurgau, Sauvignon, Silvaner.

Tokaj, ein Dorf im Nordosten des Landes, nicht weit von den Karpaten, ist von einem Plateau umgeben, auf dessen vulkanischem Boden die Furmint-Rebe gedeiht, die dem Wein den »feurigen« Geschmack gibt. Der Distrikt, 6200 Hektar Weinland, erzeugt über 200 000 Hektoliter an verschiedenen Weinen. Er grenzt an die Tschechoslowakei und die Sowjetukraine. Neunundzwanzig Gemeinden haben das Recht, Weine mit der Bezeichnung »Tokaj« zu machen. Die besten Lagen gehörten einst dem Herrscherhaus. Der kaiserliche Tokajer war für Gäste der Habsburger bestimmt. Außer Furmint dürfen auch Hárslevelü und Sargamuskotály-Trauben verwendet werden.

Die Weinlese erfolgt spät. Die von Edelfäule befallenen Trauben werden einzeln gepflückt und enthalten manchmal bis 30 Prozent Zucker, der sich in 15 Prozent Alkohol verwandelt. Selbst in schlechten Jahren, wenn es keine überreifen Trauben gibt, gibt es einen Wein mit 14 Prozent Alkohol, Tokaji Szamorodni, der zwanzig Jahre und länger lebt. Ein ganz trockener Szamorodni kann ein großartiger Wein sein. Er ist goldbraun und schmeckt nach einem zarten Hefekuchen.

Die Furmint-Reben gab es schon im Gebiet von Tokaj, als die magyarischen Stämme dort vor tausend Jahren ankamen. Tokajer war bereits zur Zeit der Kreuzzüge ein berühmter Wein. Er macht Lyriker aus allen Ungarn. Die ungarische Nationalhymne ist die einzige, in der Gott für die Weine des Landes gedankt wird. Darin wird der Tokajer mit Nektar verglichen. Die Geschichte von Tokaj ist romantisch und von Melodramen durchsetzt. Während des Konzils von Trient servierte der Bischof von Pécs Papst Julius III. einen Tokaj aus Tállya. Papst Benedikt XIV., der von der Kaiserin Maria Theresia einige Flaschen erhielt, soll gesagt haben: »Gesegnet sei das Land, das dich hervorbrachte, gesegnet sei die Dame, die dich mir schenkte, gesegnet bin ich, der dich trinkt.« Allerdings: »Benedictus« heißt »gesegnet«.

Voltaire sprach von *»liqueur jaunissante en châtouillant les fibres de cerveaux«* (der die Fibern des Gehirns liebkost). Paracelsus schrieb nach einem Besuch in Tokaj: »Die Rebe von Tokaj ist das wunderbarste Produkt von Klima, Boden und Mine-

*Kinderbacchanal*

*Wenzel Hollar, 1647*

ralien, sicherlich wert ihr Gewicht in Gold...« In einem großen Jahr hatten die Weine aus Tokaj die Buchstaben C.O.S. auf dem Faß: *colorem, odorem, saporem.* Papst Leo XIII. soll sein Leben mit Tokaji Eszencia verlängert haben, den ihm der Kaiser von Österreich geschickt hatte.

Auf den Flaschenetiketten der Dörfer, die das Recht haben, ihre Weine »Tokaj« zu nennen, steht das Wort »Tokaji«. Das i bezeichnet den Platz, Tokaji heißt: »Wein aus Tokaj«. Ungarische Etiketts tragen den Namen des Ortes und der Rebe, wie Badacsonyi Kéknyelü (Wein aus Badacsony, aus Kéknyelü-Trauben gemacht). Alle Tokaji-Dörfer liegen in den südlichen Hügeln. Der Sommer ist heiß und trocken, der Herbst ist lang und warm, und die Trauben können völlig ausreifen. In Ungarn nennt man die mit Edelfäule gesegneten Trauben »aszú« (ausgetrocknet). Früher hießen sie »Ausbruch«. Die getrockneten Trauben sammelt man in Tragkörben *(puttony).*

Von da an ist die Methode anders als in Frankreich und Deutschland. Die wenigen Tropfen des süßen Saftes aus jeder Traube werden in kleinen Fässern *(gönci)* langsam vergoren. Aus diesem Wein wird Tokaji Eszencia, die kostbare »Essenz von Tokaj«, gemacht. Wichtig ist, daß die Trauben nicht gepreßt werden dürfen, sondern daß ihr eigenes Gewicht die wenigen Tropfen herausdrückt. Tokaji Eszencia kann hundert Jahre und länger leben, ist einzigartig, und solche Flaschen kommen kaum in den Handel. Die Staatskellereien machen höchstens einige Flaschen im Jahr. Früher konnte ein Kaiser oder König eine solche Flasche bekommen, heute ein wichtiger Freund des Regimes. Der Wein hat angeblich erstaunliche Wirkungen, verlängert das Leben und soll Familien mit Kindern beschenkt haben, wenn alle anderen Mittel versagten. Wenn man heute einen jüngeren Eszencia-Jahrgang sieht, so ist es wahrscheinlich ein »Ausbruch«-Wein mit ein paar Tropfen echter Essenz.

Wenn die kostbaren Trauben ihre wenigen Tropfen von Essenz gegeben haben, wird aus ihnen eine Maische bereitet, wobei die Schalen sich auflösen, die Kerne aber bleiben. Später werden andere Trauben dazugegeben, die nicht von Edelfäule befallen werden. Die Mischung wird in offenen Fässern einige Tage vergoren, gefiltert und in kleine Fässer gefüllt, in denen der Gärungsprozeß sechs bis sieben Jahre unter ständiger Aufsicht langsam weitergeht. Ein leichter Pilz bildet sich an der Oberfläche des Weines, an den Kellerwänden und auf den im Keller lagernden Flaschen. Dieser Pilz oxydiert den Wein ein wenig und gibt ihm das ganz besondere Tokaj-Bouquet. Es ist, wie im Fall von bestimmten Sherries, ein Prozeß von kontrollierter Oxydation.

Auf einer Tokaji Aszú-Flasche steht immer die Zahl der *puttonyos* (Tragkörbe) von aus getrockneten Trauben gemachter Maische, die den gewöhnlichen Trauben beigegeben wurden. Je mehr Aszú-Beeren, um so konzentrierter und süßer der Wein. Ein Wein mit fünf oder sechs *puttonyos* ist fast nur aus der kostbaren Maische gemacht und enthält bis 15 Prozent Alkohol.

Die besten Furmint-Trauben wachsen auf Hängen in einer Höhe von 125 bis 250 Metern. Je mehr Aszú-Trauben in einem guten Jahr gepflückt werden, um so weniger bleiben für Tokaji Szamorodni, den Wein, der aus Trauben gemacht wird, »so wie sie gewachsen sind«. Er kann trocken oder süß sein; je süßer er ist, um so stärker und fruchtiger. Feine Tokajer werden in kleinen Flaschen verkauft, die etwa einen halben Liter enthalten und lange Hälse haben. Andere ungarische Weine – auch Tokaji Furmint, die weder Aszú noch Szamorodni sind – verkauft man in langen Flaschen, die Rheinweinflaschen ähneln.

Es gibt noch andere gute Weine in Ungarn, allerdings sind sie in der Welt nicht so bekannt wie die Weine aus Tokaj. Viele wachsen auf den südlichen Hügeln am Balaton-See. Der Boden enthalt Basalt und Löß, und der See wirft die Sonnenstrahlen zurück. Die Weine von Badacsony und Balatonfüred-Csopak sind weich und fein, und die besten werden mit den weißen Weinen aus Frankreich und Deutschland verglichen. Die Weine von Somló, leuchtend grün, süß und schwer, kommen den guten Tokajern nahe. Auch ihnen wurden wundertätige Wirkungen zugeschrieben. Bei Hochzeiten getrunken, garantierten sie angeblich eine männliche Nachfolge. Die Habsburger tranken sie bei Hochzeiten, nicht immer mit dem gewünschten Erfolg.

Gute Weine kommen auch aus den Distrikten von Bükkalja und Mór-Császár, darunter der Móri Ezerjó, der auf sandigem Boden wächst, mit Quarz und Mica vermischt. Der Distrikt von Mescek, wo

Reben seit den römischen Zeiten wachsen, war einst als Pécs-Villány bekannt. Die Wälschriesling-Weine sind in England populär. Aus Mátraalja, dem großen ungarischen Weindistrikt, kommen gute Weine aus Chasselas- und Wälschriesling-Trauben.

Die besten Rotweine in Ungarn sind die verschiedenen Arten von Egri Bikavér, »Ochsenblut aus Eger«, die aus der Gegend um Eger im Norden des Landes kommen. Es sind volle, aromatische Rotweine mit dem richtigen Gehalt an Gerbsäure. 70 Prozent der Trauben sind die aus dem Balkan kommenden Kadarka, der Rest sind Pinot Noir- (Nagy-burgundi) und Merlot-Trauben. Eine Legende erzählt, daß die alte Stadt Eger im 16. Jahrhundert von den Türken

*Mosaikgewölbe, Detail mit Weinmotiven*
*Santa Constanza, Rom 324–326*

angegriffen wurde. Die Verteidiger tranken große Mengen Egri Bikavér, den ihnen ihre Frauen brachten, und schlugen die Türken in die Flucht. Solche Legenden erfreuen das Herz der ungarischen Weintrinker.

Gute Rotweine kommen auch aus Villány; da sie aus Pinot Noir-Trauben gemacht werden, heißen sie Villányi-burgundi. In Sopron (Ödenburg), im ungarischen Burgenland, bereitet man den Soproni Kékfrankos, der an den Beaujolais erinnert und auch jung getrunken wird. Egri Bikavér und andere Rotweine werden in Flaschen abgefüllt, die denen von Bordeauxweinen ähneln. Gute Weine produziert man in der Nähe von Budapest aus Ezerjó-Trauben und im Gebiet von Nezmely aus Rieslingtrauben. Ein roter Schaumwein, Gyongyos-Visonta, ist sehr beliebt, aber kommt kaum in das Ausland, vor allem nicht in den Westen.

Die besten ungarischen Weine tragen die Worte »Magyar Állami Export Pincegazdaság«, die einen Kreis bilden, in dessen Mitte das Wort »Budafok« steht. Solche Weine sind unter Staatsgarantie abgefüllt und können daher als authentische ungarische Weine gelten. Das staatliche Monopol des Weinexports wird von Monimpex überwacht. Allerdings werden viele ungarische Weine in Fässern exportiert und im Ausland in Flaschen abgefüllt. Sie tragen dann natürlich nicht das Garantiezeichen und sind vielleicht mit anderen Weinen verschnitten, die nicht aus Ungarn kommen. Wer einen guten Wein will, gibt lieber mehr Geld aus und trinkt einen echten Wein aus Ungarn.

# Sherry und Spanien

Sherry ist der berühmteste spanische Wein. Für manche Leute ist Sherry *der* Wein aus Spanien. Die Spanier trinken ihn gern, aber die Engländer trinken ihn noch lieber. Die Beliebtheit von Sherry scheint zuzunehmen, man kann ihn jetzt in über hundert Ländern kaufen.

Das war nicht immer so. Vor etwa zehn Jahren war Jerez de la Frontera, südlich von Sevilla, eine romantische und auch schläfrige Stadt, aber die weltweite Nachfrage nach Sherry hat das alles geändert. Sherry kommt nur aus der Gegend von Jerez, das gesamte Weingebiet ist 11 000 Hektar. Die Phönizier gründeten die Stadt etwa tausend Jahre vor der christlichen Zeitrechnung, dann kamen die Griechen und nach ihnen die Römer. Sie blieben vierhundert Jahre und nannten die Stadt Xeres. Später erschienen die Vandalen, die der Provinz den Namen Andalusien gaben. Um 1264 lag Jerez zwischen den kriegführenden Königreichen der Christen und der Moslems und wurde zu Jerez de la Frontera. Der Name ist geblieben, obwohl es keine Grenze mehr gibt. Die Araber nannten den Wein dort Scherisch, die Engländer Sheris und dann Sherry, die Spanier Jerez (»Hereth« ausgesprochen).

Im Fall von Sherry (ich halte mich an die verbreitete englische Bezeichnung) muß der Weinfreund sich nicht mit den Namen von Weinlagen plagen. Sherry kommt aus einem großen Dreieck in Andalusien, das von den Städten Jerez de la Frontera, Sanlúcar de Barrameda und Puerto de Santa Maria gebildet wird. Die Gegend ist in Licht und Sonne gebadet. Der beste Boden heißt *albariza* (weißer Kalk) und befindet sich in der Zona de Jerez Superior mit den Gebieten *(pagos)* von Macharnudo, Carrascal, Anina und Balbaina und mit Miraflores im Osten. Weniger gute Böden heißen *barro* (der Kalk, Lehm und Sand enthält) und *arena* (Sand mit Ablagerungen). Die besten Weine kommen aus der Zona Superior.

Die wichtigste Traubensorte ist die Palomino, aus der fast 90 Prozent aller Sherries bereitet werden. Sie ist eine der wenigen Trauben, die man auch essen kann, und sie hat acht verschiedene Namen. In den Weinbergen stehen kleine Hütten, wo eigens dafür bestellte Wächter nur darauf achten, daß keine Trauben gestohlen werden. Die Leute in Jerez sagen: *»Niñas y viñas son malas de guardar.«* (»Es ist schwer, auf junge Mädchen und Weinberge aufzupassen.«) Die Trauben wachsen in dicken Bündeln, und die Reben werden oft beschnitten, um die Stöcke länger zu erhalten.

Zur Zeit der Weinlese werden die reifen Trauben mit großer Sorgfalt gepflückt und auf runden Strohmatten (aus *esparto*-Gras) in der heißen Sonne getrocknet. Die Sonne bringt den Traubenzucker in die richtige Balance, während Bienen und Wespen herumschwärmen. Es riecht nach Honig. Bis vor kurzem wurden die Trauben dann in hölzernen Bottichen *(lagares)* von Männern mit nagelbeschlagenen Stiefeln zertreten. Heute macht man das manchmal noch für die Touristen, aber im allgemeinen werden die Trauben jetzt automatisch gepreßt, das ist auch hygienischer.

Die erste Gärung im Faß dauert drei bis sieben Tage; sie ist sehr heftig, man spricht von einer *fermentacion tumultuosa.* Dann folgt eine langsamere Gärung von etwa drei Monaten. Die Pfropfen in den großen Fässern sind lose, so daß Luft eindringen kann. Im Januar oder etwas später bildet sich in einigen Fässern an der Oberfläche des jungen Weines ein weißer Belag *(flor). Flor* besteht aus mikroskopisch kleinen Hefeblumen. Aus einem *flor*-Wein macht man später den feinen, trockenen Fino. Hat der junge Wein keinen Belag, wird aus ihm später ein Oloroso, der voll und dunkel ist.

Niemand kann erklären, wieso zwei Fässer, die Wein vom selben Weinberg enthalten, verschieden reagieren, warum sich vielleicht in einem Faß die mikroskopischen Hefeteile bilden, aber nicht im anderen. Der Wein entscheidet, nicht der Mensch. Wieder ein Geheimnis des Weines, das unergründlich bleibt.

Die jungen Weine werden in andere Fässer gebracht, dort auf ihren Alkoholgehalt geprüft, und es wird weniger oder mehr Weinbrand beigesetzt. Sherry wird immer mit Weinbrand »verstärkt«. Der Fino wird schließlich mindestens 15,5 Prozent Alkohol haben, der Oloroso 18 Prozent. Von diesen zwei Typen kommen alle Sherry-Arten. Die geschulten Probierer lassen die Weine eine kurze Zeit ruhen, prüfen sie nochmals und bringen mysteriös anmutende Kreidezeichen an den Fässern an, um die Qualität zu markieren. Ein Abstrich *(raya)* kennzeichnet die beste Qualität, ein Wein, der Körper und Bouquet haben wird. Zwei Abstriche mit einem Kreuzstrich bedeuten, daß der Wein nur destilliert werden kann; man wird Weinbrand daraus machen. Die Weine bleiben anschließend bis zu drei Jahre in den *añada*-(Jahrgang-)Fässern und werden dann nochmals probiert und abgestuft.

Die Fässer befinden sich in den *bodegas* der großen Firmen – hohe, kühle Hallen, die alle gegen das Meer zu gebaut sind. Die drei Hauptgruppen feiner Sherries sind der leichte, blasse Fino, elegant, mit viel Bouquet; der Amontillado (nach der Stadt Montilla benannt), stärker als der Fino, dunkler und voller, mit 18 bis 24 Prozent Alkoholgehalt; und der Oloroso, der vollste Sherry, dunkel in der Farbe, mit einem Nuß-Bouquet und einer Fülle, die man als »fett« bezeichnet.

In Spanien ist der natürliche Oloroso immer trocken. Oft hat er die Farbe von dunklem Gold und 25 Prozent Alkohol. Es gibt natürlich verschiedene

Unterarten, aber das führte jetzt zu weit. Jede große Firma macht einen besonderen Typ von Sherry; man spricht von »Stil«. Wie bei Champagner und Cognac wird der Stil durch die Mischung (den Verschnitt) verschiedener Jahrgänge erreicht.

In den *bodegas* der großen Firmen sind die Fässer mit Weinen verschiedener Jahrgänge in Serien eingereiht. Die älteste Klasse wird *solera* (Basis) genannt, dann kommen die jüngeren Klassen *(criadera)* und schließlich die ganz jungen Weine. Das Geheimnis des Sherry besteht darin, daß die älteren Jahrgänge die jüngeren »erziehen«, also verbessern. Nach und nach werden die ältesten Fässer aus den zweitältesten nachgefüllt, so daß ein Faß aus dem Jahre 1889 noch immer Wein enthält, der so schmeckt, wie einmal der 1889er schmeckte. Dieses »Erziehen« erfordert große Erfahrung. Sherry ist wirklich ein menschliches Kunstwerk. Während die jüngeren Weine in der *bodega* reifen, verlieren sie durch Verdunstung etwas von ihrer Substanz und werden mit älteren Weinen »verbessert«. Schließlich hat der Wein genau die Eigenschaften und den Geschmack, den man ihm geben will. Die Jugend gibt den Charme, das Alter die Fülle und Kraft. In Jerez sagt man, Sherry sei der Wein der Freundschaft. Es gibt strenge Gesetze, die seit 1933 bestimmen, welche Weine Sherry genannt werden dürfen. Die Freundschaft allein genügt nicht.

Der Manzanilla, der aus den Weinbergen der Küstenstadt Sanlúcar de Barrameda kommt, nur 19 Kilometer von Jerez entfernt, und auch aus Palomino-Trauben gemacht wird, hat einen ganz besonderen

Geschmack. Man empfindet darin den Geruch des Meeres. Manzanilla ist der leichteste, trockenste Sherry. Junge Leute trinken ihn direkt aus dem Faß. Es ist wahr, daß Sherry nicht besser wird, wenn er das Glas berührt. Aber – wieder ein Geheimnis – wenn man einen jungen Manzanilla im Faß nach dem nahe gelegenen Jerez bringt und dort in einer *bodega* lagert, wird er ein Fino. Und wenn man einen Fino aus Jerez im Faß nach Manzanilla schafft und dortläßt, wird er ein Manzanilla. Es muß also der Einfluß der Seeluft sein. Sherry ist der einzige Wein, der älter und besser wird, während Luft durch ihn und über ihn geht.

Die Spanier trinken ihren Sherry trocken. Für den Export nach England gibt man süßere Weine dazu, wie die aus der P.X. (Pedro Ximenez-Traube) gemachten. Sie sind nach einem deutschen Einwanderer, Peter Siemens, benannt. Manche Amorosos haben den Vermerk »East India« auf dem Etikett. Er rührt aus der Zeit her, als man diese Weine in Segelschiffen nach Ostindien schickte und wieder zurück. Seeluft und die Bewegung der Schiffe waren angeblich gut für die Weine. In England sagte man: »Die seekranken Weine von Jerez sind doppelt soviel wert.« Heute lachen sie in Jerez darüber und meinen, man mache das alles viel besser in der eigenen *bodega.* Zu den verschiedenen Arten gehören der Brown Sherry, sehr dunkel und süß, und der Cream Sherry, ein besonders süßer Oloroso. Tio Pepe ist nicht eine Type, sondern der Firmenname für einen trockenen Sherry. Dry Sack ist ein Medium Sherry.

Sherry ist der einzige Wein, den man offen stehenlassen kann, ohne daß er an Qualität verliert. (Champagner, Sekt und viele Stillweine sind nicht mehr sehr gut, wenn man sie öffnet und für den nächsten Tag aufbewahrt.) Trotzdem sollte man Sherry nicht zu lange offen lassen. Puristen erklären, Sherry sollte niemals aus der Flasche, immer nur aus dem Faß getrunken werden. Die meisten Sherries werden bei Zimmertemperatur serviert, aber die trockenen Finos und Manzanillas werden manchmal gekühlt getrunken. Die tulpenförmigen Gläser *(copita)* werden nur zur Hälfte gefüllt.

Sherries können sehr lange leben. Manche haben nach sechzig Jahren noch einen wunderbaren Geschmack. Ein paar Tropfen eines alten Sherry können einem jungen Wein einen ganz anderen Geschmack geben, aber die Probierer müssen Künstler sein. Zu viel alter Wein kann einen jungen außer Balance bringen. Manchmal bewirkt ein Teelöffel Sherry Wunder beim Kochen, bei Suppen und Saucen oder um den Geschmack bestimmter Speisen zu akzentuieren. Zum Kochen sollte man nur einen guten Sherry benutzen, nicht einen minderwertigen. Sherry ist auch ein feiner Apéritif, besonders wenn man zum Essen einen guten Wein trinken wird.

Spanien ist Europas größtes Weingebiet, mit größeren Anbauflächen als Italien und Frankreich (die beide mehr Wein erzeugen.) In Spanien produziert man jetzt 25 Millionen Hektoliter aller Arten von Weinen. Sie sind so verschieden wie die Gegenden, aus denen sie kommen.

In Andalusien machte man Weine schon tausend Jahre vor der christlichen Zeitrechnung. Die Reben wurden von den Phöniziern ins Land gebracht, später kultivierten die Griechen, Karthager und Römer dort den Weinbau. Cicero rühmt die Weine aus Katalonien und Tarragona. Seit dem 14. Jahrhundert waren spanische Weine in England bekannt, vor allem »Sack« (Sherry) und »Tent« (Alicante). Spaniens Weingesetze sind nicht so streng wie die französischen und deutschen. Strenge Kontrollen gibt es in Andalusien, Rioja, La Mancha, Kastilien, Levante, Katalonien, Aragon, Navarra, Galicia. Aus vielen Gegenden kommen gute Weine. Die besten kommen aus Andalusien und aus dem Norden. In Malaga bereitet man süße, verstärkte Weine aus Ximenes- und Muskatellertrauben.

Die besten Tischweine kommen aus dem Rioja-Distrikt in der Nähe von Burgos. Als die Phylloxera die französischen Weinberge vernichtete, kamen viele französische Winzer nach Nordspanien, setzten neue amerikanische Wurzeln ein und lehrten die Spanier die französischen Methoden. Die meisten der französischen Winzer gingen später nach Frankreich zurück, aber die Weine blieben. Die weißen schmecken wie die Weine aus dem Graves-Distrikt. Jahrgänge sind unwichtig, die Weine werden oft verschnitten, aber wenn sie die staatliche Kontrollmarke und den Namen einer guten Firma tragen, sind sie angenehm und passen in die spanische Landschaft. Heute konkurrieren sie bereits mit den weniger wichtigen Weinen aus Bordeaux.

# Port aus Portugal

Port ist für Portugal, was Sherry für Spanien ist. Früher ging der meiste Portwein nach England. Heute kauft Frankreich den meisten Port, England kommt an zweiter Stelle und an dritter kommen die Portugiesen, die ihren Port entdeckt haben, allerdings nicht als Dessertwein nach dem Essen, wie die Engländer, sondern als trockenen weißen Apéritif.

Port ist – wie Sherry – ein mit Weinbrand verstärkter Wein. Ursprünglich waren die Portweine ungemischt, daher hart und roh, und vertrugen die Reise nicht. Im 18. Jahrhundert hatten die großen englischen Firmen in Portugal gelernt, wie man Port macht. Der Weinbrand unterbrach die Gärung, die Verwandlung des Traubenzuckers in Alkohol, und der Wein blieb süß. Diese Weine konnte man unbesorgt nach England schicken, sie reisten gut. Heute enthält eine Flasche Port bis zu 20% Weinbrand.

Port kommt aus dem Tal des oberen Douro, eines reißenden Flusses, der bei Oporto (daher der Name Port) ins Meer mündet. Die Weinberge liegen auf kunstvoll angelegten Terrassen. Das Klima ist extrem, sehr heiße Sommer und sehr kalte Winter. Es gibt allerdings auch »Port«-Weine, die in Australien, Amerika, Südafrika und in England gemacht werden, jetzt sogar auch in Rußland. Sie verdienen nicht den Namen Port. Port kommt aus Oporto, Portugal.

Meist ist er rot. Die Gegend, wo die verschiedenen Traubensorten wachsen, ist eher klein, nur 25 000 Hektar. Der Boden ist mit Schiefer bedeckt (wie an der Mosel), und der Schiefer gibt dem Wein seinen Geschmack. Wer einmal einen Port gekostet hat, vergißt ihn nicht. Wo der Boden mit Granit bedeckt ist, wie am unteren Douro, wachsen auch Reben, aber sie geben keinen Port, nur portugiesische Weine.

Seit dem 14. Jahrhundert lieferte Portugal Weine nach England. Englische Kaufleute kamen nach Lissabon und Oporto, kaufen die Weine und sandten sie nach England. Englische Kriegsschiffe legten häufig in portugiesischen Häfen an und nahmen Weine für die Mannschaft an Bord. Als Wilhelm von Oranien die Einfuhr französischer Weine nach England verbot, begannen die großen Firmen in Portugal, große Mengen Wein nach England zu schicken. Es waren englische Firmen, und die meisten sind noch immer im Besitz von englischen und schottischen Familien. Seit der Vertrag von Methuén (1703) die Einfuhr portugiesischer Weine bei geringen Zöllen nach England gestattete, besitzen die Briten noch immer die größten Weingüter *(quintas)* in Portugal.

Portwein wird ähnlich wie Sherry gemacht. Die reifen Trauben werden gepflückt und in die *lagares*, viereckige Steintröge, gebracht. Früher sprangen barfüßige Männer in den Trog und stampften die Trauben zu Most; dazu spielten Musikanten Melodien mit arabischen Klängen. Heute benutzt man Maschinen. Aber die Musik ist geblieben, und während der Ernte wird gesungen und getanzt. Die mikroskopisch kleinen Saccharomyceten auf den Schalen greifen den Zucker an und verwandeln ihn in Alkohol. Kohlendioxyd wird gebildet und entweicht. Es ist der übliche Vorgang.

Der Aufseher mißt den Zucker mit seinem Saccharometer, und wenn die Gärung den gewünschten Punkt erreicht hat, unterbricht er sie. Der rohe Wein wird in große Behälter, die *toneis*, gebracht. Portugiesischer Weinbrand wird beigefügt, meist ein Teil Weinbrand für fünf Teile Wein. Wein gärt nicht, wenn der Alkoholgehalt 16% ist, und die Beigabe von Weinbrand unterbricht die Gärung. Der restliche Zucker bleibt im Wein, daher ist Port meist süß.

Im Frühjahr wird der junge Wein in Port-Rohre gepumpt. Ein Rohr, wie man das Faß nennt, enthält 523 Liter Wein. Dann bringt man die Weine nach Vila Nova de Gaia, gegenüber von Oporto, und dort werden sie »verbessert«. In guten Jahren machen die Firmen einen Jahrgangs-Port. Solche Weine werden schon zwei Jahre nach der Lese in Flaschen gefüllt. Der Wein und der Weinbrand verbinden sich zu einer harmonischen Einheit, die von den englischen Dichtern oft besungen wurde.

Etwa dreimal in einer Dekade erklärt die Regierung ein Jahr zum Jahr, in dem ein Jahrgangs-Port gemacht wird, oft nach langen Verhandlungen mit den Firmen. Zu den großen Jahrgängen gehören 1934, 1935, 1945, 1947, 1948, 1950, 1955, 1958, 1960, 1963, 1966, 1967, 1970. In englischen Klubs spricht man noch über die Superjahre 1878, 1896, 1908 und 1912. Solche Ports bekommt man jetzt kaum mehr außerhalb Londons.

Vintage Port reift in Flaschen, gewöhnlicher Port im Faß. Jahrgangs-Weine haben oft einen starken Bodensatz, die Kruste. Sie müssen mindestens zehn Jahre zum Ausreifen in der Flasche bleiben. Sie können lange liegen, manchmal werden sie immer besser. Port wird bei Zimmertemperatur serviert, nicht in den kleinen Portgläsern, sondern in normalen tulpenförmigen Weingläsern, in denen man das Bouquet einatmet. Port muß vorsichtig dekantiert werden, damit nichts von der Kruste in den Wein kommt.

Gewöhnliche Weine, die keine Jahrgangs-Ports sind, reifen in den Fässern und werden dann kunstvoll gemischt wie Champagner oder Sherry, damit jedes Haus seinen eigenen Port macht. In Portugal sagt man nicht, daß die Weine vermischt werden, sie werden »erzogen«. Allmählich ändert sich die Farbe der Weine, von Purpur zu Rubinrot, und schließlich werden sie lohfarben *(tawny)*. Dieser Tawny Port bleibt viele Jahre im Faß und ist daher niemals billig. Kenner behaupten, ein Jahrgangs-Port sei besser für ein kaltes Klima (England), ein Tawny Port für Länder mit einem warmen Klima. Die Fässer aus Eichenholz kommen von der Memel. Während der Wein in den Fässern altert, entweichen etwa zwei

Prozent des Inhalts pro Jahr und müssen nachgefüllt werden.

Gegenwärtig herrscht viel Nachfrage nach trokkenem Port, der »natürlich« hergestellt werden kann. Man unterbricht die Gärung nicht und läßt den Zucker ausgären. Diese trockenen Portweine sind vor allem in Portugal sehr populär. Gleichzeitig wird die Produktion von »echtem« Port streng überwacht. Bewaffnete Wächter patrouillieren in den Kellern. Das Port Wine Institute in Oporto (Instituto) veranstaltet regelmäßig blinde Proben. Die Kandidaten müssen Prüfungen ablegen und vier Jahre als Assistenten arbeiten, bevor man sie zu den Proben zuläßt. Nur ein Drittel der zugelassenen Weine dürfen »Port« genannt werden, die anderen werden zu Weinbrand destilliert, und manche werden an Ort und Stelle getrunken. Es kann auch geschehen, daß ein Jahrgangs-Port zuerst in Fässern gereift und nach einigen Jahren in Flaschen gefüllt wird. Der meist rubinrote Wein hat nicht die Stärke der nach zwei Jahren in Flaschen gefüllten Portweine, aber er ist stärker als der Tawny Port.

Die Engländer reden endlos über Port und machen das Trinken von Port zu einem wahren Ritual. In Londoner Klubs und in Offiziersmessen vornehmer Regimenter wandert die Portflasche nach dem Essen in Richtung des Uhrzeigers um den Tisch. Jeder füllt andächtig sein Glas. In früheren Zeiten hatten die Richter in Schottland Portwein und Biscuits auf einem Tischchen stehen. Wenn die Verhandlungen lange dauerten, stärkte der Richter sich mit

*Mosaikgewölbe, Detail mit Weinernte*
*Santa Constanza, Rom 324–326*

einem Gläschen Port: eine zivilisierte Sitte. Ich könnte Länder nennen, in denen ein eifriger Anwalt dies zum Anlaß genommen hätte, eine Nichtigkeitsbeschwerde einzubringen.

Die besten Ports werden in den Londoner Büros der großen Portfirmen nach dem Essen getrunken. Das ist der sogenannte Partner's Port. Für den Außenseiter besteht die Kunst darin, eingeladen zu werden. Noch besser soll der Port sein, den die Direktoren der Firmen in Factory House in Oporto, ihrem dortigen Klub, trinken. Das ist Manager's Port. Die führenden Firmen – um nur einige zu nennen – sind Sandeman, Croft, Warre, Calem, Mackenzie, Smith Woodhouse, Offley, Silva & Cosens, Gonzalez Byass, Kopke, Ferreira, Fuuerheed. In England ist viel über Port geschrieben worden. Port scheint wahrlich der ideale Wein für das englische Temperament zu sein.

Der Weltruhm des Port macht oft vergessen, daß Portugal (mit Italien, Frankreich, Spanien und Deutschland) zu den größten Weinproduzenten Westeuropas gehört. Portugal erzeugt über 11 Millionen Hektoliter jährlich (Deutschland folgt mit 7,5 Millionen Hektolitern), und der Portugiese trinkt 85 Liter Wein pro Jahr, fast soviel wie der Italiener und der Franzose. Die Weine des Landes werden hauptsächlich in die Vereinigten Staaten, nach Frankreich, Großbritannien und Dänemark exportiert. Es gibt mehr Rot- als Weißweine und viele rosé Weine. 15 Prozent der Bevölkerung, eineinviertel Millionen Menschen, leben vom Wein.

Nur eine halbe Million Hektoliter Port werden jährlich gemacht und etwa 50000 Hektoliter Madeira. Ein Viertel aller Weine stehen unter Staatskontrollen, die sehr streng sind. Die Etiketts tragen den Vermerk »Denominação de Origem«. Zu diesen guten Weinen gehören Vinhos Verdes, Dão, Colares, Bucelas, Carcavelos, Moscatel de Setubal. Sie stehen unter Kontrolle der Junta Nacional de Vinho in Lissabon und sind garantiert echt. In Portugal selbst sind die meisten Weine gewöhnliche Landweine *(consumo)*, die keiner Kontrolle unterliegen.

Die Vinhos Verdes kommen aus der Gegend zwischen den Flüssen Douro und Minho im Nordwesten des Landes. Sie heißen »grün«, weil sie jung getrunken werden, etwa nach einem Jahr, und leicht spritzig *(pétillant)* sind. Eine zweite Gärung findet in der Flasche statt. Unter den Vinhos Verdes gibt es Weißweine, die gekühlt zum Fisch getrunken werden und die besten »grünen« Weine sind. Die Rotweine sind dunkel, enthalten viel Gerbsäure und reifen erst nach drei oder vier Jahren in der Flasche. Die bekannten Mateus Rosé-Weine, die in vielen Ländern verkauft werden, werden nicht in der Region gemacht.

Die Weine von Dão (»Daong«) stammen aus dem Innern des Landes, wo es heiß im Sommer und sehr kalt im Winter ist; die besten wachsen in den Tälern, wo der Boden verwitterten Granit enthält. Meist sind es Rotweine, die sehr weich und voll sein können, mit einem starken *goût de terroir*, und manchmal an die Rhône-Weine erinnern. Sie haben etwa 12 Prozent

Alkoholgehalt, und die billigeren unter ihnen sind eher robust. Die Portugiesen trinken gern die Colares-Weine aus der Gegend nordwestlich von Lissabon, die dunkelrot sind und ein starkes Bouquet haben. In Lissabon trinkt man auch die Weine aus den Vorstädten Bucelas und Carcavelos, bernsteinfarbig, manchmal verstärkt, mit einem Alkoholgehalt bis zu 19 Prozent. Und als süßen »goldenen« Dessertwein trinken die Leute den Moscatel aus dem Hafen von Setúbal, nach dem er benannt ist. Aber es gibt viele andere Tafelweine in Portugal, trockene und süße, weiße und rote und Rosés.

Madeira ist ein berühmter Wein. Auf der portugiesischen Insel Madeira macht man seit Jahrhunderten süße Weine aus weißen Trauben, die auf vulkanischem Boden wachsen. Ursprünglich wurden sie als Naturweine exportiert. Seit der Mitte des 18. Jahrhunderts mit Weinbrand verstärkt, waren sie in Großbritannien und in den amerikanischen Kolonien sehr bekannt. Heute wird guter Madeira auch nach Skandinavien, Frankreich, Deutschland und in andere Länder exportiert.

Auf Madeira wird der Wein noch so gemacht wie vor Jahrhunderten, aber früher oder später wird man auch hier moderne Methoden einführen. Der Most wird in Ziegenhäuten zu den Firmen in Funchal gebracht; dort lagern die Weine sechs Monate in der *estufa* in Fässern und werden allmählich bis auf 46 Grad Celsius erhitzt, dann wieder auf normale Temperaturen gebracht. Dieser Vorgang hat dieselbe Wirkung wie früher eine Segelschiffreise um die Welt, wenn die Fässer im tropischen Klima in ständiger Bewegung waren.

Madeira ist der langlebigste Wein der Welt (obwohl auch die Weine aus Tokaj diesen Anspruch erheben). Es soll noch Flaschen geben, die aus den Jahren 1789 und 1795 stammen. Allerdings tragen die alten Flaschen das Jahr, in dem der älteste Wein der *solera* ins Faß gebracht wurde. Madeira wird wie Sherry nach dem *solera*-System gemacht.

Der beste trockene Madeira heißt Sercial und wird gekühlt als Apéritif getrunken. Der Verdelho, etwas süßer, sehr gut mit einer Schildkrötensuppe, wurde im viktorianischen England mit einem Stück Kuchen am Vormittag serviert. Süßer, und die besten Dessertweine, sind Bual und vor allem Malmsey, aus Malvoisie-Trauben gemacht, voll und reich, mit Balance und Bouquet. Reiche Engländer sammeln sehr alte Madeiras und schwelgen in ihren Vorzügen. Nichtkenner sollten einen alten Madeira einer guten Firma kaufen. Unter den bekannten Häusern sind Blandy's Madeiras Lda., Leacock & Co. Lda., Rutherford & Miles Ltd., Cossart Gordon & Co. Ltd., T.T.C. Lomedino Lda., Henriques & Henriques, H. M. Borges, Marcel Gomas & Cia Lda., Veiga Franca & Co. Ltd. Alle exportieren guten Madeira, und manche haben noch sehr alte Flaschen.

# Weine aus dem Osten

Immer mehr Weine aus Jugoslawien, Rumänien und Rußland werden jetzt in die Bundesrepublik und andere westeuropäische Länder gebracht, vor allem der Devisen wegen. Manche davon sind gut, und einige könnten »Entdeckungen« werden. Jugoslawien, wo die Menschen verschiedene Sprachen sprechen, verschiedene Alphabete schreiben und verschiedene Religionen haben, ist jetzt das achtgrößte Weinland Europas. Fast überall wachsen Reben, und das Land erzeugt etwa 7 Millionen Hektoliter Weine von unterschiedlicher Qualität. Der Jugoslawe trinkt im Durchschnitt 27 Liter Wein im Jahr, viermal soviel wie der Amerikaner. Die meisten Weine werden an Ort und Stelle getrunken, etwa 700000 Hektoliter werden exportiert. Aus Serbien kommt fast die Hälfte aller jugoslawischen Weine, gefolgt von Kroatien, Slowenien, Mazedonien.

In kaum einem anderen Land erlebt man so oft, daß der Wein dort am besten schmeckt, wo er gemacht worden ist. Selbst im wilden Montenegro schmeckt der Wein, aber schon in Belgrad ist er weniger gut. In Dalmatien schwärmen die Touristen von dem vollen roten Dingač, der bis zu 16 Prozent Alkohol haben kann, und in Slowenien gibt es ausgezeichnete weiße Weine, die nach Amerika und England exportiert werden. Dort wachsen in Gegenden, die einst zu Österreich gehörten, Riesling, Traminer, Silvaner und Merlot sowie viele einheimische Sorten. Wein kam in die Länder der heutigen Volksrepublik schon vor viertausend Jahren aus Thrazien. Die Weine von Dalmatien und Istrien waren den Griechen wohlbekannt, so wie die slowenischen Weine den Römern. In den Museen von Dubrovnik und Ptuj (Slowenien) sieht man griechische und römische *amphorae.* In allen Sprachen, die heute in Jugoslawien gesprochen werden, findet man dieselben Weinausdrücke, meist lateinischen Ursprungs. Im Mittelalter waren es die Klöster, wie überall, die den Weinbau retteten. Während der Kreuzzüge liebte man die Weine von Ohrid im Süden. Zu den Zeiten, als das Land unter türkischer Herrschaft stand, verfielen viele Weinberge, denn der Koran verbietet den Wein.

Nach 1912, als die türkische Herrschaft endete, begann man wieder, die Weinberge zu bebauen. In den östlichen Provinzen, die einst zum Habsburgerreich gehörten, wurden österreichische Methoden verwendet. Einige der Weine waren sehr bekannt, wie der Luttenberger, der heute Ljutomer genannt wird. Neue Rebsorten wurden nach der Phylloxera-Krise angebaut, die in diesen Ländern arg gewütet hatte.

In Serbien macht man jetzt viele Tischweine, die meist in Karaffen serviert werden. Viele kommen von Prokupac-Trauben, der »nationalen Rebe« des Landes. Gute Weine kommen aus Župa, Krajina, Vlasotinci, Venčac-Oplenac, Smederevo, der Vojvodina, einer autonomen Provinz, die an Ungarn und Rumänien grenzt, und aus der gleichfalls autonomen Kosmet-Provinz. In Kroatien kommen gute Weine aus der Gegend um Zagreb, den Tälern der Donau, Drau und Sava. Im Süden schätzt man die Weine aus Istrien und Dalmatien. Oft weht die Bora, ein starker Wind, aber die Reben sind gesund und produzieren volle tiefrote Weine mit viel Tannin. Die Jugoslawen mischen sie häufig mit Wasser, was an der Küste des Mittelmeers üblich ist. Am bekanntesten sind die Rotweine, der Dingač und Postup, aber es gibt auch gute Weißweine in Dalmatien, die schwer sind und den Mund füllen, wie der trockene Grk von der Insel Korčula und der Posip, der auch von dort kommt. Die Inseln Hvar, Vis und Žadar produzieren Weine, und es gibt den süßen Prosek, den die Dalmatiner lieben. Die Weine von Istrien, darunter der süße Malvazya, erinnern an das nahe gelegene Italien.

Auch die besten slowenischen Weine, aus Riesling- und Sauvignon-Trauben gemacht, können nicht mit deutschen und französischen Weinen verglichen werden, wie es manchmal geschieht. Es sind oft starke, kraftvolle Weine, so wie die Landschaft und die Menschen. Eine nationale Abart des Rieslings ist die Šipon-Traube, aus der man trockene und süße Weine macht. Sie haben oft schöne Namen, wie

»Duke of Jerusalem« und »Chipon of Ljutomer«, und gehen nach Deutschland, England, Amerika und natürlich in die Länder des Ostblocks. Maribor (das frühere Marburg) ist das Zentrum des slowenischen Weinhandels. Die Weine sind nicht teuer, sie dürfen es auch nicht sein, sonst kaufen die Leute die besseren Weine aus dem Westen. Sogar Mazedonien ist ein Weinland geworden, die Regierung hat viel dazu getan, nachdem man feststellte, daß in Mazedonien der Boden und das Klima gut für die Reben sind.

Viele Weine in Jugoslawien sind verschnitten. Es gibt einige große Domänen und kooperative Genossenschaften, aber viele Weine werden von kleinen Winzern gemacht, die bis zu 10 Hektar Land haben dürfen. Neuerdings macht man auch unverschnittene Weine, die nach den Trauben benannt sind, nicht mehr nach dem Weinort. Das sind schon Qualitätsweine. Weinfreunde sollten gelegentlich einen der besseren jugoslawischen Weine probieren, so den Rotwein von Brioni, der Sommerresidenz von Marschall Tito, oder den Prosecco aus Bisevo, wo die hundertjährigen Reben der üblen Reblaus entgingen. Es sind frische, kraftvolle Weine, aber die Eleganz der großen Weine von Frankreich und Deutschland haben sie nicht. Solche »Entdeckungen« kann man nicht machen.

Rumänien produziert jetzt 8 Millionen Hektoliter Wein und steht unter den europäischen Weinländern an sechster Stelle. Auch hier gab es Reben schon seit Jahrtausenden. In der Dobrudscha, einst Scitia Minor genannt, gab es Weinberge, bevor die Griechen im siebenten Jahrhundert vor Christi ihre Kolonien am Schwarzen Meer anlegten. Am Fuß der Karpaten waren Weinberge lange vor der christlichen Zeitrechnung. Die Weine von Cotnari, Odobeşti und Drăgă şani waren weit bekannt. Heute fördert die Regierung die Weinindustrie, ließ neue Weingüter in Tîrnave, Sîmbureşti und Segarcea von Kooperativen oder von privaten Winzern anlegen. Nur 20 Prozent der Weinberge gehören dem Staat. Das Klima ist günstig, und der Boden hat südliche Abhänge und sonnige Lagen. Der durchschnittliche Weinkonsum pro Person liegt bei 25 Liter. Rumänien ist ein Weinland geworden.

Erst in den letzten Jahren wurde der Weinexport wirtschaftlich wichtig. 1972 exportierte Rumänien 800000 Hektoliter Wein, heute übersteigt der Export eine Million Hektoliter. Weiße und rote Tischweine gehen in die Bundesrepublik, vor allem Weine, die aus Riesling-, Kadarka-, Fetească-, Cabernet Sauvignon- und Rotburgundertrauben gemacht wurden. Meist steht die Traubensorte auf dem Etikett. Rumänische Weine findet man jetzt auch in Österreich, der Schweiz, Belgien, Holland, Dänemark. Sogar in Frankreich kauft man den Merlot aus Nicoreşti, Cabinet aus Ploieşti und weiße Weine aus Coteşti, die an die Weine aus dem Elsaß erinnern. Beliebt ist auch Feteăsca, die »Perle« von Tîrnave.

Die wichtigsten Weingegenden sind die Cotnari-Weingüter im Nordosten, nahe der alten Stadt Iassy. Schon 1646 lobte der Jesuitenpater Marcus Bandinus die Weine von Moldavia. Sie haben ein angenehmes

Bouquet und bis zu 15 Prozent Alkohol. Gute Dessertweine werden auch in den Murfatlar-Weingütern an den Hügeln des Schwarzen Meeres gemacht. Man arbeitet mit modernen Methoden, es gibt ein Institut für Weinforschung.

An den Abhängen der Karpaten liegen die Weinberge von Valea Călugărească, Tohani, Urlaţi, Istrita, Pietroasele, woher Rotweine aus Pinot Noir- und Cabernet Sauvignon-Trauben kommen: weiche, samtige Weine, die voll, aber auch harmonisch sind. Die Weingüter von Focsani liefern weiße und rote Tischweine. Aus dem Banat kommt der Kadarka, ein Rotwein mit einem charakteristischen Aroma. Die rumänischen Weine können nicht mit denen des Westens verglichen werden, aber es gibt immer mehr Leute im Westen, die diese Weine kaufen.

Die Sowjetunion ist jetzt das drittgrößte Weinland der Welt, gleich hinter Italien und Frankreich. Rußland macht heute über 30 Millionen Hektoliter Wein, und die Produktion ist im Steigen begriffen. Wein war immer wichtig in den südlichen Teilen des Landes. Seit 1930 hat die Regierung in Armenien, Aserbeidschan und Georgien große Weingüter anlegen lassen. 8 Millionen Hektoliter Wein werden eingeführt und 300000 Hektoliter werden exportiert, viel davon nach westlichen Ländern. Krimsekt ist jetzt gut bekannt.

Der Sowjetbürger trinkt im Durchschnitt 15 Liter Wein im Jahr. Die Regierung versucht, den großen Konsum von Wodka einzuschränken und aus den russischen Wodkatrinkern Weintrinker zu machen. Ob es gelingen wird, ist fraglich. Wein berauscht nicht so schnell wie Wodka, und viele Leute in der Sowjetunion trinken, um zu vergessen.

Zahlreiche Weine kommen aus dem früheren Bessarabien, der Gegend um Kischinew, die einst zu Rumänien gehörte, und aus der Ukraine. Aber die bekanntesten russischen Weine sind die Schaumweine von der Krim: über 100 Millionen Hektoliter süßer Krimsekt werden alljährlich erzeugt. Die Krim, eine Halbinsel im Schwarzen Meer, ist Rußlands beste Weingegend. Auch vom Unterlauf des Don und von der Azov-See kommen gute Weine. In diesen Gegenden wurden seit Jahrhunderten Weine gemacht. Viele Forscher halten Armenien für die Urheimat der Rebe. Die Assyrer fanden dort große Weinkeller, als sie im Land einfielen, lange vor der christlichen Zeitrechnung. Man wußte um den Gebrauch von Schwefel und machte sehr süße Weine aus an den Reben vertrockneten Trauben. In der *Odyssee* spricht Homer über »die parfümierten, frischen Weine aus Colchis«, das er »das Land der goldenen Trauben« nennt. Colchis war im westlichen Teil des heutigen Georgiens. Xenophon erwähnt die robusten Weine des Schwarzen Meeres.

Die meisten russischen Weine sind süß, weil die Leute süße Weine wollen. Manche haben über 15 Prozent Alkohol. Das Technische Weininstitut in Odessa und das Magarach-Forschungszentrum auf Jalta experimentieren mit Cabernet Sauvignon- und Rieslingtrauben. Man will keine trockenen Tafelweine machen, sondern die Qualität der süßen Weine verbessern. Das große Problem ist die Winterkälte mit Temperaturen bis zu minus 40 Grad Celsius. Nach der Ernte werden die Reben in vielen Gegenden beschnitten und zum Schutz gegen die Kälte mit Erde bedeckt. Man benutzt viele Maschinen, aber bei der Lese kehrt man immer wieder zur traditionellen Arbeit mit den Händen zurück.

Die feinsten russischen Weine kommen aus Gütern in der Nähe von Sewastopol und Simferopol. Die Weinkulturen auf der Krim wurden im 19. Jahrhundert von französischen Fachleuten entwikkelt. Ein sehr berühmtes Weingut, Massandra, gehörte dem Prinzen Woronzow. Heute gehört es einer Gruppe russischer Kollektive, die einen trockenen weißen und einen roten Massandra erzeugen. Sie machen auch einen bernsteinfarbenen verstärkten Madeira-Type-Wein, den russische Kenner für den besten ihres Landes halten. Andere bekannte Krimweine sind der weiße Livadia aus Muskatellertrauben und der rote Livadia aus Cabernet-Trauben; der trockene weiße Semillon Orianda; der trockene rote Saperavi Massandra; und zwei Dessertweine, der Alupka und der Ay-Danil. Der beste Wein vom Unterlauf des Don ist der Donski, ein Schaumwein. Aus Moldavia (früher Bessarabien genannt, ein Teil von Rumänien) kommen viele Weine, aus Pinot-, Aligote-, Riesling- und Traminertrauben gemacht. Die Ukraine liefert Weine von den Gütern um Odessa, Nikolajew und Dnjepropetrowsk. Schließlich müßte man noch die aus Krasnodar erwähnen, aus Georgien, aus Aserbeidschan und aus Armenien.

In Rußland werden heute auch etwa fünfzig verschiedene Weine hergestellt, welche die sowjetische Weinindustrie »Bordo«, »Port«, »Madeira«, »Tokaj« und so weiter nennt. Wir wissen bereits, daß Tokaj nur in Ungarn gemacht wird, Bordeaux nur in Bordeaux, Madeira nur in Madeira und Port nur in Portugal. Aber wird nicht auch in Südafrika, Australien und Kalifornien ein »Port« gemacht?

Unergründlich ist es, warum aus der Urheimat des Weines heute Weine kommen, die sich in keiner Weise mit den großen Weinen Frankreichs und Deutschlands messen können. Die Sonne scheint dort unten, der Boden ist gut, die Reben gedeihen, und doch sind die Weine selten sehr gut und fast niemals hervorragend. Vielleicht liegt das an den Menschen. Ich bezweifle, daß die Angestellten der großen staatlichen Weingüter in der Sowjetunion, Rumänien und anderen Ländern in diesem Teil der Welt mit der beispiellosen Selbstlosigkeit und Hingabe der Winzer in Bordeaux und Burgund, von der Mosel und vom Rhein arbeiten, die nur für ihren Wein leben. Ohne menschliche Kunst kann man keinen Spitzenwein machen, auch wenn die Regierung die Weinindustrie unterstützt. Es ist so, wie ich zu Beginn dieses Buches schrieb: Der Wein ist und bleibt ein Geheimnis.

# Statt eines Nachworts

Weinregeln sind meist vernünftig, aber sie sind keine Gesetze. Wer Freude am Wein haben will, hat seine eigenen Regeln.

Guter Wein ist anständig gemacht – er ist, was er vorgibt zu sein.

Billige Weine sind oft weniger preiswert als teure, bessere Weine.

Vor dem Essen ein Glas Champagner. Zum Essen Wein. Nach dem Essen ein Dessertwein oder ein Glas Port.

Einfache tulpenförmige dünne Gläser sind gut für den Wein. Kostbare geschliffene Gläser sind höchstens gut für den Gastgeber.

Wein, der zu kalt serviert wird, verliert Bouquet und Geschmack.

In einem Weinland trinkt man den offenen Wein aus der Gegend.

Wein ist keine Modesache, kein Anlagewert. Wein lebt. Man soll ihn richtig behandeln, kosten und trinken.

Jeder, der Geld hat, kann Spitzenweine servieren. Liebhaber und Kenner wählen den Wein, der zum Essen, der Landschaft und zur Jahreszeit paßt. Es muß kein Spitzenwein sein.

Der beste Wein ist der Wein, mit dem man sich freut.

# Bildnachweis

Schutzumschlag und Taf. 2: Musée Cluny, Paris
Taf. 1: Musée Condé, Chantilly
Taf. 4, 5 und S. 239–244: Bibliothèque Nationale, Paris
S. 30, 212: Universitätsbibliothek, Wien
Taf. 3: Nationalbibliothek, Wien
S. 14/15, 42/43, 124, 133, 156/157, 186/187, 198, 223: Graphisches Kabinett, Stift Göttweig, N.Ö.
Taf. 6 und S. 58, 67, 76, 251, 252, 253, 318, 335: Bayerische Staatsbibliothek, München
Taf. 7 und S. 102/103, 173, 340/341, 374/375: Staatliche Graphische Sammlung, München
S. 147, 306/307, 345, 360: Hirmer Fotoarchiv, München
S. 147: Uffizii, Florenz
S. 54, 193, 276: Bettmann Archive Inc., New York
Taf. 8 und S. 291, 328: Pierpont Morgan Library, New York
S. 90/91: National Gallery, Washington, D. C.

**SACHREGISTER**

**ORTSREGISTER**